George W. Peters

Evangelisation: total – durchdringend – umfassend

Verlag der
Liebenzeller Mission
Bad Liebenzell

Die amerikanische Originalausgabe erschien unter dem Titel
„Saturation Evangelism"
© Copyright 1970 by Zondervan Publishing House, Grand Rapids, Michigan
© Copyright 1977 der deutschen Ausgabe by Verlag der Liebenzeller Mission, 7263 Bad Liebenzell
Aus dem Englischen: litera, Wiesbaden

ISBN 3 88002 044 2

Alle Rechte, auch der Fotokopie und auszugsweisen Wiedergabe, vorbehalten
Umschlag: Günther Saalmann
Satz: Satzdienst Stuttgart
Druck- und Bindearbeiten: Copydruck, Heimsheim
Printed in Germany

INHALTSVERZEICHNIS

I	**DEFINITIONEN**	9
	1. Die Zentralität und Motivation der Evangelisation	10
	2. Die außergewöhnliche Botschaft der Evangelisation	12
	3. Die außergewöhnliche Methode der Evangelisation	17
	4. Der außergewöhnliche Bote in der Evangelisation	21
	5. Zusammenfassung: Der größte Auftrag der Gemeinde	26
	6. Totalevangelisation – die historischen Vorläufer	28
	7. Die biblische Grundlage der Totalevangelisation	32
	8. Die Kennzeichen der Totalevangelisation	40
	Fußnoten zu Teil I	53
II	**EVANGELISM-IN-DEPTH UND NEW LIFE FOR ALL**	55
	9. Beginn und Prinzipien von Evangelism-in-Depth	56
	10. Programm, Organisation und Ziele von Evangelism-in-Depth	60
	11. Die Leistungen von Evangelism-in-Depth	64
	12. Ideal und Praxis in Evangelism-in-Depth	70
	13. Bewertung von Evangelism-in-Depth	75
	14. Evangelism-in-Depth und Gemeindewachstum	81
	15. Evangelism-in-Depth und beständige Evangelisation	88
	16. Zusammenfassung und Vorschläge	93
	17. Die Entstehung von New Life For All	99
	18. Prinzipien und Ziele von New Life For All	104
	19. Absicht, Plan und Organisation von New Life For All	108
	20. Die Arbeitsweise von New Life For All	113

21.	Faktoren, die zum Gelingen von New Life For All beitrugen	123
22.	Ergebnisse von New Life For All	129
23.	Schwache Punkte in New Life For All	139
24.	Lehren, die sich aus Evangelism-in-Depth und New Life For All ergeben	143
	Fußnoten zu Teil II	160

III	**EVANGELISATION UND GRUPPEN-EVANGELISATION**	163
25.	Biblische und missionarische Perspektiven der Familien-Evangelisation	164
26.	Die Prinzipien der Familien-Evangelisation	178
27.	Gruppenevangelisation	187
28.	Bestimmende Prinzipien	203
29.	Durchdringung mit dem Evangelium	209
30.	Kulturelle Anpassung	214
31.	Mobilisierung und Schulung der Gläubigen	222
32.	Zehn Stufen in der Gruppenevangelisation	229
33.	Gefahren und Vorteile der Gruppenevangelisation	240
	Fußnoten zu Teil III	248
	Zusammenfassung	249

EINFÜHRUNG

Im Jahre 1966 begann ich mit dem Studium verschiedener Evangelisationsbewegungen und ihrer Methoden. Die Anfrage der Evangelical Foreign Missions Association und der Interdenominational Foreign Missions Association, für ihre gemeinsame Vorstandssitzung in Winona Lake, Indiana (September 1968) verschiedene Bewertungen auszuarbeiten, beschleunigte und erweiterte die Arbeit. Sie baten mich in diesem Zusammenhang um Studien über Evangelism-in-Depth, für die die Latin America Mission verantwortlich zeichnet, über New Life For All, die von den evangelikalen Gemeinden und Missionen Nigerias durchgeführt wird, über ähnliche Feldzüge von Overseas Crusades, den südlichen Baptisten und den Assemblies of God sowie über den letzten nationalen evangelistischen Einsatz der Gemeinden Koreas.

Bald stellte sich heraus, daß diese Aufgabe zu umfassend war und innerhalb eines Jahres nicht abgeschlossen werden konnte. So entschloß ich mich, einen Überblick über einige Bewegungen zu geben, um allgemeine Informationen zu erhalten, und andere gründlich zu untersuchen. Ich konzentrierte mich auf Evangelism-in-Depth und New Life For All, die die zwei dynamischsten Programme der Totalevangelisation darstellen. Die oben zuletzt genannte Bewegung war hinsichtlich ihres Beitrags und ihrer Leistung zu bescheiden. Während über Evangelism-in-Depth umfassend informiert wurde und sie daher gut bekannt ist, trifft dies auf New Life For All jedoch nicht zu. Diese Bewegung verdient eine größere Publizität. Wer die Totalevangelisation erforscht oder selbst leitet, tut gut daran, diese beiden Bewegungen zu untersuchen, ehe ein Programm für das eigene Land ausgearbeitet wird.

In beiden Fällen hatte ich das Vorrecht, Untersuchungen an Ort und Stelle durchzuführen. Bei Evangelism-in-Depth hatte ich die Berichte über die vergangenen zehn Jahre von fast tausend Kirchen in sechs verschiedenen Ländern vorliegen. Außerdem standen mir ungefähr 150 persönliche Auswertungen von Verantwortlichen der Gemeinden und Missionen zur Verfügung, die an dem Programm teilgenommen hatten. Anläßlich der Untersuchung von New Life For All war ich selbst in Nigeria und trug genügend Informationen für eine Bewertung zusammen. Auch hier war ich in der glücklichen Lage, die Berichte von einigen hundert Gemeinden zu erhalten.

Der Bericht, die Entdeckungen und Schlußfolgerungen meiner Untersuchung finden sich im *Mission Executives' Retreat Report* der Evangelical Foreign Missions Association und der Interdenominational Foreign Missions Association von 1968 (Seiten 95–166) und ist im vorliegenden Buch mit einigen Veränderungen, Erweiterungen und Illustrationen abgedruckt.

Die Missionare und das Büropersonal beider Bewegungen waren äußerst freundlich und hilfsbereit. Sie wollten mehr über ihre eigenen Schwächen erfahren, als nur Lob und Anerkennung zu hören. Mein Dank und meine Glückwünsche gelten diesen hingebungsvollen Menschen.

Der Überblick über die anderen oben erwähnten Bewegungen stützt sich auf Literatur und persönliche Gespräche. Dann erfolgte die Ausarbeitung einer grundsätzlichen Abhandlung zu dem Thema „Evangelisation in biblischer Perspektive".

Diese Studien führten schließlich zu diesem Buch über die Totalevangelisation. Ich bin zutiefst davon überzeugt, daß eine gut geplante, sorgfältig organisierte, weise geleitete und unter der Leitung des Heiligen Geistes energisch durchgeführte Totalevangelisation die heutige Evangelisation revolutionieren kann. Das Ergebnis könnte die vollständige Evangelisierung unserer Generation sein. Sie vereinigt mehr biblische Prinzipien und kommt dem Neuen Testament in ihrer Praxis und ihrem Ziel näher als jeder andere Evangelisationstypus, der bis jetzt vorgetragen wurde. Sie verdient eine eingehende Untersuchung und unsere Unterstützung durch Gebet und persönliche Opfer.

TEIL I

DEFINITIONEN

Bevor wir die heutigen Ausprägungen der Totalevangelisation untersuchen und auswerten, müssen wir zuerst durch grundlegende Definitionen ein festes Fundament gewinnen. Wir wollen zuerst das Thema Evangelisation genauer betrachten. Wie lautet die biblische Definition von Evangelisation? In diesem Abschnitt wollen wir die Zentralität und Motivation der Evangelisation, sowie die Botschaft, die Methode und den Boten der Evangelisation untersuchen.

Dann wollen wir sorgfältig definieren, was wir unter Totalevangelisation verstehen. Dazu gehören die historischen Vorläufer, ihre biblische Grundlage und ihre wichtigsten Kennzeichen, wie sie sich uns heute darbieten.

Kapitel 1

DIE ZENTRALITÄT UND MOTIVATION DER EVANGELISATION

Die Evangelisation ist kein ausschließlich neutestamentlicher Begriff. Wenn er auch vorher schon eine Geschichte hat, so wird er doch erst im Neuen Testament richtig entwickelt. Im Griechischen hängt 'Evangelisation' eng mit 'Evangelium' zusammen. Sie ergibt sich im Neuen Testament aus dem Wesen des Evangeliums, das in Jesus Christus zu den Menschen kam und der Welt die großen Heilstaten Gottes in seinem Sohn, unserem Herrn und Erlöser, verkündet.

Das Neue Testament als der unfehlbare Bericht des Heilsplanes und der Taten Gottes in Jesus Christus ist uns Autorität, Ausgangspunkt und Vorbild für die Evangelisation. Ohne die Taten Gottes und ohne ihre Aufzeichnungen im Neuen Testament gäbe es keine christliche Evangelisation. Wenn wir also in die rechte Richtung gehen wollen, müssen wir hier beginnen.

DIE ZENTRALITÄT DER EVANGELISATION IM NEUEN TESTAMENT

Weder Jesus noch Paulus werden je als Evangelisten bezeichnet, trotzdem waren aber beide Evangelisten par excellence. Sie waren im wahrsten Sinne des Wortes Verkünder der frohen Botschaft, und genau das bedeutet Evangelisation. Wenn wir die neutestamentlichen Begriffe 'Evangelium' und 'evangelisieren' – *euangelion* und *euangelizo* – untersuchen, sehen wir, welch zentralen Platz die Evangelisation im Dienst Jesu und im Dienst von Paulus einnahm.

Diese zwei Begriffe kommen 127mal im Neuen Testament vor. Die Methode der Evangelisation wird mit dem Begriff 'evangelisieren' ausgedrückt, der oft mit 'das Evangelium predigen' übersetzt wird. Jesus sagte der Menschenmenge, daß er auch die anderen Städte *evangelisieren* muß, indem er ihnen die Botschaft vom Reich verkündigt (Luk. 4,43). Er konnte sich nicht auf nur einen Ort oder nur eine bestimmte Gefolgschaft beschränken.

Paulus spricht 23mal von seinem Dienst als 'Evangelisation'. Als 'Verkündigung' bezeichnete er ihn dagegen nur 18mal. Er erklärt ausdrücklich: „Denn Christus hat mich nicht ausgesandt zu taufen, sondern das Evangelium zu predigen (evangelisieren)" (1. Kor. 1,17). Paulus war der Prototyp des Evangelisten, ein Vertreter des Evangeliums Christi.

Das Neue Testament ist von den Vorbildern, die Jesus und Paulus waren, geprägt — die Evangelisation wurde das wichtigste Kennzeichen des Vorstoßes, den das Neue Testament darstellt. Die zwei Hauptbewegungen im Christentum sind: nach oben die Anbetung, nach außen die Evangelisation. Ausdehnung und Erweiterung gehören zu seinem Wesen.

MOTIVATION BEI DER EVANGELISATION

Die Evangelisation ist keine natürliche Erscheinung. Sie wird nur dann *natürlich*, wenn man das Evangelium Gottes persönlich kennt, ihm glaubt und gehorcht, und wenn der Heilige Geist den Gläubigen vollständig beherrscht. Der äußere Aufruf zur Evangelisation und die innere Motivation verbinden sich, so daß Gehorsam und Mitgefühl zusammenfließen und eine geistliche Dynamik ergeben. Das Wort Gottes und der Heilige Geist gehen ineinander auf und beide zusammen werden zur Motivation und Dynamik bei der Evangelisation.

Unter Motivation können wir somit den Gehorsam gegenüber dem Gebot Gottes und den Gehorsam gegenüber der inneren Leitung des Heiligen Geistes verstehen. Dies ist das Vorbild nach dem Neuen Testament.

Doch sind solche Christen, die nicht auf dieser idealen Stufe leben, von der Verantwortung für die Evangelisation nicht ausgenommen. Jesus drückte sich bestimmt nicht undeutlich aus, als er uns befahl, allen Menschen die frohe Botschaft zu verkündigen (Mark. 16,15.16). Paulus spürte offensichtlich das ganze Gewicht dieser göttlichen Verpflichtung, als er schrieb: „Denn daß ich das Evangelium predige, darf ich mich nicht rühmen; denn ich muß es tun. Und wehe mir, wenn ich das Evangelium nicht predigte!" (1. Kor. 9,16).

Der Heilige Geist, die Not der Welt, die Bindung an den Willen und an die Sache Jesu, der Eifer für die Ehre seines Herrn, der Gehorsam gegenüber seinem Auftrag, das Bewußtsein, ein Verwalter Gottes zu sein, die Hingabe an seinen Ruf und an seine Berufung zum Apostel und die Liebe zu Jesus vereinigten sich in Paulus und gaben ihm die Motivation und den Mut zur Evangelisation.

Kapitel 2

DIE AUSSERGEWÖHNLICHE BOTSCHAFT DER EVANGELISATION

Die biblische Bedeutung der Evangelisation erfassen wir am besten, wenn wir die drei neutestamentlichen Begriffe betrachten, die in direktem Zusammenhang dazu stehen.
1. 'Evangelium' bedeutet 'Frohbotschaft'. Dieser Begriff taucht 76mal im Neuen Testament auf.
2. Das Verb 'evangelisieren' bedeutet 'gute Nachricht bringen, verkündigen, proklamieren'. Es erscheint 51mal im Neuen Testament.
3. Das Wort 'Evangelist' beschreibt die Person, die die frohe Botschaft weitersagt. Es wird nur 3mal verwandt. Doch waren die Funktionen des Evangelisten in dem Begriff 'Apostel' mit eingeschlossen, auch wenn damit die Bedeutung von 'Apostel' nicht erschöpft ist.

Das Neue Testament beschreibt uns die Botschaft, die Methode und den Boten der Evangelisation.

Evangelisation ist die Verkündigung einer außergewöhnlichen Botschaft. Sie beschäftigt sich in erster Linie mit der Bekanntmachung des Evangeliums Gottes, der Heilstat Gottes in Jesus Christus. Sie ist nicht eine allgemeine Verkündigung des Wortes Gottes. Sie beschäftigt sich nicht notwendigerweise mit dem ganzen Ratschluß Gottes. Sie ist nicht Polemik, kein Unterrichtsprogramm, keine Beweisführung. Sie übergeht zwar die Kirche und die Gemeindezugehörigkeit nicht, beschäftigt sich jedoch nicht mit besonderen Lehren, Regeln und Betonungen der Kirche. Sie besteht in der Verkündigung der frohen Botschaft an eine von Gott entfremdete Welt, die unter der Macht der Sünde und unter dem Verdammungsurteil Gottes steht.

Das Wort 'Evangelium' kann eine weitere, allgemeine Bedeutung haben und sich auf die Botschaft des Neuen Testaments als Ganzes beziehen. Dies ist zweifellos die Bedeutung von Markus 1,1, wo es heißt: „Dies ist der Anfang des Evangeliums von Jesus Christus." Paulus spricht in ähnlicher Weise öfters in dieser allgemeinen Bedeutung vom Evangelium (vgl. Gal. 1).

Es gibt jedoch auch einen eingeschränkten Sinn, nach der die Botschaft als 'das Evangelium' bezeichnet werden kann. Paulus spricht dies in 1. Korinther 15,1–4 deutlich aus. Dort finden wir das grundlegende

Kerygma des Paulus, das bloße Evangelium, den Pulsschlag der Rettungstat Gottes in Jesus:
1. Christus starb für unsere Sünden nach der Schrift;
2. Christus wurde begraben — ein Beweis für seinen tatsächlichen Tod;
3. Christus ist am dritten Tag auferstanden nach der Schrift.
Diese Stelle enthält eine Deklaration: Jesus starb — eine Beglaubigung: nach der Schrift — und eine Erklärung: für unsere Sünden. Tod und Auferstehung Jesu sind mehr als bloße Geschichte. Sie sind Geschichte gemäß dem erklärten Willen Gottes, die das Erlösungswerk Gottes ausmachen. Hier wird Gott tatsächlich mit der Sünde fertig. Ohne Tod und Auferstehung wäre nicht einmal Jesus Christus ein Retter.

Der gestorbene und auferstandene Jesus wurde der Angelpunkt der neutestamentlichen Evangeliumsverkündigung. Alles, was mit dem Evangelium sonst zusammenhängt, dreht sich um diesen Mittelpunkt. Das Evangelium wurde nicht verkündigt, ehe Jesu stellvertretender Tod am Kreuz und seine siegreiche Auferstehung von den Toten ausgerufen wurden. Dies stimmt mit den Worten Jesu überein: „Also ist's geschrieben, und also mußte Christus leiden und auferstehen von den Toten am dritten Tage und predigen lassen in seinem Namen Buße und Vergebung der Sünden unter allen Völkern" (Luk. 24,46.47).

In Römer 1,1—6 formulierte Paulus das Evangelium. Das Evangelium Gottes gründet sich auf seinen Sohn Jesus Christus, auf seine Inkarnation, seinen Tod und seine Auferstehung, damit er als der Ursprung der Erlösung zum Glaubensgehorsam unter allen Nationen gepredigt werde. Der Sohn Gottes ist nicht bloß der Träger des Evangeliums oder lediglich die Inkarnation und Demonstration des Evangeliums — nein, sondern er ist dessen Substanz und Wesen, vor allem in den entscheidenden Ereignissen seiner Inkarnation, seines Todes und seiner Auferstehung.

Wenn die Verkündigung des Evangeliums in der Evangelisation mit zu vielen Lehren und ethischen Grundsätzen überladen wird, wird das zentrale Ereignis des Evangeliums getrübt und der Ungläubige ist verwirrt. Deshalb ist eine unkomplizierte und direkte Darlegung äußerst wichtig.

William Barclay führt uns in die Geschichte, Bedeutung und Anwendung des Begriffes ein. Er schreibt:

Das Wort *euangelion* bedeutet 'Evangelium' oder 'gute Nachricht'. Wenn wir dieses Wort untersuchen, befinden wir uns notwendigerweise im Kern und Zentrum des christlichen Glaubens. Das Wort *euangelion* ist ein so spezifisch und charakteristisch christlicher Ausdruck, daß es außerhalb des NT keine lange Geschichte hat. Im klassichen Griechisch hat es drei Bedeutungen. (1) Ursprünglich bedeutete es 'Belohnung eines Boten für die Überbringung guter Nachrichten'. In diesem Sinn benützt es die Septuaginta in 2. Samuel 4,10. (2) Daraus wurde dann 'die den Göttern dargebrachten Opfer bei

dem Empfang guter Nachrichten'. (3) Nicht im klassischen, aber im späten hellenistischen Griechisch bedeutet es dann 'die guten Nachrichten an sich' (1. Sam. 31,9), die gute Nachricht von der 'Geburt eines Kindes' (Jer. 20,15), und manchmal einfach irgendwelche Nachrichten.
In der Septuaginta finden sich zwei Bedeutungen, die den neutestamentlichen Gebrauch ahnen lassen. (1) In den Psalmen bezeichnet das entsprechende Verb das Erzählen von der Gerechtigkeit und der rettenden Macht Gottes (Ps. 40,10; 96,2). (2) In Jesaja wird es in bezug auf die frohe Botschaft vom Kommen des Gesalbten Gottes zu seinem Volk gebraucht (Jes. 40,9; 52,7). In den Papyri sind sowohl das Substantiv als auch das Verb äußerst selten. Das Verb *(euangelizestai)* wird in bezug auf einen Sklaven gebraucht, der mit der Nachricht vom Sieg eines Generals kommt, und das Substantiv *(euangelion)* steht in einer Inschrift, die besagt, daß der Tag der Geburt des römischen Kaisers Augustus der Beginn einer frohen Botschaft für die Welt sein. Aber erst im NT wird *euangelion* ein gewaltiges Wort.[1]

Ich folge Dr. C. H. Dodd in seiner eingehenden Interpretation des Neuen Testaments nur zögernd. Das Prinzip zweier verschiedenartiger Betonungen im Neuen Testament, für das er in *The Apostolic Preaching and its Development* eintritt, erscheint mir jedoch richtig.

Zwischen der Verkündigung des *kerygma* — der Heilstaten Gottes in Jesus Christus für den Menschen — auf der einen Seite, und der Verkündigung der *didache* — des ethischen Ideals für das Leben der Gemeinde als solcher sowie für das Verhalten des einzelnen — auf der anderen Seite besteht ein Unterschied. Ein Vergleich der apostolischen Verkündigung in der Apostelgeschichte mit den Anweisungen in den Briefen scheint dieses Prinzip zu bestätigen. Die Apostelgeschichte zeigt die horizontale Ausdehnung der Kirche durch Evangelisation, in der die Kirche die Welt mit der guten Nachricht konfrontiert; die Briefe betonen die Vertiefung und Nachricht in den Gemeinden, die Christianisierung der Kirche.

Vom Standpunkt der Lehre aus gesehen scheint die Apostelgeschichte äußerst einfach, fast oberflächlich zu sein. Dennoch sehen wir keine klare Formulierung und Verkündigung des Kerygmas, des Evangeliums Gottes. Man findet sehr wenig 'Lehre'. Sie ist ein Buch der Evangelisation und Mission.

Die Bibel setzt jedoch das Evangelium Gottes in einen ganz bestimmten Bezugsrahmen. Das *Leitmotiv* des Alten Testaments ist der ethische Monotheismus. Gott ist gut und heilig, so heilig, daß er keine Sünde ertragen kann. Sünde ist Übertretung des Gesetzes und bringt Schuld und Verdorbenheit, so daß als Folge davon Gott und Mensch getrennt werden. Der Mensch wird als Sünder verurteilt und muß aus der Gegenwart Gottes weichen. Der ethische Monotheismus sieht die Sünde nicht als bloße menschliche Schwachheit an, als Makel, an dem etwa die Umgebung schuld wäre. Er sieht die Sünde als etwas an, das mit Recht den Tod verdient.

Der ethische Monotheismus macht das Kreuz notwendig, er gibt dem Kreuz die soteriologische Bedeutung und Wichtigkeit. Eine rechte Vorstellung von diesem ethischen Monotheismus ist deshalb eine wesentliche Vorbedingung, um die Notwendigkeit des Evangeliums Gottes zu sehen. Ein richtiges und tiefes Sündenbewußtsein entsteht nicht daraus, daß wir auf der Sünde herumhämmern, sondern ergibt sich aus einem rechten Gottesbegriff. Die Betonung in der Evangelisation liegt deshalb nicht in erster Linie auf den Sünden der Menschen, sondern auf ihrer Gottesvorstellung.

Die Vorstellung des Menschen von Gott bestimmt alles. Sie beherrscht und bestimmt sein Verhalten und sein Verlangen. Sie macht ihn zu einem Sünder oder zu einem Heiligen. Sie ist die Ursache für die Flucht vor Gott und die Ursache für die Annäherung an Gott.

Dies ist der Schlüssel für die so oft unwirksame Darlegung des Evangeliums. Die Verkündigung des Kreuzes hat wenig Bedeutung, wenn kein Schuldbewußtsein vorhanden ist. Dieses hat nun aber seinen Ursprung und wird wirksam im ethischen Monotheismus.

Es ist unbedingt notwendig, daß wir *Evangelisation* von der Zurüstung der Gläubigen, von der *Christianisierung* der Kirche und von der *Zivilisierung* unterscheiden. Wir wissen, daß diese drei Aspekte alle in den Plan Gottes gehören und wir uns um sie kümmern müssen. Der Auftrag Gottes in dieser Hinsicht ist klar und deutlich. Doch müssen wir daran festhalten, daß die Evangelisation eine christliche Spezialaufgabe ist. Wenn sie auch von den anderen Aspekten organisch nicht getrennt werden kann, sollte sie doch in der Betonung und in der Praxis von ihnen unterschieden werden.

Eine solche Unterscheidung würde uns, wenn wir sie uns klar vor Augen halten und ihr bewußt treu bleiben, auf verschiedene Art und Weise helfen.

1. Sie würde die Botschaft der Evangelisation klären und konkretisieren.
2. Sie würde einem Evangelisationsprogramm einen klaren Mittelpunkt und eine einheitliche Stoßrichtung geben.
3. Sie würde die Grundlage für eine größere Zusammenarbeit in der Strategie und dem Evangelisationsprogramm schaffen. Wir sollten in der Lage sein, in der Evangelisationsarbeit mit all denen zusammenzuarbeiten, die am Evangelium als der einzigen von Gott gegebenen Möglichkeit zur Errettung festhalten (wie dies z. B. in der Glaubensbasis der Deutschen Evangelischen Allianz definiert wird, siehe auch Seite 46 - 49 dieses Buches. Anmerkung des Verlags), auch wenn wir

uns in anderen Lehrmeinungen, in den Leitlinien oder in der Betonung unterscheiden.

DIE ERLÖSUNG DES MENSCHEN DURCH GOTT

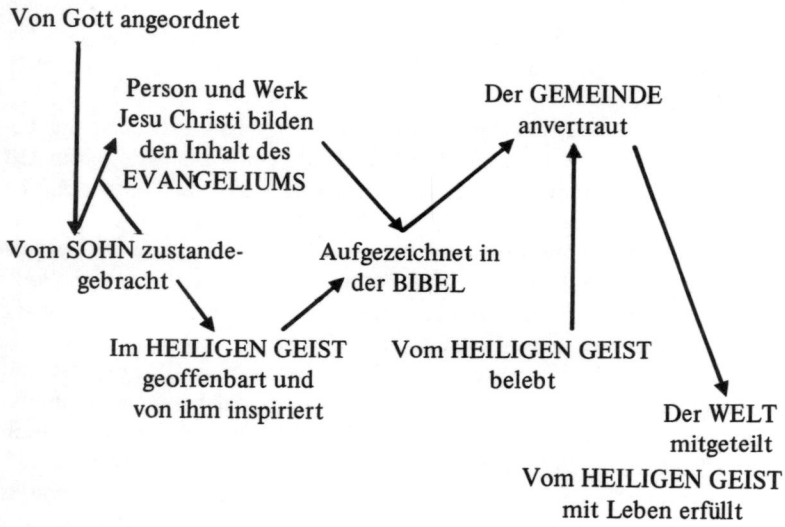

Gott übergeht in der Proklamation des Evangeliums weder Jesus Christus, noch die Bibel, noch die Kirche, wenn letztere gemäß dem Neuen Testament definiert wird und ihre Funktion entsprechend ausübt.

Kapitel 3

DIE AUSSERGEWÖHNLICHE METHODE DER EVANGELISATION

Die Evangelisation ist an eine außergewöhnliche und einzigartige Methode gebunden. Evangelisieren bedeutet 'verkündigen', 'proklamieren', 'bekanntmachen', 'gute Nachricht bringen'. Es ist weniger wichtig, ob dies durch persönliches und zwangloses Zeugnis, durch Gruppengespräche, durch ein verkündigendes Spiel oder durch eine formale Proklamation geschieht.

Die Schrift zeigt uns verschiedene Muster, wie wir die Botschaft von Jesus an die Menschen weitergeben können.

1. Die Mann-zu-Mann-Methode, die durch den Dienst Jesu und in der Apostelgeschichte so gut geschildert wird. Jesu trifft Johannes und Andreas (Joh. 1,35–40); er diskutiert mit Nikodemus (Joh. 3,1–21); er unterhält sich mit der samaritanischen Frau am Jakobsbrunnen (Joh. 4,5–25); er stellt in einem Gespräch sein Verhältnis zu Petrus wieder her (Joh. 21,15–22). Philippus befolgte dieselbe Methode, als er den äthiopischen Eunuchen traf (Apg. 8,26–38), ebenso Ananias, der Paulus während seiner Krisenerfahrung half (Apg. 9,10–19). Dies sind nur einige von vielen ähnlichen Beispielen, die zur Verdeutlichung eines Prinzips und einer Methode der Evangeliumsverkündigung aufgezeichnet wurden.
2. Die Gruppenmethode oder die Haus-Evangelisation, die durch die zahlreichen Hausgottesdienste veranschaulicht wird, die Jesus hin und her in den Dörfern Galiläas gehalten hat. Eine weitere Illustration dieser Methode ist die Erfahrung, die Petrus im Haus des Kornelius machte (Apg. 10,24–48). Die vielen Bekehrungen von Familien, von denen Paulus berichtet, sind die Früchte ähnlicher Gottesdienste.
3. Die zwanglose, öffentliche Verkündigung des Evangeliums, wie sie Jesus in Galiläa und Judäa und später Petrus an Pfingsten und den darauffolgenden Tagen so reich praktizierten. Paulus predigte auf den Marktplätzen und auf dem Areopag nach derselben Methode (Apg. 2,1–40; 17,17–31).

4. Die Verkündigung der Botschaft in Form von formellen Schriftlesungen und Auslegungen, Gesprächen und Disputationen, Beweisführungen und Überredungen, wie sie von Paulus bei vielen Gelegenheiten in den Synagogen der jüdischen Diaspora praktiziert wurde (Apg. 9,22–29; 17,2.10.11.17; 18,4.5).
5. Die scharfen, zwingenden historischen und polemischen Botschaften von Petrus (Apg. 3; 4), Stephanus (Apg. 6; 7), Paulus (Apg. 13; 22; 23).
6. Die überzeugende, auf Tatsachen und Erfahrungen beruhende apologetische Darlegung der Wahrheit, wie sie von Paulus in seiner Botschaft an Agrippa (Apg. 26; vgl. Gal. 3,1) veranschaulicht wird.

Es ist beachtenswert, daß die Methode der Darlegung nicht der bestimmende Faktor ist. Die entscheidende Tatsache ist, daß keine Evangelisation geschieht, wenn nicht die gute Nachricht *gesagt* wird. Die Anwesenheit des Christen und der demütigste und hilfreichste Dienst eines Christen sind in sich selbst keine Evangelisation. Sie bereiten eine wirksame Evangelisation vielleicht vor, aber Anwesenheit an sich reicht nicht aus.

Was hätte sich ereignet, wenn Jesus schweigsam auf den Wegen Galiläas oder durch die Straßen Jerusalems gegangen wäre? Wenn er nur die Liebe Gottes und das Mitleiden seines eigenen Herzens vorgeführt, aber nie das Motiv, die Bedeutung und den Zweck seines Lebens, seines Dienstes, seines Todes und seiner Auferstehung öffentlich bekannt gemacht und erläutert hätte? Wenn er uns niemals etwas über das Wesen und den Willen Gottes gesagt hätte?

In Markus 1,14 heißt es: „. . . kam Jesus nach Galiläa und predigte das Evangelium vom Reich Gottes." Dies wurde das wichtigste Kennzeichen seines Dienstes. Jesus war auch ein Wundertäter; ein Umgestalter des Lebens. Aber er war zuerst und vor allem ein Verkünder der guten Nachricht von Gott. Jesus gab seinem Verkündigungsdienst die Priorität. Und seinen Jüngern befahl er, der es ja selbst praktiziert hatte, dasselbe zu tun. Markus schreibt infolgedessen: „Sie aber gingen aus und predigten an allen Orten" (Mark. 16,20). Die Apostelgeschichte ist Beweis und Resultat des Gehorsams der Apostel.

Stellen wir uns wiederum vor, Paulus würde in Antiochien, Korinth, Ephesus und Rom leben und sich mit dem Gedanken zufriedengeben, daß seine Anwesenheit das einzige sei, was von ihm verlangt werde. Er hätte nie seine Briefe geschrieben, weil er keine Gemeinden gegründet hätte. Anwesenheit im richtigen Sinn ist zwar wichtig, genügt aber nicht allein. Paulus schreibt: „. . . gefiel es Gott wohl, durch törichte Predigt selig zu machen die, so daran glauben" (1. Kor. 1,21).

Die gute Nachricht muß mündlich, vernünftig und verständnisvoll mitgeteilt werden, damit man von Evangelisation sprechen kann. Anwesenheit ist nie ein Ersatz für Verkündigung.

Die enorme Dringlichkeit sozialen Handelns ist bekannt und wird im allgemeinen gesehen. Die Not ist unbeschreiblich und es gibt viele Möglichkeiten für soziale Betätigung. Dies ist aber ganz bestimmt kein Ersatz für die Verkündigung. Sie war es nie und wird es nie sein.

Ich will auf keinen Fall die Verantwortung des Christen für das bürgerliche und soziale Leben mindern. Ich bin mir der Verantwortung der Kirche in bezug auf ihre Mitglieder und auf die Gesellschaft durchaus bewußt. Die soziale Verantwortung ist in der Bibel verankert und soziale Betätigung hat ihren Platz. Doch ist dies nicht dasselbe wie Evangelisation.

Soziales Handeln fördert die Evangelisation selten. Oft macht es Botschaft, Wesen und Ziel der Evangelisation undeutlich. Die Evangelisation ist ein spezialisiertes christliches Amt, das, durch den Ratschluß Gottes ins Leben gerufen, einer einzigen Aufgabe dienen soll – der Verkündigung der guten Nachricht. Evangelisationsbewegungen sind durch göttliche Anweisung auf einen einzigartigen und besonderen Dienst, auf eine ganz spezielle Stoßrichtung festgelegt. Die Evangelisation, d. h. die Verkündigung der frohen Botschaft muß ihre zentrale Bestimmung bleiben, damit sie nicht ihre Berufung verraten.

Dies stimmt vollständig mit den Befehlen Jesu überein, die er den Zwölfen in Matthäus 10,1.5–8, den Siebzig in Lukas 29,45–48, Johannes 20,21–23 gab. In allen diesen Stellen steht die Proklamation, die Verkündigung des Evangeliums, an zentraler Stelle.

Eine solche Verkündigung geht nicht von einem Menschen aus, der gegenüber der guten Nachricht, die er bekannt macht, neutral ist. Als Herold proklamiert er die Botschaft mit Autorität. Als Evangelist verkündigt er mit Wärme, Begeisterung, Dringlichkeit und Überzeugung. Paulus sagt, daß er die Menschen bittet und überredet (2. Kor. 5,11.20). Der Grad seiner Begeisterung und Lauterkeit läßt sich gut an seiner Rede vor König Agrippa ablesen, der, nachdem er die überzeugende Sprache und die durchdringende Botschaft des Paulus gehört hatte, ausrief: „Paulus, du rasest! die große Kunst macht dich rasend" (Apg. 26,24).

Jesus gab uns den Auftrag, Menschen einzuladen und sie zu nötigen, hereinzukommen. In der Motivation und im Ton des Verkünders der guten Nachricht liegt eine Dringlichkeit, die den Zuhörer fesselt und anzieht, überredet und zwingt. Diese Begegnung stellt die Menschen vor eine Entscheidung – es geht nicht um ein bloßes Zuhören und Erwägen. Die Evangelisation läßt nie neutrale Menschen zurück, sie zwingt zu einer Entscheidung für oder gegen Jesus. Sie zielt unzweideutig auf die Bekehrung zu Jesus Christus, allerdings nicht notwendigerweise auf ein Proselytentum im volkstümlichen Sinn des Wortes. Sie ist eine Verkündigung mit ungeheurer Tragweite: sie kann Leben oder Tod, Glück oder Elend, Himmel oder Hölle bedeuten. Genau dies ist wahre Evangelisation.

Kapitel 4

DER AUSSERGEWÖHNLICHE BOTE IN DER EVANGELISATION

Die Evangelisation geschieht durch einen Vermittler. Das Prinzip der Mittlerschaft ist in der ganzen Bibel zu finden – es gehört zu den grundlegenden Prinzipien göttlicher Offenbarung. Wir finden es zum ersten Mal in Genesis 3,15, wo der Menschheit die Erlösung verheißen wird. Dieses Prinzip war grundlegend, bis es in Jesus Christus, dem Lamm Gottes, seinen Höhepunkt erreichte (1. Tim. 2,5).

Das Prinzip der Mittlerschaft in der Verkündigung der Erlösung begann in Genesis 12 mit der Berufung Abrahams, mit der eine neue Ordnung im Umgang Gottes mit den Menschen eingeleitet wurde. Bis dahin hatte Gott zur Menschheit als Ganzes gesprochen. In Genesis 1–11 gibt es kein herausragendes Volk und kein besonderes Priestertum. Es ist nicht so, daß Gott sich einem einzelnen Volk auf eine besondere Art und Weise offenbart hätte. Seine Offenbarung gilt der gesamten Menschheit. Für diese Zeit ist uns keine besondere Offenbarungsweise bekannt.

Mit Genesis 12 beginnt etwas Neues. Israel wurde – in der Person Abrahams – der Mittler zwischen Gott und den anderen Nationen und behielt diese Stellung während der ganzen Geschichte des Alten Testaments. Israel wurde in besonderer Weise berufen, ein Königtum von Priestern und ein Volk von Zeugen zu sein.

Wir wissen von keiner besonderen Offenbarung bei den übrigen Völkern der Erde, die der Offenbarung, die Israel gnädig und souverän gewährt wurde, entspräche oder ihr vergleichbar wäre. Natürlich galt diese Offenbarung nicht ausschließlich dem Volk Israel, auch wenn sie *an* dieses Volk gerichtet war. Sie galt der ganzen Welt. Sie wurde Israel gegeben, weil dieses Volk der Mittler Gottes war. Israel war der Kanal Gottes und der Knecht Gottes (vergleiche Gen. 12, 1–4; Ex. 19, 1–6; Jes. 43, 10.12.21; 44,8).

So wie ich die Bibel verstehe, gilt dieses Prinzip der Mittlerschaft auch heute noch. Heute hat die Gemeinde die vermittelnde Funktion inne: sie vermittelt jedoch nicht etwa das Heil selbst, sondern sie vermittelt die Verkündigung desselben. Die göttliche Ordnung für unsere Zeit in bezug auf die Erlösung sieht folgendermaßen aus: Gott versöhnt in Jesus Christus die Welt; Gott erreicht in Jesus Christus die Welt mit der Erlösung durch den Heiligen Geist, der in der Gemeinde mittels des geschriebenen Wortes Gottes wohnt.

Dieses Prinzip der Mittlerschaft bei der Kommunikation wird in der Apostelgeschichte in drei aufeinanderfolgenden Kapiteln und drei eindrücklichen Ereignissen deutlich veranschaulicht. In Apostelgeschichte 8 sehen wir den äthiopischen Eunuchen auf seiner Rückreise von Jerusalem nach Äthiopien. Er war von der Suche nach einer Antwort auf die Frage seines Herzens ganz in Anspruch genommen. Er hatte sich an die richtige Quelle gewandt und las gerade die richtige Stelle. Trotzdem war ein Philippus nötig, um die Botschaft des Evangeliums mitzuteilen und die innere Entwicklung des Eunuchen zum Abschluß zu bringen.

Apostelgeschichte 9 schildert die Begegnung des Saulus mit seinem Herrn. Saulus durfte in einer herrlichen Vision seinen Meister schauen und seine Stimme hören. Aber erst mußte Ananias zu ihm kommen und ihm helfen, bevor es ihm wie Schuppen von den Augen fiel, er wieder sehen konnte und seine Berufung empfing.

Nach Apostelgeschichte 10 betete der gottesfürchtige Kornelius um Leitung. Gott hörte sein Gebet und verhieß ihm eine Antwort. Und diese Antwort wurde von einem Mann überbracht, der aus einer bestimmten Entfernung herbeigeholt werden mußte, der kulturelle und religiöse Grenzen zu überschreiten und schwerwiegende persönliche religiöse Hindernisse zu überwinden hatte, um die Frohbotschaft weitergeben zu können.

Wo in der Verkündigung das Wort und/oder die Gemeinde fehlt, ist es nicht so, daß der Heilige Geist einseitig und souverän die Erlösung durch Jesus Christus im biblischen und geistlichen Sinn des Wortes bewirkt, Sündenvergebung anbietet, Menschen erneuert, sie in den Stand von Kindern Gottes versetzt und sie für sein Reich zubereitet. Dies ist einer der stärksten und gewaltigsten göttlichen Imperative einer biblischen Evangelisation.

Nachdem wir das biblische Prinzip der Mittlerschaft bei der Ermöglichung und Verwirklichung des Heils und bei der Verkündigung desselben erkannt haben, ist nun die Tätigkeit selbst noch näher darzustellen.

Das Wort 'Evangelist' hat an den drei Stellen, wo es im Neuen Testament vorkommt (Apg. 21,8; Eph. 4,11; 2. Tim. 4,5), eine auf ein bestimmtes Gebiet beschränkte Bedeutung. Es bezeichnet ein Amt und eine besondere Funktion in der Gemeinde Jesu Christi. Gott beruft Männer und verleiht ihnen in einzigartiger Weise die Gabe eines Evangelisten (in der biblischen Bedeutung des Wortes).

Der Evangelist der neutestamentlichen Zeit ist dem Missionar von heute vergleichbar. Er ist der Bote der Gemeinde in einer a-christlichen Welt. Er ist ein Pionier, der Menschen für Jesus zu gewinnen sucht, um sie dann in einer Versammlung zusammenzubringen. Nach ihm folgt der Lehrer, der beim Aufbau der Gemeinde hilft.

Nach den Berichten der Apostelgeschichte setzten sich die verfolgten Glieder der Gemeinde in großen Gebieten in der Evangelisationsarbeit ein (Apg. 8,4; 11,19.20). Die griechischen Begriffe zeigen uns, daß sie evangelisierten und/oder das Wort redeten. Dies deutet auf eine zwanglose Mitteilung der Botschaft von der Erlösung hin.

Die Heilsbotschaft Jesu Christi ist nicht einzelnen Männern oder Ämtern als solchen anvertraut, sondern der Gemeinde. Die Gemeinde ist der Leib Christi, der Tempel Gottes; sie ist erbaut auf der Grundlage der Apostel und Propheten, sie ist der Pfeiler und die Grundfeste der Wahrheit (Eph. 1,23; 2,20; 1. Tim. 3,15).

Die Gemeinde steht in der Linie apostolischer Nachfolge, nicht irgendeines Amtes oder Amtsträgers. Amt und Amtsträger erhalten ihre Bedeutung, Autorität und Wert von der Gemeinde, nicht umgekehrt. Die Gemeinde ist Gottes autoritative, verantwortliche und vermittelnde Vertretung und Schöpfung.

Ich betone dies aus zwei Gründen. Erstens will ich damit das Gefühl der Unabhängigkeit einiger Evangelisten und Evangelisationsbewegungen korrigieren. Sie müssen sich ständig der Tatsache bewußt sein, daß sie nur als Teil der Gemeinde Jesu Christi, des Leibes Christi und des Tempels Gottes wirksam sein können. Die Gemeinde ist nicht für den Evangelisten oder die Evangelisationsbewegung vorhanden. Wir sind als Einzelpersonen nie die Gesamtheit, auch eine Organisation kann nie Priorität beanspruchen. Solche Vorrechte gehören der Gemeinde Jesu Christi, die unter der Autorität ihres Hauptes, des Herrn selbst steht.

Nun ist es natürlich berechtigt, die beunruhigenden, aber doch realistischen Fragen zu stellen: Was ist, wenn die Gemeinde versagt? Was ist, wenn die Gemeinde die Dringlichkeit nicht spürt? Was ist, wenn die Gemeinde ihre göttliche Heilsbotschaft verliert? Dies sind nicht bloß hypothetische Fragen. Solche Situationen ergeben sich tatsächlich.

Es besteht jedoch ein zweiter und noch gewichtigerer Grund, weshalb wir so stark die Gemeinde als Gottes Mittler betonen. Die gegenwärtige Literatur über Mission, Missionen und Evangelisation behandelt ausführlich die Vorstellung von Gottes Sendung und Auftrag in die Welt. Daran ist viel Wahres. Und doch werden diese Wahrheiten auf unbiblische Art und Weise ausgelegt und angewandt. Zur Zeit besteht eine große Verwirrung auf diesem Gebiet.

Wird überhaupt jemand bezweifeln, daß Gott in der Welt am Werk ist? Ist sie nicht seine Schöpfung? Hat er je die Welt ganz verlassen? Hat Gott als Herr der Herren und König aller Könige abgedankt? Ist er nicht mehr der Schöpfer und Erhalter? Ist er nicht der souveräne Herr, der seinen Plan und sein Vorhaben mit dem Menschen und trotz des Menschen durchführt? Warum wird also der direkte Auftrag Gottes in der Welt in Frage gestellt? Ist er nicht der Gott der Geschichte?

Hier ist zuerst auf ein biblisches Paradox hinzuweisen. Die Bibel macht deutlich, daß Gott sowohl in der Welt als auch gegen die Welt arbeitet. Gott ist sowohl der Retter als auch der Richter der Welt. Seine Gerichte können in besonderen, zerstörerischen Ereignissen bestehen oder im Fehlen von Frieden, Wohlstand und anderen Bedürfnissen, die für Fortschritt und Gedeihen notwendig sind. Nur die Erleuchtung durch den Heiligen Geist kann uns befähigen, hier zu unterscheiden. Eine geistliche Gesinnung ist dazu absolut notwendig.

Zweitens ist auf die biblische Wahrheit hinzuweisen, daß das direkte Wirken Gottes in der Welt bezüglich seiner Qualität begrenzt ist. Gewiß handelt Gott überall, aber man kann nicht sagen, daß er *in* allem handelt.

Es besteht kein Zweifel, daß Gott der Heilige Geist aufgrund seiner Beziehung zur Schöpfung und aufgrund seiner Allgegenwart in der Welt handelt. Wie ist aber die Qualität seiner Tätigkeit?

Aus der Bibel und der biblischen Geschichte scheinen sich drei Dinge zu ergeben: (1) Der Heilige Geist kontrolliert und arbeitet derart gegen das Böse in der Geschichte, daß es die Menschheit, das Volk Israel und die Gemeinde Jesu Christi nicht vollständig überwältigen kann (Jes. 59,3–19; 2. Thess. 2,6.7; Joh. 1,10). Wir sehen dies auch an den Gerichten über die Völker, wie sie im Alten Testament aufgezeichnet sind. (2) Der Heilige Geist unterstützt und fördert das Gute (Matth. 5,44–48). Humanistische Bestrebungen und Philanthropie sind an sich nicht schlecht. Bei richtiger Motivation und Anwendung sind sie gut und dienen zur Veredelung der Menschheit. Sie werden dann schädlich, wenn sie ihren moralischen Charakter verlieren, wenn sie die religiösen Überzeugungen des Menschen ersetzen oder wenn sie nur den Menschen verherrlichen. (3) Der Heilige Geist schwebt über der Menschheit und erhält sie in einem erlösbaren Zustand (Gen. 6,3; Hiob 32,8; Joh. 1,9). Deshalb bleibt der Mensch psychologisch im Bereich und innerhalb der Bedingungen für die Erlösung. Der Heilige Geist wirkt auf eine souveräne und geheimnisvolle Weise auch so, daß er einzelne Menschen oder Gruppen für die Aufnahme des Evangeliums ganz besonders vorbereitet und damit eine 'Fülle der Zeit' herbeiführt. In allen diesen Gebieten sehen wir ein direktes Handeln Gottes in der Welt durch den Heiligen Geist ohne das Zutun seines Volkes und seiner Gemeinde.

Wir finden in der Bibel jedoch keinen Hinweis darauf, daß Gott auf eine ähnliche Art und Weise auch die Erlösung selbst, in einem eingeschränkten Sinn des Wortes, durchführt. Auf diesem Gebiet besteht ein grundlegender Unterschied. Bei der Erlösung ist das Prinzip der Mittlerschaft vorherrschend. Dies trifft sowohl auf die Ermöglichung des Heils als auch auf die Verkündigung desselben zu. Bei der Ermöglichung des Heils ist Jesus der einzige und völlig ausreichende Mittler.

Bei der Verkündigung des Heils handelt der Heilige Geist durch das geoffenbarte Wort und die Gemeinde (1. Petr. 1,22.23; Jak. 1,18; Tit. 3,4.5). Aus diesem Tatbestand ergibt sich die dringende Notwendigkeit der Evangelisation.

Kapitel 5

ZUSAMMENFASSUNG: DER GRÖSSTE AUFTRAG DER GEMEINDE

Im Lichte der gesamten Offenbarung ist die Evangelisation das zentrale Thema der Bibel. Gott ist gewillt, sich kund zu tun und die frohe Botschaft von der Erlösung durch seinen Sohn der ganzen Menschheit mitteilen zu lassen. Aus diesem Grund berief er sich auch zur Zeit des Alten Bundes das Volk Israel und zur Zeit des Neuen Bundes die Gemeinde Jesu Christi. Dies sind keine Institutionen, die unabhängig sind und nur für sich selbst bestehen. Sie wurden durch die souveräne Berufung Gottes zu seinem Ruhm eingesetzt. Und dieser Ruhm erweist sich in erster Linie in der frohen Botschaft von der Erlösung in Jesus Christus, seinem Sohn, dem einzigen Retter und Herrn. Dies ist das Ziel, auf das der Heilige Geist vor allem hinarbeitet. Und hier liegt der größte Auftrag der Gemeinde.

Der größte Auftrag der Gemeinde ist die Mission — das Aussenden von Herolden, die die frohe Botschaft Gottes verkündigen. Der dringliche Auftrag der Gemeinde bleibt die Mission, solange es Völker gibt, die das Evangelium noch nicht kennen.

Phillips Brooks erklärt: „Ich bin zutiefst davon überzeugt, daß der christliche Glaube, wenn er nicht in dem Bestreben seinen Höhepunkt und seine Vollendung findet, der ganzen Welt Jesus zu verkündigen, völlig unrealistisch und unbedeutend ist, ohne Kraft für das persönliche Leben und ungeeignet, in überzeugender Weise als wahr bestätigt zu werden."[1]

Die Beobachtung von Dr. Robson ist gleichermaßen richtig, wenn er schreibt: „Das Leben vieler Gemeinden ist gegenwärtig wegen ihrer Selbstbezogenheit steril geworden. Die weltweite Aufgabe der Gemeinde nimmt nur noch einen zweitrangigen Platz ein, und so ist die Gemeinde für ihre wichtigste Aufgabe entsprechend untauglich. Was not tut, ist eine Neuorientierung ihrer Aktivitäten und Ausrichtung auf die Förderung und Steigerung des weltweiten Dienstes."[2]

Die Evangelisierung der Welt ist für uns als Christen keine fakultative Aufgabe, die wir tun oder auch lassen können. Die Weltevangelisation gründet sich auf ewige Wahrheiten. Dr. R. G. Speer schreibt: „Ihre Grundlagen hat sie schon im Wesen und Plan Gottes, im Charakter des

Christentums, im Ziel und Absicht der christlichen Gemeinde und in der Art der Menschheit, ihrer Einheit und ihren Bedürfnissen ... Die ausschlaggebende Grundlage der Missionstätigkeit ist das Wesen und der Charakter Gottes. Wir können uns Gott nicht vorstellen, ohne zugleich die Notwendigkeit des Missionsgedankens ins Auge zu fassen."[3]

Die Evangelisation hat ihren Ursprung im Herzen Gottes. Gott plante das Evangelium, sandte seinen Sohn als Inhalt des Evangeliums, gab uns den Heiligen Geist zur Verherrlichung des Evangeliums und schuf die neutestamentliche Gemeinde zur Demonstration und Proklamation des Evangeliums in der Kraft und Gewißheit des Heiligen Geistes. Wollen wir doch im Rahmen der biblischen Offenbarung bleiben und auf die richtige Perspektive und auf die göttlichen Prioritäten achten! Wenn wir uns davon abbringen lassen, verlieren wir nicht nur unsere von Gott festgesetzte Bestimmung, sondern auch unsere Bedeutsamkeit als Christen und die uns von Gott zugedachten reichen Segnungen.

Kapitel 6

TOTALEVANGELISATION – DIE HISTORISCHEN VORLÄUFER

Heute werden wie nie zuvor verschiedene Elemente und dynamische Faktoren der Evangelisation zu einer funktionellen Struktur verschmolzen und vereinigt. Diese Art von Evangelisation hat in verschiedenen Ländern und Kontinenten Auswirkungen, wie es seit der Zeit der Apostel nicht mehr der Fall war.

Im Blick auf die Bezeichnung dieser Art von Evangelisation gibt es keine allgemeine Übereinstimmung. Es scheint, daß die früheste Bezeichnung der Begriff 'saturation evangelism' (Totalevangelisation) war, deshalb haben wir ihn als allgemeine Benennung gewählt. Und wenn man die Absicht, die dahintersteckt, beachtet, dann trifft dieser Begriff wirklich zu. Man sprach auch schon von 'Mobilisationsevangelisation', wenn man vom methodologischen Standpunkt ausging. Dieser Begriff betont mehr die Struktur, während 'Totalevangelisation' mehr die Funktion meint.

Man dachte auch schon an den Ausdruck 'Tiefenevangelisation', und in weiten Teilen der Welt spricht man auch von Evangelism-in-Depth. Diese Bezeichnung geht von dem tieferen Eindringen und der intensiveren Durchdringung der Gläubigen mit dem Evangelium aus, sowie von ihrer Übereinstimmung mit dem Plan und der Absicht Gottes in bezug auf das Leben als Christ und die Evangelisierung als Glieder ihrer eigenen lokalen Gemeinden. Auch dieser Begriff legt den Nachdruck auf Absicht und Funktion.

Ich habe mich entschlossen, die Bezeichnung 'Totalevangelisation' zu gebrauchen, weil sie das Gesamtprogramm der Bewegung gut beschreibt und mich vor einer einseitigen Parteinahme für irgendeine der Bezeichnungen und Methoden bewahrt, wie sie gegenwärtig durchgeführt werden.

Zu dieser Art der Totalevangelisation gehören Bewegungen wie Evangelism-in-Depth in Lateinamerika, New Life For All in Afrika, Christ for All im Kongo, der Nationale Evangelistische Kreuzzug – „Gewinne Dreißig Millionen für Christus" – in Korea, Mobilisationsevangelisation in Japan, Evangelical Advance in Honduras, Campaña Nacional de Evangelismo in Guatemala und ähnliche Bewegungen.

Die Totalevangelisation wird zu einem Weltphänomen wie nie zuvor, und wir tun gut daran, uns mit diesen Bewegungen bekannt zu machen.

Bevor wir einige von ihnen etwas näher betrachten, wollen wir jedoch einige historische Vorläufer und die biblische Grundlage der Totalevangelisation untersuchen.

Wenn die Totalevangelisation als außergewöhnlicher Typus und einmalige Betonung der Evangelisation auch erst in unseren Tagen stark aufkam, so ist sie doch nicht neu. Diejenigen Wiedertäufer des sechzehnten Jahrhunderts, die eine biblische Linie vertraten, wußten etwas von der totalen Mobilisation aller Gläubigen und ihrer Mittel. Sie verlangten von jedem Täufling, sich selbst und alle seine Güter der Sache Gottes und der Verbreitung des Evangeliums zu verpflichten.

Am 20. August 1527 fand in Augsburg eine Synode statt, auf der sich über sechzig Führer der Wiedertäufer versammelten, um eine grandiose Evangelisationsstrategie zu entwerfen. Ihr Ziel war, ganz Europa mit dem Evangelium bekannt zu machen. Verschiedenen Gebieten wurden jeweils Evangelistenteams zugewiesen, und alle Gläubigen sollten eine wichtige persönliche Rolle bei der Durchdringung Europas mit dem Evangelium haben.

Dies war ein umfassender Plan der Totalevangelisation. Nur die vereinten Kräfte der Katholiken und Protestanten waren in der Lage, sie in diesem großen und vortrefflichen Unternehmen zu stoppen — die meisten Strategen starben innerhalb weniger Jahre als Märtyrer. So wurde diese Konferenz als 'Märtyrersynode' bekannt. Europa hatte eine der wertvollsten Möglichkeiten, das Evangelium zu hören, abgewiesen.

Das neunzehnte Jahrhundert brachte eine ähnliche Möglichkeit, wenn auch nicht so umfassend und weiträumig. Adolf Keller schreibt in bezug auf die schnelle Ausbreitung der Baptisten auf dem europäischen Kontinent im neunzehnten und frühen zwanzigsten Jahrhundert:

> Im Jahr 1815, als bei Waterloo gekämpft wurde, gab es in ganz Europa noch keine einzige Baptistenkirche, aber um 1850 gab es schon um 4 000 Gemeindeglieder. Um 1900 hatte sich die Zahl auf ungefähr 220 000 erhöht. Für unsere Zeit (1927) haben wir keine genauen Zahlen, ... aber man kann mit guten Gründen annehmen, daß die Anzahl der Baptisten weit die Zwei-Millionen-Grenze überschreitet. Dieser Vormarsch einer einzigen Denomination auf dem Kontinent innerhalb dreier Generationen (1834—1927) kann zum Teil dem Grundsatz zugeschrieben werden, der von Anfang an ein *Arbeitsprinzip* der Baptisten des Kontinents war: *„Jedes Mitglied ein Missionar."*[1] (Hervorhebung vom Autor)

In den letzten Jahren wurden Bücher veröffentlicht, die von 'revolutionierendem neutestamentlichem Christentum' in der Evangelisation reden. Charles W. Kingsley schreibt:

> Während einer ermutigenden ganztätigen Retraite wagten Gemeindeglieder mit ihren Pastoren und Gemeindeleitern, ihre Fruchtlosig-

keit einzugestehen. Als sie die Herausforderung des Grundsatzes 'Verdopplung in einem Jahrzehnt' annahmen, stand ein bedrückter kanadischer Laie auf und rief: „Aber mit unseren gegenwärtigen Methoden brauchen wir für die Verdopplung mehr als ein halbes Jahrhundert. Was werden wir ändern, damit dieses Wachstum möglich wird?"

Dies ist eine gute Frage. Sie verlangt eine drastische Reorganisation, eine Revolutionierung unserer Vorstellungen, unserer Motive, unserer Programme.

Unsere evangelistische Strategie, die die Betonung auf Kirchengebäude und Mitgliederlisten legt, bleibt weit hinter dem Neuen Testament zurück. Diese Art der Evangelisation krankt an einem eklatanten Fehler, der unsere Kirche davon abhält, jemals das Instrument zur Erfüllung des Missionsbefehles Jesu zu werden.

Gene Edwards sagte: „Der Fehler ist folgender: Die einzigen Menschen, die so für Jesus gewonnen werden können, sind die, die sich ganz bewußt aufmachen, sich entsprechend kleiden, zum Vortragsraum kommen und sich absichtlich unter die Verkündigung des Wortes begeben. Aber die meisten Menschen werden dazu nicht bereit sein! Unser größtes einzelnes Hindernis für die Weltevangelisation ist heute die Evangelisationsmethode, die sich auf das Kirchengebäude stützt — nicht weil wir die Kirchengebäude haben, sondern weil wir es unterlassen haben, aus ihnen hinauszugehen."

In vielen neuen Gemeinwesen unseres Volkes haben wir neue materielle Gebäude errichtet, ohne die neutestamentliche Reichweite aufzubauen. Stellen Sie sich einen Bauern vor, der in einem neuen Feld eine Scheune errichtet und von dieser dann erwartet, daß sie die Ernte einbringt.

„Wir müssen die richtige Perspektive haben", mahnt Edwards. „Wir haben uns bewußt zu machen, daß die Evangelisation nicht im, sondern außerhalb des Kirchengebäudes ihren Schwerpunkt haben soll. Die Kirche ist nicht dazu da, daß man die Bekehrten hineinführt. Sie ist vielmehr ein Stützpunkt, von dem aus die Christen in den Kampf geführt werden!"[2]

Nach dieser Analyse bringt Kingsley ein Diagramm, das veranschaulicht, was 'die Pfeile umkehren' heißt: aus einer einladenden Kirche wird eine angreifende Kirche, die nicht von Menschen abhängig ist, die in das Kirchengebäude kommen, um evangelisiert zu werden. Sie schult vielmehr ihre Mitglieder im Kirchengebäude, damit diese dann hinausgehen und die Menschen dort für Jesus gewinnen, wo sie gerade sind. Der Zentripetalismus der Gemeinden ist in einen Zentrifugalismus umzuwandeln.

Im gleichen Buch stellt Kingsley ein dreizehnwöchiges Programm für die lokale Gemeinde vor, das die Prinzipien der Totalevangelisation auf die Ortssituation anwendet.

Die Südlichen Baptisten (Southern Baptists) sind für ihren Eifer und ihre Hingabe in der Evangelisation sowie für ihre umfassenden Kampagnen bekannt. Pastor Waylon B. Moore veröffentlichte im März 1960 in der Zeitschrift *Baptist Standard* einen Artikel, der wegen seines Inhaltes wie auch wegen seiner Überschrift beachtenswert ist. Obwohl er offensichtlich von einer beginnenden, dynamischen Bewegung dieses Namens nichts wußte, überschrieb er seinen Artikel *Evangelism-in-Depth*. Das grundlegende Thema des Artikels behandelt Prinzipien und Methoden zum Aufbau einer 'Mitgliedschaft mit Qualität', die er mit der wahren Jüngerschaft des Christen gleichsetzt. Diese entspricht nun einem vom Heiligen Geist geleiteten evangelistischen Wirken, das Menschen für Jesus gewinnt und diese dann zu dynamischen, hingegebenen Jüngern macht.

Er spricht von der 'Konservierung der Ergebnisse', von 'Methoden, die Paulus benutzte', von der 'Vervielfachung der Boten' und von 'Vertiefung des geistlichen Lebens'. Er schließt seinen Artikel mit den Worten: „Wir brauchen heute eine solche Evangelisation in die Tiefe — dies bedeutet eine Vervielfachung von Jüngern zur Ehre Gottes."[3] Die Überschrift, sowie die in diesem Artikel ausgeführten Prinzipien fesseln die Aufmerksamkeit von vielen. Ist es nur ein Zufall, daß der Begriff 'Evangelism-in-Depth' bei Waylon B. Moore in Fort Worth und Dr. R. Kenneth Strachan in San Jose in Costa Rica auftaucht?

Kapitel 7

DIE BIBLISCHE GRUNDLAGE DER TOTALEVANGELISATION

Es erübrigt sich, noch einmal die Priorität der Evangelisation im Auftrag der Gemeinde von der Bibel her aufzuzeigen. Wir haben bereits davon gesprochen, daß die Evangelisation das Zentralthema der Bibel und die horizontale Stoßrichtung des ganzen Neuen Testaments ist. Die Evangelisation als solche war nie umstritten. Es waren nur die Fragen der Bedeutung, der Art und der Methoden der Evangelisation, die mit einer nicht geringen Uneinigkeit diskutiert wurden.

TOTALEVANGELISATION ALS NEUTESTAMENTLICHES IDEAL

Den Begriff 'Totalevangelisation' finden wir natürlich nicht im Neuen Testament, dies trifft aber in gleicher Weise auf 'persönliche Evangelisation', 'Zeltevangelisation', 'Straßenevangelisation' und 'Massenevangelisation' zu. Die Betonung liegt auf 'Evangelisation'. Man kann aber die 'Totalevangelisation' recht gut veranschaulichen.

Der Hohe Rat berichtete, daß die Apostel Jerusalem mit ihrer Lehre *erfüllt* hatten (Apg. 5,28). Lukas schreibt, daß die Gemeinde durch *ganz* Judäa und Galiläa und Samaria hin Frieden hatte und erbaut wurde. Später schreibt er: „Und es sahen ihn (Äneas) *alle*, die zu Lydda und Saron wohnten; die bekehrten sich zum Herrn." Desgleichen bekam *ganz* Joppe das Evangelium zu hören (Apg. 9,31.35.42).

Diese Art der Totalevangelisation erntete viele Früchte. 'Myriaden' (wörtlich: zehntausende) von Juden bekehrten sich (Apg. 21,20).

'Die Berichte über Antiochien in Pisidien und Ephesus lauteten ähnlich. Zur Tätigkeit des Paulus und seiner Mitarbeiter in Antiochien und Umgebung schreibt Lukas: „Das Wort des Herrn aber wurde ausgebreitet durch die *ganze* Gegend" (Apg. 13,49). Im Bericht über Ephesus lesen wir: „. . . so daß *alle*, die in Asien wohnten, sowohl Juden als Griechen, das Wort des Herrn hörten" (Apg. 19,10).

Den ausführlichsten Bericht über die Totalevangelisation gab uns Paulus: „. . . so daß ich von Jerusalem und ringsumher bis nach Illyrien das Evangelium des Christus *völlig* verkündigt habe. Dabei beeifere ich mich also, das Evangelium zu predigen, nicht da, wo Christus genannt worden ist ... Nun aber, da ich in diesen Gegenden keinen Raum mehr habe ..." (Röm. 15,19.20.23).

Dies ist Totalevangelisation: jeden Menschen evangelisieren, das heißt die Möglichkeit bieten, daß alle die Frohbotschaft hören und kennenlernen können. So sieht das Ideal des Neuen Testaments aus. Vor der Konfrontation muß zuerst die Präsentation, Penetration und Saturation erfolgen. Das ist die Evangelisationsmethode der Bibel. Die Frage bleibt, wie diese anscheinend undurchführbare Aufgabe gelöst werden kann. Wir glauben alle, daß dies der Wille Gottes ist. Aber wie können wir ihn erfüllen? Die Antwort ist die totale Mobilisierung.

TOTALEVANGELISATION UND DIE MOBILISIERUNG DER GLÄUBIGEN

Die Mobilisierung von sämtlichen Gläubigen für die Evangelisation ist nicht nur eine ernste, praktische Frage — sie ist vor allem ein theologisches Problem. Ist es wirklich Gottes Wille, daß jeder Gläubige aktiv evangelisiert, oder reicht es aus, im Notfall als Ersatz bereitzustehen? Gibt es nicht viele verschiedene Gaben des Geistes und entsprechende Aufgaben? Ist es Gottes Absicht, daß jeder Gläubige persönlich an der Evangelisierung der Welt mitarbeitet? Wenn dies der Fall ist, welche Rolle hat er dann zu übernehmen? Wie soll er sich beteiligen?

Die Antwort auf diese Fragen kann man durch eine Gegenfrage wie folgt geben: Ist jeder Gläubige wirklich ein Priester Gottes? Glauben wir realistisch und nicht nur ideell oder theoretisch an das allgemeine Priestertum aller Gläubigen? Es ist Zeit, daß unsere Ideale etwas realistischer werden.

Ich spreche von den Gläubigen als evangelisierende Werkzeuge. Die Ausdrücke 'Zeugen' und 'Evangelisten' habe ich vermieden. Das Wort 'Evangelist' kommt im Neuen Testament nur dreimal vor und scheint ein offizielles Amt zu beschreiben, das von einer besonderen Begabung durch Gott abhängig ist. Das Wort 'Zeuge' wird im Johannesevangelium und in der Apostelgeschichte häufig gebraucht; es scheint sich nämlich stark auf die persönliche Kenntnis der historischen Person und der Ereignisse um Jesus Christus zu beziehen und nicht so sehr auf die Erfahrung der Christen im allgemeinen.

Von den ersten Christen wird uns berichtet, daß sie *evangelisierten* (Apg. 8,4; 11,20) oder *das Wort redeten* (Apg. 11,19): sie waren damit beschäftigt, anderen Menschen von der frohen Botschaft zu erzählen mit der Absicht, sie über Jesus Christus zu informieren und sie zu überzeugen. Sie befolgten damit keinen Befehl — dies war einfach der Ausfluß ihres geistlichen Lebens. Die Evangelisation war nicht inszeniert oder programmiert. Sie fand statt. Sie bestand aus einer spontanen

Weitergabe der frohen Botschaft von der gefundenen Lösung in Jesus Christus, dem Herrn.

Evangelisation ist mehr als das Zeugnis von persönlichen Erfahrungen. Evangelisation bedeutet zuerst und vor allem die Darlegung und Erklärung des Evangeliums sowie das Bestreben, die Menschen zur Annahme des wunderbaren Geschenkes Gottes durch den Glauben an Jesus Christus zu bringen. In der Urgemeinde war dies der Fall. Und alle Christen sind dazu berufen und vom Heiligen Geist dazu begabt.

DYNAMISCHE SPANNUNG

Wir müssen nun das Geheimnis hinter dieser spontanen und doch dynamischen Bewegung in den Gemeinden der Apostel ergründen. Die Annahme, daß die spontane Evangelisation das wunderbare Nachglühen von Pfingsten gewesen sei, ist zu einfach. Sie läßt einige sehr grundlegende Faktoren und Prinzipien der Bibel außer acht.

Die Evangelisation ist nicht die Nachglut einer Erfahrung, ganz gleich, wie wunderbar die Erfahrung auch gewesen sein mag. Die Evangelisation ist die stetig zunehmende Glut eines stetig reifenden Lebens in Jesus Christus und wird schließlich zur ganzen Tätigkeit eines ausgereiften Menschen in Christus.

Der Mobilisierung für die Evangelisation geht ein gewisser Grad der Reife voraus, wie wir aus der Apostelgeschichte klar ersehen können. Nur eine Lähmung des persönlichen geistlichen Wachstums schmälert die Motivation und das Verlangen, zu evangelisieren. Dieses Verlangen kann auch von kirchlichen Strukturen erstickt werden, wenn diese über eine dynamische, geistliche Zweckhaftigkeit dominieren, oder auch von einem kirchlichen Professionalismus, der die neutestamentlichen Perspektiven der Berufung durch Jesus Christus überschattet und überwältigt.

Der theologische Schlüssel für dieses erstaunliche Phänomen der Gemeinden der Apostelgeschichte liegt in der ununterbrochenen Erfahrung der gehorsamen Befolgung der Imperative im Missionsbefehl unseres Herrn: machet zu Jüngern und prediget das Evangelium allen Menschen. Dies ergibt eine göttliche, schöpferische Spannung.

MACHET ZU JÜNGERN

Unser Herr befahl seinen Jüngern, alle Völker zu Jüngern zu machen (Matth. 28,18—20). Er selbst war uns hierin das Vorbild. Jesus war während seines Lebens auf der Erde vor allem jemand, der Jünger ausbildete. Wir werden an anderer Stelle auf seine Art der Erziehung und die Vorstellungen und Absichten, die er in ihre Herzen schreiben wollte, näher eingehen.

Jesus machte die Zwölf erst zu Jüngern, bevor er sie zu Aposteln machte. Nachfolge ging dem Apostelamt voraus. Lernen ging dem Lehren voraus. Als er sie zu Jüngern gemacht und als Apostel eingesetzt hatte, befahl er ihnen, hinauszugehen und Jünger zu machen. Dies hätte leicht ihre gesamten Anstrengungen in Anspruch nehmen können, wie es wohl auch während der ersten fünf Kapitel der Apostelgeschichte der Fall war.

In Apostelgeschichte 6 tauchen „schöpferische Spannungen" auf. Die Apostel waren gezwungen, im Blick auf ihren Dienst Prioritäten zu setzen (Apg. 6,4). Es fand keine Abtrennung von Ämtern und keine Zerspaltung der Gemeinschaft statt, sondern man legte eine Arbeitsteilung fest, die sich im Neuen Testament weiterentwickelte. Das Ziel war, die Basis zu stärken, damit sie in der Lage war, Jünger zu machen.

ALLEN MENSCHEN

Nun haben wir aber auch den anderen Imperativ im Missionsbefehl. Er betont die Notwendigkeit der Weltevangelisation, die Verkündigung des Evangeliums an alle Menschen. (Vgl. Mark. 16,15.16; Luk. 24,47; Apg. 1,8; 26,16—18.)

Es besteht kein Zweifel darüber, daß die Evangelisierung der Welt dem Willen Gottes und dem Plan des Neuen Testaments entspricht. So besteht also eine Spannung zwischen der zeitraubenden individuellen und persönlichen Betreuung des Gläubigen, die zur Vertiefung seines geistlichen Lebens notwendig ist, das heißt zwischen dem Zu-Jüngern-Machen einerseits und dem Imperativ der inneren, vom Heiligen Geist gewirkten Motivation zur Weltevangelisation andererseits, die der Vater will, der Sohn befiehlt und der Heilige Geist leitet (Joh. 16,8.11; 12,32).

Diese Spannung ist kein Widerspruch, sondern der göttliche Drang, der in den Gläubigen die besten Kräfte freisetzt. Diese Spannung hat in der Gemeinde als Organismus und Institution ihren Mittelpunkt, ihre größte Stärke und ihre Lösung. Die Gemeinde wurde von Gott für beide Ziele eingesetzt — für das Zu-Jüngern-Machen wie auch für die Evangelisierung der Welt. Die Apostelgeschichte führt uns diese Tatsache lebendig vor Augen und Paulus führt dies in Epheser 4,11—16 programmatisch aus.

Die Auflösung dieser Spannung in der Apostelgeschichte ist in dem Grundsatz des stufenweisen Fortschreitens zu beobachten. In den ersten Kapiteln lesen wir nichts von einer evangelisierenden Gemeinde oder evangelisierenden Gläubigen. Die Apostel waren die wichtigsten, wenn nicht gar die einzigen Werkzeuge des Heiligen Geistes. Sie verkündigten, lehrten, beteten, litten, dienten. Von dem Wirken der Gläubigen hören wir wenig. Zwei Dinge jedoch, die äußerst bedeutsam sind, werden von ihnen berichtet: sie wurden von den Aposteln gelehrt und sie hatten in größeren und kleineren Gruppen Gemeinschaft untereinander.

„Sie verharrten aber in der Lehre der Apostel und in der Gemeinschaft" (Apg. 2,42). „Sie hörten nicht auf, jeden Tag im Tempel und in den Häusern zu lehren und Jesus als den Christus zu verkündigen" (Apg. 5,42).

Wie die Apostel unter der Lehre und dem prägenden Einfluß ihres Meisters gewesen waren und so zu Jüngern wurden, so blieben jetzt die ersten Gläubigen unter der Lehre der Apostel. Sie wurden durch das Beispiel und die Worte derer, die der Herr selbst geprägt hatte, nun auch zu Jüngern geformt. Erst als dies bis zu einem gewissen Grad erreicht war, ließ es Gott zu, daß sie zerstreut wurden.

Als sie durch Verfolgung zerstreut wurden, evangelisierten sie andere mit der Frohbotschaft, die sie selbst erfahren und von den Aposteln gelernt hatten. Sie waren keine untrainierten Laien, die ohne klare Botschaft hinausgingen. Sie waren in der Lehre der Apostel gut unterrichtet. Sie arbeiteten auch nicht irgendwo allein. Die Gemeinschaft im Tempel hatte sie zu einer größeren geistlichen Einheit zusammengeschweißt und in ihnen ein Zusammengehörigkeitsgefühl geschaffen. Die Hausgemeinschaft formte sie zu kleinen dynamischen Gruppen oder Teams. So zogen sie in Teams umher und evangelisierten.

Wir sollten dieses Verfahren als ein höchst dynamisches Prinzip erkennen, wiederaufgreifen und neu in unsere Gemeinden einführen. Es gibt nichts Dynamischeres als kleine Gruppen, und keine Evangelisationsmethode ist dynamischer als die Evangelisation durch Teams. Die ersten Gläubigen waren durch die Lehre und den persönlichen Einfluß der Apostel und die Gemeinschaft in der Gemeinde zu Jüngern geworden. Nur so wurden sie fähig, evangelistisch zu wirken.

In bezug auf die Evangelisation sehen wir hier ein sehr wichtiges Prinzip. Während die Gläubigen *in* der Gemeinde lernten und geformt wurden, mußten sie *außerhalb* der Gemeinde evangelisieren. Sie wurden weit verstreut. Die Gemeinden der Apostel evangelisierten nicht so, daß sie die Menschen zum Besuch ihrer Kirchen einluden. Die Gläubigen selbst trugen das Evangelium in die Welt hinaus. Obwohl die Evangelisierung *von* der Gemeinde durchgeführt wurde, fand sie doch nicht *innerhalb* der Gemeinde statt. Die Gläubigen (die Gemeinde) mußten sich ausbreiten und in die Welt hinausgehen, um zu evangelisieren. Die horizontale Ausbreitung der Gemeinden in der Apostelgeschichte geschieht nach dieser Methode.

In Epheser 4,11—16 beschreibt Paulus ähnliche Prinzipien. Dies ist die klassische Stelle über die Ämter in der Gemeinde. Wenn Paulus auch nicht den Ausdruck 'Jünger' gebraucht, so spricht er doch von Gläubigen, die zur Mannesreife heranwachsen, in der Lehre gegründet sind, die Wahrheit in Liebe bekennen und ihre Aufgabe als Teil des Leibes Christi wahrnehmen.

Die Gemeinde ist zur Belehrung, Erbauung, Erziehung, Ermahnung und Formung der Gläubigen von Gott gestiftet. Das Ziel von diesem allem ist die Zurüstung der Gläubigen für den Dienst. Nun stellt sich die Frage, *wem* sie dienen sollen.

Paulus geht an unserer Stelle nicht sehr ausführlich darauf ein, aber es ist mehr als sicher, daß die Gemeinde von Epheser 1—3 sich in der Welt von Epheser 4—6 befindet. Dies ist ihr Bereich und ihr Kampf. Dies ist ihr Dienst.

In der Gemeinde wird jeder einzelne Gläubige geformt und zugerüstet, daß er in der Welt attraktiv und effektiv dienen kann. Die Bestimmung des Gläubigen zur Mission und Evangelisation liegt klar auf der Hand. Die Briefe des Apostels Paulus sind der ernsthafte Versuch, durch das geschriebene Wort 'zu Jüngern zu machen', damit die Gemeinde ihre von Gott bestimmte Aufgabe ausführen kann — als Licht in der Welt zu scheinen und das Wort des Lebens zu demonstrieren. Die missionarische und evangelistische Zielsetzung im Leben des Gläubigen ist in fast allen Briefen des Paulus zu finden.

1. Thessalonicher 1,6—10 und Römer 1,8 zeigen, daß die Gläubigen diese Bestimmung tatsächlich auslebten. Prof. Adolf von Harnack, der die ersten Jahrhunderte der christlichen Zeitrechnung höchst eingehend untersuchte, schreibt: „Wir können es als gesicherte Tatsache ansehen, daß die bloße Existenz und die beharrliche Aktivität der einzelnen christlichen Gemeinschaften mehr zur Ausbreitung der christlichen Religion beitrug als alles andere."[1]

Die Gemeinde ist das Instrument Gottes zur Mobilisierung, Schulung und Ausrüstung der Gläubigen, damit sie in der Lage sind, in der Welt die Aufgabe der Evangelisation wahrzunehmen. Nur so wird die Gemeinde ihren Zweck erfüllen. Nur so wird die Spannung zwischen den zwei Imperativen im Missionsbefehl aufgehoben. Nur so wird die Welt evangelisiert werden. Dies ist die biblische Grundlage einer totalen Mobilisation und einer totalen Evangelisation.

Die Tatsache, daß die Gemeinde Jesu Christi als lokale Versammlung der Gläubigen das Instrument Gottes für die Evangelisation ist, führt zu der wichtigen Frage, ob die Totalevangelisation als ein großer Kreuzzug durchzuführen ist, bei dem sich so viele Gemeinden und Kirchen beteiligen wie möglich, ob sie ein gleichzeitiges Unternehmen sämtlicher Kirchen oder ob sie am erfolgreichsten auf einer denominationellen Basis durchzuführen ist. Die Vor- und Nachteile solchen Vorgehens könnten in ihren praktischen und theologischen Aspekten ausführlich abgehandelt werden. Ich lege jedoch auf die Tatsache einen großen Wert, daß *alle* Kirchen und Gemeinden evangelistisch tätig sein müssen, wenn sie den neutestamentlichen Standard erreichen wollen und wenn die Totalevangelisation gründlich und vollständig sein soll.

Die Gemeinde ist der Leib Jesu Christi, der Leib, den er liebte und für den er sein Blut vergoß. Er kümmert sich um jedes wahre Glied, sei es reif oder unreif, in der Lehre rein oder mit irrigen und verdrehten Anschauungen behaftet, vorbildlich in der Lebensführung oder nicht. Er sucht Korrektur, Gesundung, Reife, Ausrüstung, Gemeinschaft, ihr Wohlergehen und ihren Dienst.

Wir können dies deutlich an dem fünffachen Aufruf zur Buße in den sieben Sendschreiben von Offenbarung 2 und 3 ablesen. Diese Gemeinden waren in einer ziemlich bedauernswerten Lage, von falschen Lehren und Mißständen im praktischen Leben behaftet. Sünde und Irrlehren waren eingedrungen. Trotzdem spricht Jesus sie als Gemeinden an und symbolisiert sie als goldene Leuchter. Wahrscheinlich hätten die wenigsten Glieder dieser Gemeinden unsere Aufnahmebedingungen erfüllen können. Trotzdem hält Jesus sich bei ihnen auf, richtet sie und ruft sie zur Buße. Er will sie reinigen, gesunden lassen, mobilisieren, ausbilden und gebrauchen.

Die Priorität hat nicht meine Zusammenarbeit und Verbindung mit anderen Gemeinden und Denominationen, sondern grundsätzlich meine eigene Haltung und mein Verhältnis zu ihnen. Liebe ich die, die Jesus liebt? Habe ich teil an der Sorge Jesu, die er für seinen Leib und für jedes Glied an seinem Leib trägt? Ist meine Anwesenheit und meine Haltung eine Hilfe oder eine Beleidigung für seine Kinder und die lokale Gemeinde, die zumindest teilweise eine Verkörperung seiner Gemeinde ist?

Es geziemt uns, im Hause des Herrn in Gütigkeit zu wandeln, freundlich zu reden und in Liebe zu handeln. Wir können solchen Gemeinden gegenüber nicht gleichgültig bleiben, die an der heiligsten Verpflichtung, die Gott uns gegeben hat, einfach vorbeigehen. Unsere Kritik und unser Tadel hilft ihnen nicht. Die Hilfe muß auf einer höheren Ebene einsetzen. Diese Gemeinden müssen neu belebt und wiederhergestellt werden. Wenn sie geheilt werden wollen und die Totalevangelisation volle Realität werden soll, müssen sie zur Evangelisation mobilisiert werden.

SCHLUSSFOLGERUNG

Wir schließen, daß die Totalevangelisation ein biblisches Ideal und Modell ist. Die Frage, ob die heutigen Methoden und Pläne die volle Dynamik der biblischen Totalevangelisation entdeckt haben, verlangt eine eingehende Untersuchung und die Antwort wird etwas deutlicher werden, wenn wir diese darstellen.

Wir sind Gott jedoch von Herzen dankbar, daß er dieses Muster in unseren Tagen wieder aufleben und zu einem globalen Phänomen werden läßt.

Kapitel 8

DIE KENNZEICHEN DER TOTALEVANGELISATION

Die Totalevangelisation als globales Phänomen nimmt verschiedene Erscheinungsformen an. Das ist natürlich und sollte auch so sein. Die Kulturen unterscheiden sich nach ihrer Wesensmitte und äußeren Gestaltung, und die Psychologie der Völker ist verschieden. Der Lebensstil ist nicht überall derselbe, und Moden und Neigungen variieren. Die äußere Erscheinung wird durch das kulturelle Milieu und die psychologische Verfassung bestimmt. Aus diesen Gründen ist es ganz natürlich, wenn die Evangelisation in verschiedenen Kulturen verschiedene Formen annimmt. Die gleiche Methode, die in der einen Kultur vielleicht sehr effektiv ist, kann in einer anderen Kultur eher unattraktiv und wirkungslos sein.

Als Rahmen weist die Totalevangelisation jedoch eine gewisse Uniformität der Prinzipien auf, die gemeinsame Kennzeichen ergeben. Max Warren stellt diese Gemeinsamkeit fest, wenn er über die Erweckung in Ostafrika schreibt: „Die Erweckung ... ist eine Bewegung innerhalb der Kirche und erstreckt sich über weite Teile Ostafrikas. ... und überall besteht eine erkennbare Verwandtschaft, die auf ein gemeinsames Entwicklungsmuster zurückgeht. Das will nicht heißen, daß die Erweckung in eine gemeinsame Form gezwängt wurde – es bestehen in der Tat beträchtliche örtliche Unterschiede in ihrer Ausprägung. Diese lokalen Kennzeichen wurden von der Geschichte und der Tätigkeit bestimmter Personen der jeweiligen Gegend bestimmt. *Vom geistlichen Gesichtspunkt aus betrachtet ist es äußerst bedeutsam, daß Gott alles so führte, daß die Erweckung in jedem Gebiet vorbereitete Verhältnisse antraf, die nicht von Menschen koordiniert waren. Die Verwandtschaft, die deshalb nicht weniger real ist, ist in erster Linie der Prägung des einen Heiligen Geistes zu verdanken.* Andere Faktoren haben, wie wir noch sehen werden, zu dieser Verwandtschaft ihren Beitrag geleistet, aber die Initiative hatten nicht Menschen, sondern sie lag bei Gott."[1] (Hervorhebung vom Autor)

Von der Geschichte der Totalevangelisation ist Ähnliches zu sagen. Der Heilige Geist wirkte auf eine souveräne Weise, besonders in den Ländern mit noch jungen Kirchen, er bereitete Menschen, Kirchen und Gebiete für eine Erweckung nach gesunden Evangelisationsprinzipien und für eine reiche Ernte unter den Ungläubigen vor.

Fast gleichzeitig machte der Heilige Geist in seiner Gnade Männer und Frauen in verschiedenen Kontinenten bereit, über die unerfüllte Aufgabe der Weltevangelisation ernsthaft, gründlich, beunruhigend und biblisch nachzudenken. Die Umstände und die persönlichen Erfahrungen waren verschieden.

So mußte ein Mann, der von der Aufgabe frustriert war, nicht nur Massen, sondern ganze Länder mit dem Evangelium zu erreichen, sein Versagen eingestehen. Ein anderes Mal gab es innere Spannungen und Trennungen, Niederlagen und Tragödien in den Gemeinden – die erregende Erinnerung an große Bewegungen der Vergangenheit und die ungeheure Herausforderung der Gegenwart. Oder es war das nagende Bewußtsein der unfertigen Arbeit und das niederdrückende Wissen um die Unzulänglichkeit der gegenwärtigen Geschwindigkeit und Arbeitsmethoden. Oder es war die Last einer unerledigten Aufgabe auf dem Missionsfeld bei schwindender Gesundheit und einer erzwungenen frühzeitigen Rückkehr nach Amerika ohne Aussicht auf eine Fortsetzung der Arbeit.

Aber solche Spannungen waren heilsam und kreativ, ganz gleich, ob man sie in San Jose, Costa Rica, in Kagoro in Nigeria, in Seoul in Korea, in Haiderabad in Indien oder in den Vereinigten Staaten erlebte. Es ist fast unmöglich, mit Sicherheit festzustellen, wer etwas von wem abgeschaut hat. Entweder geschah die Ausbreitung der Prinzipien und Modelle sehr schnell – oft wurde auch unbewußt geborgt, da viele Gedanken und Vorstellungen hier und da in verschiedenen Zeitschriften veröffentlicht wurden – oder ähnliche Modelle entstanden wegen der ähnlichen Bedürfnisse, Umstände, Erfahrungen und Situationen gleichzeitig. Die schriftlichen Unterlagen und die ermittelten Daten weisen klar in die Richtung der zweiten Möglichkeit.

Es liegt klar zu Tage, daß die 'Baumeister' dieser Modelle zwei gemeinsame Quellen hatten, die sie verarbeiteten. Die erste Quelle ist die Apostelgeschichte, die bei allen eine wichtige Rolle spielte – sie machten neu die Erfahrungen der apostolischen Gemeinden, von denen sie inspiriert und die ihr Ideal wurden. Die zweite Quelle sind die Bücher von Roland Allen. Diese zwei objektiven Quellen ergaben zusammen mit der Wirkung und Prägung des Heiligen Geistes die Gemeinsamkeit, die oft den Anschein der Identität und Duplikation hatte.

Ein derartiges Phänomen ist jedoch für den, der sich auf dem Gebiet der kulturellen Bewegungen und Entwicklungen auskennt, in keiner Weise etwa seltsam und sollte es auch für den nicht sein, der an den souveränen Heiligen Geist glaubt. Die vorliegenden und bis jetzt festgehaltenen Fakten machen es unmöglich, daß ein Modell Ursprünglichkeit beansprucht und alle anderen Bewegungen als Anpassungsformen betrachtet. Ein solcher Anspruch versagt auch dem souveränen, allgegenwärtigen und allweisen Heiligen Geist die ihm gebührende Ehre, der doch der Administrator und Inspirator aller missionarischen Aktivitäten ist.

Wir gehen am sichersten, wenn wir die ganze Anerkennung und Ehre dem Heiligen Geist geben, der verschiedene Männer und Frauen in verschiedenen Teilen der Welt ähnlich führte, wenn auch alle diese Männer und Frauen bereitwillig zugeben, von verschiedenen Quellen Modelle übernommen und angepaßt zu haben, und freudig Anerkennung zollen, wo dies nötig ist.

Die Namen dieser Bewegungen mögen nicht so ursprünglich sein, wie sie uns gegenwärtig vielleicht erscheinen. Es ist bekannt, daß New Life For All in Nigeria von 'New Life For You' kommt, dem Slogan der Southern Baptists für ihren japanischen Feldzug von 1963. R. Kenneth Strachan und Waylon B. Moore können die bezeichnende Benennung Evangelism-in-Depth von einer gemeinsamen Quelle übernommen haben.

Die letzte und entscheidende Frage ist jedoch nicht die nach Herkunft und Ursprünglichkeit, sondern die nach sukzessiver Angleichung und wirksamer Förderung. Dies sind die wirklichen Kriterien für Effektivität und Erfindungsgabe.

Die gemeinsamen Kennzeichen und Qualitäten der Totalevangelisation verlangen eine sorgfältige Darstellung und Definition. Sie bestimmen die qualitativen Unterscheidungsmerkmale dieses Evangelisationsmodells und sollten weit verbreitet werden.

DIE QUALITATIVEN UNTERSCHEIDUNGSMERKMALE DER TOTALEVANGELISATION

Die Totalevangelisation erhebt den Anspruch, anders zu sein. Sie will ein 'Gegenstück' zur herkömmlichen Evangelisationsweise sein, eine revolutionäre Abkehr von früheren Praktiken. Sie ist keine Neuerung, sondern eine Umwandlung, eine Rückkehr zum Neuen Testament. Wie sehen nun die Unterscheidungsmerkmale aus?

1. *Die Totalevangelisation zielt auf die 'Sättigung' der Bevölkerung und des Landes sowie der Gläubigen und der Kirchen mit dem Evangelium.* Sie macht jedes Volk des Landes, jede Gesellschaftsschicht, jedes Haus und jede Person mit dem Evangelium in mündlicher und schriftlicher Form bekannt. Sie ist ein ernsthafter Versuch, das ganze Land mit der frohen Botschaft Gottes zu durchdringen, ohne irgendein Gebiet oder irgendeine Gruppe zu übersehen. Sie ist ein Programm der Tiefenevangelisation und will den Befehl Jesu Christi, das Evangelium allen Menschen zu verkündigen, buchstäblich erfüllen.

Um eine maximale Evangeliumsverkündigung zu erreichen, geht die Totalevangelisation planmäßig vor. Sie untersucht sorgfältig die geistlichen Bedürfnisse, entwirft eine Strategie, stellt einen Zeitplan auf, arrangiert alle verfügbaren Hilfsquellen, mobilisiert alle erreichbaren Mittel, alle Medien, alle christlichen Tätigkeiten, untersucht verschiedene Möglichkeiten des Vorgehens und erschließt zahlreiche Kanäle in dem durch nichts beschränkten, umfassenden Versuch, das Evangelium bekannt zu machen. Wenn die Bewegung Erfolg haben will, braucht sie Kreativität und Mut.

Jeder nur denkbare Typ der Evangelisation wird eingesetzt: persönliche Evangelisation, Hausbesuche, Gebet, Freiversammlungen, Teamarbeit, Kinder-, Jugend-, Frauen-, Studenten-, Film-, Radio- und Fernsehevangelisation, Kreuzzüge in Kirchen und großen zusammengefaßten Gebieten, nach Möglichkeit in größeren Städten und öffentlichen Einrichtungen wie zum Beispiel in Stadien, und, wenn dies durchführbar ist, einen gemeinsamen nationalen Feldzug in der Landeshauptstadt. Die zwei letztgenannten Kreuzzüge werden gewöhnlich mit sogenannten Bekenntnismärschen verbunden, wo große Massen von Gläubigen auf diese Weise ihren Glauben bezeugen und ihren Mut unter Beweis stellen und so große Menschenmengen für die Versammlungen interessieren. Solche Bekenntnismärsche haben den Evangelikalen schon viel Lob für die Ordnung in ihren Umzügen eingebracht, während sie zugleich die wesenhafte Einheit der Christen unter Beweis stellten und für den gemeinsamen Glauben der Evangelikalen öffentlich Zeugnis ablegten.

Man versucht ernsthaft, das Land mit dem Evangelium Jesu Christi zu durchdringen und zu 'sättigen'. Es ist umstritten, ob eine solche 'Sättigung' tatsächlich in so kurzer und begrenzter Zeit erreicht werden kann. Das Programm hat oft mehr Ähnlichkeit mit einem heftigen Platzregen als mit einem stetigen, durchnässenden Regen — vielleicht fließt genausoviel Wasser wieder ab wie eindringt. Die Tatsache bleibt jedoch bestehen, daß ein energischer Versuch unternommen wird, das Evangelium allen Menschen bekannt und verfügbar zu machen. Diese Grundintention ist lobend hervorzuheben. Oft trägt diese Arbeit viele Früchte.

2. *Die Totalevangelisation unternimmt einen ernsthaften Versuch, eine uralte Gewohnheit in der Evangelisation, die am einfachsten als 'Gemeinde-Zentripetalismus' zu benennen ist, umzukehren und diesen in einen dynamischen evangelistischen Gemeinde-Zentrifugalismus umzuwandeln.* Die traditionelle Evangelisation hat bezüglich der Faktoren Zeit, Ort und Mitarbeiter eine feste Struktur entwickelt. Irgendwie scheinen die meisten Gemeindeglieder heute der

Ansicht zu sein, daß sie lediglich bei evangelistischen Programmen, die von der Kirche durchgeführt werden, wirklich aktiv sein und ihren Teil beitragen müssen, indem sie andere Menschen unter die Verkündigung des Wortes Gottes bringen. Anscheinend beteiligen sich die Christen nur während evangelistischer Programme in der Kirche an den evangelistischen Aktivitäten ihrer Gemeinde und bekunden ihr Interesse dadurch, daß sie Menschen zur Evangelisation in die Kirche bringen. Die so strukturierte Kirchenevangelisation läßt den Gemeindegliedern keine Freiheit im Blick auf den Zeitpunkt der Evangelisation.

Weiter ist es zur kulturellen und ständigen Gewohnheit der westlichen Kirchen geworden, die Evangelisation auf die Kirche als Gebäude zu beschränken. Die Leute müssen zur Kirche kommen, um das Evangelium zu hören und Christen zu werden. Für manche ist es fast schon ein Sakrileg, wenn religiöse Veranstaltungen außerhalb der Kirchengebäude stattfinden. Sogar wirklich Gläubige können so denken. Die Evangelisation ist an Ziegelsteine, Mörtel und ein Gebäude gebunden. Unsere auf das Kirchengebäude konzentrierte Evangelisation ist für die Effektivität der Gewinnung von Menschen für Jesus ein großes Hindernis. Dasselbe gilt für die Abhängigkeit vom Evangelisten. Die Menschen warten auf den Evangelisten, damit sie, wenn dieser da ist, ihre Nachbarn und Freunde einladen können, das Evangelium zu 'hören'.

Die Totalevangelisation sucht mit ihrer zentrifugalen Ausrichtung dieses traditionelle Muster umzukehren, das die Kirche genauso lähmt wie Irrlehre. Sie bringt eine radikale Neuorientierung. Sie setzt eine drastische Neuordnung der Kräfte in Gang, eine radikale Neugestaltung der Vorstellungen, Motive, Verfahren und der Strategie.

Das dynamische Schlagwort ist 'Mobilisation für die Evangelisation' — allmählich gewinnt man eine neue Vorstellung von der Art der Evangelisation. Die Christen lernen, unter Evangelisation nicht das zu verstehen, was die Kirche an Struktur, Programm, Gelegenheit, Möglichkeit und Gebäude bietet. Die Totalevangelisation mobilisiert und trainiert jeden Gläubigen, der sich zur Verfügung stellt, damit er aktiv und effektiv für Jesus evangelisieren kann, indem er hinausgeht, den Menschen dort das Evangelium verkündigt, wo sie sich gerade aufhalten, und sie für Jesus gewinnt. Der Grundsatz 'totale Mobilisation entspricht totaler Evangelisation' wird ernstgenommen und nach genauem Zeitplan systematisch, effektiv und nach genauer Strategie durchgeführt. Die Beteiligung und Mitarbeit jedes Gläubigen in der Evangelisation und die Durchführung der Evangelisation außerhalb der Kirchengebäude ist das Kernstück der Bewegung, bei der jeder einzelne eine besondere Verantwortung und

Aufgabe zugewiesen bekommt. Wegen dieser Betonung und Praxis sprach man oft von 'Mobilisationsevangelisation'.

Die Christen halten der Kirche als Ort der Anbetung, Erbauung, geistlicher Zurüstung, Mobilisation und Ausbildung die Treue, gehen jedoch zur Evangelisation aus der Struktur und dem Gebäude der Kirche hinaus. Sie konfrontieren Menschen mit dem Evangelium und gewinnen sie für Jesus. Erst wenn sie sich Jesus übergeben haben, kommen sie als Bekehrte in die Gemeinde, die dann ihre wahre geistliche Heimat wird. Die Hauptarbeit bei der Evangelisation wird *von* der Gemeinde, aber nicht *in* der Gemeinde geleistet — und zwar von *allen* Gemeindegliedern, nicht nur von einem professionellen Evangelisten oder einem Spezialistenteam. Dies ist zweifellos das biblische System und Modell.

Es ist klar, daß wenn unsere Welt evangelisiert werden soll, dies außerhalb der Kirchengebäude stattfinden muß. Die Welt ist das Arbeitsfeld und nicht das Kirchengebäude. Wir müssen die Menschen in der Welt, in der sie sich befinden, gewinnen, wenn sie je die Erlösung durch Jesus Christus erfahren und Glieder seiner Gemeinde werden sollen.

Dieses Vorgehen macht den Evangelisten im biblischen Sinn des Wortes nicht überflüssig. Er hat im Plan Gottes durchaus seinen Platz. Der Evangelist des Neuen Testaments wird jedoch kaum in die Struktur der Kirche passen, wie sie heute organisiert ist. Der Auslandsmissionar, der in noch unerreichten Gebieten arbeitet, entspricht wahrscheinlich dem neutestamentlichen Vorbild des Evangelisten noch am meisten.

3. *Die Totalevangelisation folgt einem vorher ausgedachten und koordinierten Plan gleichzeitiger Aktivitäten aller kooperierender Gemeinden und Kirchen.* Dies trägt zur Einheit des Geistes und zur Tiefe der Auswirkung bei. Sie startet mit einer Reihe von Versammlungen zum Zweck der Organisation, Orientierung, Inspiration und Erstellung des Gesamtplanes. Dann folgt die Zeit einer intensiven Instruktion in Rüstzeiten für Pastoren und führende Laien. Diese tragen dann die Anweisungen in die Ortsgemeinden, wo Männer und Frauen für die Evangelisation mobilisiert und ausgerüstet werden.

Zur gleichen Zeit werden Gebetsgemeinschaften ins Leben gerufen und vermehrt, welche die Bewegung unterstützen und Gebetszellen für Evangelisation werden sollen. Die Nachrichten und Berichte von diesen Gebetszellen sind wahrscheinlich das ermutigendste und bedeutendste Phänomen in der Geschichte der Gemeinde Jesu Christi in unseren Tagen. Tausende dieser Zellen bestehen noch viele Jahre hinterher.

Wenn das Instruktionsprogramm zu Ende geführt ist, wird das Evangelisationsprogramm planmäßig und progressiv gestartet, das etliche Monate dauert und die oben erwähnten Modelle und Möglichkeiten zur Anwendung bringt. **Koordination und Kooperation** aller Kräfte ergeben eine Auswirkung, die etwa der einer großen Armee, die ein ganzes Land durchzieht, ähnlich ist. Eine kleine, sich geschlossen einsetzende Minderheit kann in einem Land opponierender oder neutraler Majoritäten einen ungeheuren Einfluß zum Guten hin ausüben.

4. *Die Totalevangelisation ist ehrlich bemüht, in der Bewegung alle Gemeinden, Denominationen und Missionen zu beteiligen, die bereit sind, in einem evangelikalen und evangelistischen Programm mitzuarbeiten, um die Einheit des Leibes Christi zu demonstrieren.* Diese Einheit stärkt das Anliegen der Evangelisation, beteiligt und trainiert alle Menschen, die sich zur Verfügung stellen, und erzeugt die größtmögliche Auswirkung auf die Gemeinden und Städte.

Dieser Aspekt der Kooperation wurde mehr als jede andere Phase der Totalevangelisation kritisch beobachtet und beurteilt. Diese Sorge ist auch wirklich legitim. Die Christenheit setzt sich aus verschiedenen theologischen Schattierungen und Gewohnheiten zusammen. Wenn dies auch nicht notwendigerweise zum gegenseitigen Ausschluß führen muß, führen sie doch oft zu unfreundlichen, ja antagonistischen Standpunkten und Grundsätzen.

Einige Kirchen sind natürlich schwerwiegenden Irrtümern und Irrlehren verfallen, die unbeabsichtigt eingedrungen sind und toleriert, in einigen Kirchen sogar verteidigt und gelehrt werden. Die Krise der Theologie wird auch in der Zukunft fortbestehen und in den nächsten Jahren sogar noch zunehmen. Wir brauchen heute dringender denn je biblisches und geistliches Unterscheidungsvermögen, um umsichtig und weise handeln zu können, vor allem auch in den Ländern der noch jungen Kirchen, wo es mehr Säuglinge als Väter und Mütter in Christus gibt, die sie erziehen und leiten könnten.

Andererseits ist es eine Erfahrungstatsache, daß es kaum eine Sünde gibt, die der Christenheit mehr angeheftet wäre und die ihr Wachstum stärker aufgehalten hätte, als theologischer und kirchlicher Parteigeist und Separatismus (was nicht dasselbe ist wie die biblische Absonderung). Ich meine damit die harte und unchristliche Kritik an den Fehlern und Schwächen anderer, die lieblose Boykottierung und Ächtung von Gläubigen, die einen Fehler begangen haben oder die einigen seltsamen und absonderlichen Lehren verfallen sind oder sich eigenartig benehmen. Man ist sich oft der Tatsache nicht bewußt, daß die Verweigerung der Zusammenarbeit und die Neutralität gegenüber Kindern Gottes unter gewissen Umständen genauso Sünde sein kann wie die Kooperation.

Wir schätzen die Haltung der Evangelical Foreign Missions Association und begrüßen die Richtlinien, über die sich die Mitglieder dieses Missionsbundes geeinigt haben. Diese Richtlinien sollen die Richtung angeben, die man bei der Kooperation in der Evangelisation einschlagen sollte. Sie sagen vielleicht nicht jedem zu, stellen aber immerhin einen ernsthaften Versuch dar, zwischen einer voraussetzungslosen Zusammenarbeit und einem absoluten Separatismus einen Mittelweg zu finden. Das Dokument trägt den Titel 'Richtlinien für eine kooperative Massenevangelisation'.

Der erste Abschnitt bringt die Haltung und das Anliegen der Organisation in bezug auf Mission-Gemeinde-Beziehungen zum Ausdruck, gibt Worte des Lobes für die getane Arbeit weiter und ermutigt die Missionen, unter dem Segen Gottes und in der Einheit seiner Kinder weiterzuwirken.

Der zweite Abschnitt bringt einige einschlägige Beobachtungen, die die Grundlage der Vorschläge bilden, welche der Hauptteil des Dokumentes ausmachen, aus dem wir einiges zur Klärung unserer Position zitieren wollen:

Vorschläge

1. Unsere Zeit ist von einem oberflächlichen, verschwommenen theologischen Denken gekennzeichnet. Biblische Ausdrücke, die uns lieb und teuer sind, bekommen im Leben und im Denken der Liberalen und Neoorthodoxen andere Bedeutungen. Wir sind zutiefst davon überzeugt, daß die Lehre von der Schrift, die ihre göttliche Inspiration einschließt, die Grundlage aller übrigen Dogmen ist, und wir wissen, daß diese von den ökumenischen Theologen heftig angegriffen wird. Aus diesem Grund bitten wir dringend, für alle Kampagnen ein Glaubensbekenntnis aufzustellen, das die unterste Grenze für die Zusammenarbeit bedeutet. Dieses Bekenntnis sollte von allen unterschrieben und vertreten werden, die in den Kampagnen, seien sie national oder lokal, leitende Positionen innehaben.
2. Wir wollen nun auf den Unterschied zwischen Schirmherrschaft und Unterstützung eingehen. Wir glauben, daß die Schirmherrschaft eine Beteiligung auf Planungs- und Leitungsebene einschließt und daß dies durch das Evangelisationsteam anhand von Glaubenslehrgrundsätzen und durch eine sorgfältige Auswahl der Männer kontrolliert werden kann, der beharrliche und hinreichende Konsultationen *bekannter* Evangelikaler in dem Gebiet vorausgegangen sind, in dem die Kampagne stattfinden soll. Wir sind davon überzeugt, daß dieser Punkt äußerst wichtig ist, wenn die 'Vorhut' *als erstes* Missionare und Gläubige des Landes hinsichtlich der Planung einer Kampagne oder einer Konferenz konsultiert.
Die Unterstützung andererseits kann selbst nicht überwacht werden, ist aber auf alle Fälle seitens aller Organisationen in dem Bestreben zu fördern, eine möglichst zahlreiche Beteiligung der die Kampagne unterstützenden Gruppen sicherzustellen.

3. Unser nächstes Anliegen betrifft die, die während der Evangelisation oder der Konferenz auf der Plattform benötigt werden. Für nicht informierte und geistlich kurzsichtige Menschen würde eine Einladung zu öffentlicher Mitarbeit die Billigung (oder mindestens die Anerkennung) der eingesetzten Männer bedeuten. Unser Vorschlag, daß nur bekannte Evangelikale eingesetzt werden, will nicht die Mitgliedschaft bei einer evangelikalen Organisation zur Voraussetzung machen, sondern bedeutet nur, daß ihre persönliche Beziehung zu Jesus Christus wirklich evangelikal ist. Es ist vielleicht interessant zu wissen, daß eine bestimmte Weltorganisation einige Jahre lang die Regel hatte, nur mit solchen christlichen Körperschaften zusammenzuarbeiten, die mit dem Glaubensbekenntnis dieser Organisation im Einklang standen. Man einigte sich, daß jede autonome Gruppe innerhalb der Organisation nur solche Redner einladen würde, die das Glaubensbekenntnis der Organisation anerkennen.[2]

Das Problem der Kooperation bzw. der Verweigerung der Kooperation wird weiterhin die verschiedenen Institutionen der Christenheit beschäftigen. Selten ist man sich der Tatsache bewußt, daß der Separatismus eine Frage der Rangordnung ist. Alle Gläubigen sind der Überzeugung, daß man sich ab einem gewissen Punkt absondern muß. Aber für die nähere Bestimmung dieses Punktes fand man bis jetzt noch keinen absoluten Maßstab. Man wird aus diesem Grund nie eine Lösung finden, die allen gefällt und jeden zufriedenstellt. Auch Jesus konnte nicht alle zufriedenstellen. Petrus wäre nie in das Haus des Kornelius gegangen, wenn er den Rat der Ältesten von Jerusalem befolgt hätte. Und Paulus wäre nie der Missionar geworden, der er war, wenn er auf den Ratschlag der jerusalemischen Urgemeinde gewartet hätte. Die Neigung zur Absonderung war von Anfang an eine ernst zu nehmende, gefährliche Kraft.

Auf der anderen Seite ist die Bibel bezüglich falscher Lehren und Irrlehrer unnachgiebig und befiehlt den Gläubigen, sich von solchen zu trennen und keine Gemeinschaft mit ihnen zu haben. Auch dies ist eine ernste Sache. Kompromiß und Verwirrung sind Sünde, die weder unter dem Vorwand christlicher Nächstenliebe noch um einer berechneten größeren Auswirkung der Evangelisation noch sonst eines Grundes willen geschmälert werden darf. Jesus Christus ist nicht zerteilt, aber er selbst teilt.

Angesichts solcher Spannungen, die biblisch sind, brauchen wir unbedingt Liebe, Toleranz und Geduld. Die Tatsache bleibt bestehen, daß es genauso Sünde sein kann, wenn ich meinen Bruder wegen seiner Beziehungen und seiner Kooperation richte, wie wenn dieser am selben Strang mit jemanden zieht, der eine mir befremdliche Stellung und Auffassung hat, die, nach meinem Verständnis der Bibel, dieser widerspricht.

Die Bibel gibt für beide Seiten Anweisungen und kennt eine wunderbare Ausgewogenheit. Es ist aus diesem Grund erforderlich, daß ich im Geist wandle, arbeite und selbst vor Gott stehe, und zugleich darauf vertraue, daß auch mein Bruder vor Gott steht und unter der Leitung des Heiligen Geistes lebt. Liebe zum Nächsten und brüderliches Vertrauen werden uns eine weite Strecke helfen, den Frieden Gottes zu bewahren.

ZUSÄTZLICHE EIGENSCHAFTEN

Bestimmte Eigenschaften gehören zusätzlich zum Plan und Programm der Totalevangelisation. Man kann sie unter den Begriffen Tiefenevangelisation und Schaffung eines Selbstbewußtseins der Kirchen zusammenfassen.

Tiefenevangelisation

Die Mobilisierung der Gläubigen für die Evangelisation ist von einem Trainingsprogramm begleitet, das auf eine größere Vertiefung und Durchdringung der Teilnehmer mit dem Evangelium abzielt. Viele haben vom Standpunkt der Erfahrung und der Lehre aus eine sehr oberflächliche Kenntnis des Christentums. Eine an der Oberfläche bleibende Evangelisation resultierte aus einem weitverbreiteten, einfachen 'Gläubigsein'. Andere Gläubige wurden oft vom Worte Gottes praktisch nie angesprochen. Während wir die Quantität vermehrt haben, hat die Qualität ernsthaft gelitten.

Wir warnen jedoch davor, den Mangel an Qualität der Zunahme der Quantität anzulasten. Diese Schwäche ist vielmehr einem Mangel an Lehre sowie der bedauerlichen Tatsache zuzuschreiben, daß man es unterließ, die Bekehrten zu Jüngern zu machen. Die Neubekehrten müssen von der Botschaft Gottes durchdrungen sein, einen Platz in Gottes Armee erhalten, zur Mitarbeit am Auftrag der Gemeinde ermutigt werden und einen Dienst übernehmen, wo sie ihren Glauben und Gehorsam üben und im Glauben wachsen können. Nur dann werden sie fruchtbare Zweige am Weinstock, nur dann werden sie Gott Ehre bereiten und der Menschheit echt dienen.

Wenn diese Aufgabe, in die Tiefe zu wirken, vernachlässigt wird, wird sich dies für die Gemeinde wie für den einzelnen Gläubigen verhängnisvoll auswirken. Die Gläubigen müssen gelehrt und zugerüstet werden, wenn sie nicht zum Hemmschuh der Gemeinde werden sollen und damit das weitere Wachstum und eine größere Aktivität nachteilig beeinflussen. Es ist allerdings nicht so, daß ein Jünger einfach 'da ist', einfach wächst. Eine vertiefende Arbeit ist zu leisten. Die Leute müssen gelehrt werden. Sie müssen an verschiedenen Aufgaben beteiligt werden. Sie müssen lernen, Verantwortung zu übernehmen, Lasten zu tragen, Positionen auszufüllen und Verpflichtungen zu erledigen. Die Gläubigen müssen alle in aktive, geheiligte Jünger umgewandelt werden, und dies soll durch ein Programm der Durchdringung und Durchsetzung mit dem Evangelium sowie der Beteiligung an dem evangelistischen Drang der Gemeinde verwirklicht werden.

Um dies zu erreichen, hat das Programm der Totalevangelisation bewußt und absichtlich eine Tiefendimension, die von der traditionellen Evangelisation fast ganz übersehen wurde und mehr oder weniger nebensächlich war. Die Totalevangelisation will zuerst den evangelisierenden Gläubigen evangelisieren. Diese Tiefendimension darf nicht unterschätzt oder vermindert werden.

Eine solche Tiefenevangelisation ist für den einzelnen Gläubigen, für die Gemeinde und für die Sache Gottes von größter Bedeutung. Und in der Tat kann die totale Evangelisierung der Stadt und des ganzen Landes nicht wirklich stattfinden, wenn dieser Aspekt außer acht gelassen und nicht durchgeführt wird. Die Evangelisation wird nur in dem Maße in und durch die Gemeinde fortgeführt und innerhalb und außerhalb der Gemeinde ausgebreitet werden, wie die Tiefenevangelisation durch die Ausbildung, Beteiligung und Erfahrung der Gläubigen und der Gemeinde Erfolg hat. Nur dann wird aus dem Programm eine beständige und spontane Bewegung in der Gemeinde. Die Kirche benötigt eine solche Tiefenevangelisation unbedingt, und nur so kann die Weltevangelisation Wirklichkeit werden. Wir können nur dann ein normales, stetiges und gesundes Wachstum erwarten, wenn sich die Glieder unserer Gemeinden durch Qualität auszeichnen.

Aufgrund dieser so wichtigen Tiefendimension ist die Totalevangelisation zu Recht auch unter der Bezeichnung 'Tiefenevangelisation' (Evangelism-in-Depth) bekannt. Sie ist dies in der Tat und muß es auch sein, wenn sie ihren Zielen und ihrem Charakter treubleiben will. Zur Verdeutlichung dieser Tiefendimension wurde sie oft dem traditionellen Evangelisationsmuster gegenübergestellt, das vor allem auf eine große Reichweite abzielt und erst in zweiter Linie in die Tiefe wirkt.

Das Selbstbewußtsein der Kirchen

Wir kommen nun zu einer — wie ich es sehe — der großartigsten Leistungen der Totalevangelisation. Dies ist ein zusätzlicher Beitrag, der in der modernen Missionsgeschichte so einzigartig dasteht, daß man von einer größeren Abkehr von den seitherigen traditionellen Missionsmethoden sprechen kann und vor einem Durchbruch in der heutigen Missionsstrategie steht. Dies signalisiert den Beginn einer neuen Ära in der Weltevangelisation. Dies ist die Morgendämmerung in den Ländern der noch jungen Kirchen.

Dr. Arthur Glasser spricht von „der schlimmen Sünde der Untätigkeit, die nun schon so lange die Ausbreitung des Evangeliums zu Hause und in Übersee hinauszögert. Diese Sünde der Untätigkeit bei den heutigen Missionen besteht in der Abhängigkeit der Evangelisationstätigkeit von ausländischen Mitteln, Finanzen und Mitarbeitern, von denen man alles erwartet. Man denkt kaum an den Vorrat gehorteter natürlicher und nationaler Reichtümer, an brachliegender, unvorbereiteter und nicht eingesetzter menschlicher Arbeitskraft, die sich ängstlich hinter den Kirchenmauern oder dem Missionsgelände versteckt und langsam, aber sicher dahinsiecht."[3] Eine falsche Vorstellung von den einheimischen Prinzipien und einheimischen Gemeinden und eine Dichotomie der Organisationsstruktur haben uns daran gehindert, die nationalen Mittel in einem einheitlichen und integrierten Programm einer umfassenden Evangelisation einzusetzen.

Die Bewegungen der Totalevangelisation sind weder der Versuchung einer dichotomischen Organisation erlegen noch der anderen Versuchung, die geistlichen Eroberungsschlachten mit ausländischen Hilfsmitteln zu schlagen. Sie wandten sich direkt an die nationalen Kirchen und haben das 'Rohmaterial' mobil gemacht und ausgebildet, damit es für Gott eingesetzt werden kann. Für die jungen Kirchen war dies ein unschätzbarer Segen. Es erwachte ein neues Selbstbewußtsein, Gemeinde Jesu Christi zu sein, und es entstand ein neues Verantwortungsbewußtsein für die nationale Leitung. Sie wurden für die Evangelisationsplanung ausgebildet und bekamen ein neues und geheiligtes Gefühl des Selbstvertrauens und der Unabhängigkeit. Zahlreiche Zeugnisse von Pastoren und Laien bestätigen, daß es diesen jungen Kirchen zum ersten Mal richtig aufging, daß sie den Auftrag der Evangelisierung ihres Landes selbst durchführen sollten. Sie erkannten, daß Gott sie selbst in der Evangelisation gebrauchen wollte und sie nicht nur dazu da sind, die Festungen, die die Missionare eingenommen hatten, zu halten. Sie wurden herausgefordert, als verantwortliche Kirchen zu handeln, und verloren so ihre 'Satellitenmentalität'. Viele Kirchen wurden sozusagen in die Umlaufbahn gebracht, um als unabhängige und verantwortliche Körper selbst ihren Kurs zu entwerfen und zu steuern, und so ihr Satellitendasein aufzugeben.

Viele wurden zum ersten Mal in ihrer Geschichte ernsthaft herausgefordert, evangelistische Zentren zu werden und evangelistische Kräfte freizusetzen. Dies ist eine ungeheure Leistung. Die Missionssituation wird nie wieder dieselbe sein, wo Programme der Totalevangelisation erfolgreich durchgeführt wurden. Vom historischen Gesichtspunkt aus ist dies von größter Bedeutung. Die jungen Kirchen haben ein Selbstbewußtsein gewonnen, das sie hoffentlich nie wieder abgeben oder verlieren.

Die Missionen sollten diese wichtige Lektion lernen und ihre Vorstellungen, Methoden und Ausbildungprogramme neu überdenken und verbessern. Durch die Praxis und die institutionelle Ausbildung haben die meisten Missionen im Bewußtsein und/oder im Unterbewußtsein der Einheimischen den Eindruck hinterlassen, daß ihr Auftrag hauptsächlich in der Fürsorge für die Gemeinden, die gegründet wurden, besteht. Der größte Teil der Ausbildung bereitet sie auf die Tätigkeit als Pastoren und auf andere Ämter innerhalb der Kirche vor. Evangelisation und Gemeindegründung befinden sich höchstens an der Peripherie. Man glaubt, daß die Mission für die Evangelisierung des Landes verantwortlich sei. Nur wenige Pastoren haben gelernt, ihre Gemeinden als evangelistische Werkzeuge zu verstehen und einzusetzen. Sie leben in der Annahme, dies sei die Aufgabe der Mission. Einheimische Pastoren haben uns dies immer wieder bestätigt. Und dieses Gefühl war im Bewußtsein der Laien noch stärker verwurzelt. Viele waren überrascht, besonders die Männer, wenn sie herausgefordert wurden, mobil zu machen und die Aufgabe zu erfüllen, die sie seither der Mission überlassen hatten.

Möge der Herr dieses Selbstbewußtsein in den Gemeinden überall in der Welt heiligen, klären, stärken und weiter ausbauen. Die Gemeinde soll dort Gemeinde sein, wo sie sich befindet, in welcher Kultur und in welchem Land auch immer, und soll dem Herrn in der Evangelisationsarbeit dienen, indem sie selbst die Initiative ergreift, damit der Auftrag, unserer Generation das Evangelium zu bringen, schnell ausgeführt werden kann.

FUSSNOTEN ZU TEIL I

Kapitel 1
[1] *A New Testament Wordbook,* William Barclay (New York: Harper & Brothers, 1957), S. 41, 42.

Kapitel 5
[1] *Christianity and the Nations,* Phillips Brooks zitiert nach Robert Speer (New York: Fleming H. Revell), S. 20.
[2] *The Primacy of the Missionary,* Dr. Robson zitiert nach Archibald McLean (St. Louis: Christian Board of Publication), S. 30, 31.
[3] Robert Speer, ebd., S. 17, 18.

Kapitel 6
[1] *Protestant Europe: Its Crisis and Outlook,* Adolf Keller und George Stewart (New York: George H. Doran Co.), S. 93.
[2] *Go!,* Charles Kingsley and George Delamarter (Grand Rapids: Zondervan Publishing House, 1966), S. 18.
[3] *Baptist Standard,* Waylon B. Moore (März, 1960).

Kapitel 7
[1] Robert Speer, ebd. (Zitat von Adolf von Harnack), S. 21.

Kapitel 8
[1] *Revival, An Enquiry,* Max Warren (London: SCM Press LTD.), S. 38.
[2] Vervielfältigtes Material. Evangelical Foreign Missions Association, Washington, D.C.
[3] Vervielfältigtes Material, Arthur Glasser.

TEIL II

EVANGELISM-IN-DEPTH UND NEW LIFE FOR ALL

In diesem Abschnitt, dem Hauptteil unserer Untersuchung, wollen wir uns gründlich mit den zwei wichtigsten Modellen der Totalevangelisation auseinandersetzen — Evangelism-in-Depth, ein hauptsächlich lateinamerikanisches Programm, und New Life For All in Nigeria.

Unsere Studie begnügt sich nicht nur mit einer Beschreibung der Absichten und Ziele dieser Programme und ihrer Durchführung, sondern bringt auch eine kritische Bewertung, die dazu dienen soll, weitere Überlegungen und Verfeinerungen anzuregen.

Wenn diese Untersuchung für die Missionstätigkeit der Gemeinde Jesu Christi praktische Hilfen geben soll, muß sie konkrete Empfehlungen enthalten. In einem besonderen Kapitel, das unsere Studien auswertet, haben wir diese zusammengefaßt.

Kapitel 9

BEGINN UND PRINZIPIEN VON EVANGELISM-IN-DEPTH

Evangelism-in-Depth ist die Bezeichnung eines Programmes für die Verbreitung des Evangeliums, das von der Latin America Mission in San Jose, Costa Rica, aufgestellt wurde. Es stellt einen ernsthaften Versuch dar, die Evangelisierung Lateinamerikas durch eine neue Konzeption der Prinzipien und der Methodologie der Evangelisation zu beschleunigen, die die traditionelle Kreuzzugsevangelisation, bei der der Evangelist im Zentrum steht, aufgibt und Konformität mit den 'apostolischen Modellen' der Verkündigung des Evangeliums Jesu Christi als Ideal anstrebt.

Mittelpunkt dieses Programms ist die Evangelisation; das Mittel — die Mobilisierung aller Gläubigen; der Umfang — ein ganzes Land für Jesus; die Dynamik — eine Vervielfachung der Gebetszellen und Abhängigkeit vom Heiligen Geist; das Ziel — die Rettung von Menschen und die Stärkung der lokalen Gemeinden.

Evangelism-in-Depth entstand im Herzen eines Mannes, dessen Leben der Evangelisierung Lateinamerikas geweiht war, Dr. R. Kenneth Strachan, Missionar und Generaldirektor (1950—1965) der Latin America Mission. Gott verlieh diesem Mann außergewöhnliche Gaben, eine ungeheure Energie, großen Weitblick und viel Weisheit. In der Missionsgeschichte wird sein Name einmal neben Männern wie William Carey, J. Hudson Taylor, John L. Nevius und Roland Allen stehen, die es wagten, die traditionelle Arbeitsweise aufzugeben. Diese Männer entwarfen neue, dynamische Pläne, die zwar von der Geschichte modifiziert und den Kulturen angepaßt, ihrem innersten Wesen nach jedoch nicht verändert wurden und so den Prozeß der Weltevangelisation außerordentlich bereichert und beschleunigt haben.

Als Direktor und Evangelist der Latin America Mission lernte Dr. Strachan die Bedürfnisse und die Möglichkeiten seines Missionsfeldes gründlich kennen. Zahlreiche Faktoren trugen dazu bei, daß er, ohne sich Ruhe zu gönnen, mit großer Sorgfalt die verschiedenen Evangelisationsprogramme und die Ursachen für das fehlende Vordringen des evangelikalen Glaubens untersuchte. Er beschäftigte sich mit den emporschnellenden Zahlen der Bevölkerungsexplosion, was vor allem auch die Situation in Lateinamerika ist. Er beobachtete die rasche Ausbreitung von Kommunismus, Islam und pseudochristlichen Sekten wie Zeugen

Jehovas und Mormonen. Er sah die Neubelebung und Entwicklung des Katholizismus, hauptsächlich in Afrika und Lateinamerika. Er bemerkte die großen Fortschritte der Pfingstkirchen in mehreren Ländern Lateinamerikas.

Im Gegensatz dazu sah er die oft so selbstgefälligen, introvertierten protestantischen Kirchen, die Evangelikalen eingeschlossen. Sie schienen tot oder mindestens gelähmt zu sein. „Wir sahen viele Gemeinden mit müden, entmutigten Pastoren, die ihren Gemeindegliedern, die auf ihren Sitzen festklebten, abgedroschene Predigten vortrugen. Woche für Woche lief alles gleich ab, und von einem nennenswerten Wachstum konnte nicht die Rede sein."[1]

An vielen Stellen war die Unzufriedenheit und Uneinigkeit unter den Konservativen nur zu offensichtlich. Dr. Strachan kam infolge gründlicher vergleichender Untersuchungen zu der Überzeugung, daß einige der grundlegenden Voraussetzungen der evangelikalen Missionsarbeit ungenügend waren und nicht ausreichten, den Auftrag der Weltevangelisation durchzuführen – zum Beispiel die häufige Annahme, daß man nur genügend Missionare rekrutieren müsse, um die Arbeit zu tun. Einen weiteren Nachteil erkannte er in der zu ausschließlichen Abhängigkeit von den modernen Medien und Techniken der Massenkommunikation wie Radio, Fernsehen, Filme, visuelle Hilfsmittel, Flugzeuge und Literatur. Obwohl er diese Medien und Techniken als Gabe Gottes für unsere Zeit voll anerkannte, sah er doch, daß sie nicht die letzte, auch nicht die beste Lösung des Problems unserer unerledigten Aufgabe sein können, genausowenig wie die Massenevangelisation in den Kreuzzügen, mochten diese auch noch so erfolgreich sein. Eine neue Art der Evangelisation mußte gefunden werden, wenn der Missionsbefehl Jesu erfüllt werden und die Welt das Evangelium hören sollte.

Dr. Strachans fruchtbares und kreatives Schaffen wurde von folgenden Büchern außerordentlich stimuliert. *Missionary Methods: St. Paul's or Ours* und *The Spontaneous Expansion of the Church* von Roland Allen, *The Bridges of God* von Donald McGavran, *The Face of my Parish* von Tom Allen, *That My House May Be Filled* von Harry Boer, *A Theology of the Laity* von Hendrick Kraemer, und von einem säkularen Standpunkt aus *The True Believer* von Eric Hoffer.

Außerdem erwiesen sich seine beständigen, vergleichenden Studien bestimmter dynamischer und wachsender Bewegungen wie Kommunismus, Zeugen Jehovas, Pfingstkirchen und die Arbeit der Assemblies of God in El Salvador als äußerst stimulierend und hilfreich. Er formulierte seine Ergebnisse folgendermaßen:

> Als wir nun antichristliche, pseudochristliche und christliche Gruppen, die sich allerdings von den üblichen Strukturen unterschieden, prüften, fragten wir uns, was das Geheimnis ihres Erfolges wäre. War

es die Lehre? Das konnte nicht sein, da jede eine verschiedene Botschaft verkündigte. War es ihr besonderer Akzent? Ihre Methode? Ihre Organisation? Keine dieser Antworten befriedigte. Schließlich erkannten wir, daß sie trotz der vielen Unterschiede in Lehre, Organisation, Betonung und Praxis doch eines gemeinsam hatten, und dieses eine war das Geheimnis ihres Erfolges.
Ihre Gemeinsamkeit bestand in der Mobilisierung ihrer gesamten Anhängerschaft in kontinuierlichen evangelistischen Aktionen. So kamen wir zu der Überzeugung, daß das Geheimnis der Ausbreitung in folgender These zu finden ist: Die erfolgreiche Ausbreitung irgendeiner Bewegung ist proportional zu ihrer erfolgreichen Mobilisierung und Beschäftigung ihrer gesamten Mitgliederschaft für und in der konstanten Propagierung ihrer Überzeugungen.²

Dies ist bis zu einem gewissen Grade eine großartige Aussage. Man sollte sich jedoch der Tatsache bewußt sein, daß dieser 'Strachan-Lehrsatz' nicht die Entdeckung eines Prinzips im echten Sinn dieses Wortes darstellt, sondern vielmehr die Deduktion und Formulierung eines Prinzips, das von verschiedenen Gruppen schon Jahre vor Evangelism-in-Depth praktiziert worden war. Die Latin America Mission hat es also nicht erfunden. Sie übernahm die erkannten Prinzipien von anderen Bewegungen, systematisierte, modifizierte, bereicherte sie und glich sie an. Sie unterstützte die Prinzipien durch eine Organisationsstruktur, faßte sie in einen evangelikal interkonfessionellen Rahmen und popularisierte sie durch ihre Anwendung und furchtlose, enthusiastische Propagierung.

Dieser Tatbestand schmälert in keinster Weise die Großartigkeit dieser Prinzipien oder die Leistung dessen, der sie formulierte. Es war einfach so, daß man die Akzente so setzte, wie die Tatsachen lagen.

Nun ist es nur zu bedauern, daß Dr. Strachan seine Untersuchung mit der Beobachtung und Formulierung dieses bedeutsamen Prinzips, des 'Strachan-Theorems', als beendet ansah. Wenn er seine Suche fortgesetzt hätte, wäre er vielleicht auf einige andere, ebenso dynamische und wichtige Prinzipien gestoßen. Damit hätte er uns ein vollständigeres und dynamischeres Programm der Evangelisation und Multiplikation der Gemeinden gegeben. Eine allzu große Begeisterung aufgrund einer Entdeckung macht den Menschen jedoch, wie es oft der Fall ist, blind. Dr. Strachan kam zu dem Schluß: „Dies und nichts anderes ist der Schlüssel."³ Das schränkte natürlich die Möglichkeiten von weiteren und notwendigen wesentlichen Umständen beträchtlich ein, die diese Bewegung zu dem gemacht hätten, was sie hätte werden können. Unsere Bewertung und die folgende Darstellung werden ihre Unvollständigkeit deutlich machen.

Nachdem die Schlußfolgerungen, die sich aus den Prinzipien ergaben, in Worte gefaßt waren, tauchte die Frage der Durchführung auf. Dr. Strachan schreibt dazu:

Als wir über das Problem einer effektiven Evangelisationsstrategie für Lateinamerika nachdachten, wußten wir, daß wir irgendwie die evangelikalen Christen in jeder Republik mobilisieren und sie durch einen Aktionsplan zusammenbringen mußten, der ihre Kräfte zusammenfassen und die größte Auswirkung haben würde. Im Verlauf solcher Überlegungen stellten wir einige grundlegende Erwägungen an:
1. Unsere Überlegungen haben nicht so sehr einem ganzen Kontinent, sondern nationalen oder regionalen Territorien zu gelten.
2. Der Schlüssel für die totale Evangelisierung eines Landes sind, so haben wir erkannt, nicht die ausländischen Missionsgesellschaften, nicht einmal die einheimischen nationalen Pastoren, so wichtig diese auch sein mögen, sondern die Gesamtheit der Gläubigen.
3. Dieses individuelle Zeugnis ist sowohl im Alltagsleben wie auch in besonderen Anstrengungen innerhalb des Gesamtzeugnisses der Lokalgemeinde durchzuführen.
4. Eine weitere Überlegung, die schwer auf uns lastete, war die Notwendigkeit, die verschiedenen Kirchen und Organisationen zu einem gemeinsamen Zeugnis zusammenzubringen.
5. Endlich waren wir überzeugt, daß die persönliche Aktivität aller Gläubigen und aller Ortsgemeinden sowie die kooperativen Anstrengungen der Gesamtheit der verschiedenen Kirchen auf einen Gesamtplan und eine gemeinsame Strategie bezogen sein muß, die kein geringeres Ziel als die totale und effektive Evangelisierung des Zielgebietes verfolgen.[4]

Evangelism-in-Depth sah keine Notwendigkeit, während seines achtjährigen Bestehens (1960–1968) und seiner zehn großen Kreuzzüge (1960 Nicaragua, 1961 Costa Rica, 1962 Guatemala, 1963–64 Honduras, 1964 Venezuela, 1965 Bolivien, 1965 Dominikanische Republik, 1967 Peru, 1968 Kolumbien, 1968 Appalachia) absichtlich und bewußt von diesen grundlegenden Formulierungen abzurücken. Die Prinzipien und Formulierungen haben ihre Probe bestanden und ihren Wert und ihre Anwendbarkeit unter Beweis gestellt.

Kapitel 10

PROGRAMM, ORGANISATION UND ZIELE VON EVANGELISM-IN-DEPTH

Das Programm von Evangelism-in-Depth wickelt sich in einer planmäßigen Abfolge während eines ganzen Jahres ab. Der Plan geht über folgende Stufen:

Januar	– Organisierung von Komitees
	Einrichtung von Gebetszellen
Februar	– Schulung der Leiter
März	– Schulung aller Gläubigen
April	
Mai	– Besuchsdienste
Juni	– Lokale Kampagnen
Juli	– Besondere Bemühungen
August	
September	– Regionale Kampagnen
Oktober	
November	– Nationale Kampagne
Dezember	– Nacharbeit

Wie eng diese Aufstellung dem ursprünglichen Plan entspricht, geht aus einem Vergleich mit dem folgenden Entwurf hervor:

Wir stellten einen provisorischen Entwurf auf, der folgende Stufen umfaßte:

Als erstes schien es uns ratsam, eine besondere Konferenz für die Mitarbeiter – Missionare, Pastoren, verantwortliche Laien und ihre Frauen – abzuhalten. Der Nachdruck dieser Konferenz sollte vor allem auf dem Gebet liegen. Das zweite Anliegen war das Bestreben, diesen verantwortlichen Leitern den Blick für die Bedürfnisse in ihren Ländern und den Entwurf eines Planes und einer Methode zu vermitteln, nach der sie diesen Bedürfnissen begegnen können. Wir beteten darum, daß die Zusammenführung der Leiter der verschiedenen Gruppen diesen Zweck erfüllen möchte.

Die zweite Stufe ist die Mobilisierung. Wir sahen die Notwendigkeit, im ganzen Land so viele Gebetszellen wie möglich zu organisieren, damit überall täglich für diese Anstrengungen gebetet wird. Dann sollte in allen wichtigen Zentren des Landes ein Trainingsprogramm aufgestellt werden, das die Gläubigen für persönliche Evangelisation, Hausbesuche und die aktive Beteiligung bei den gemeinsamen Kreuzzügen sowie für die Nacharbeit vorbereitet, die im ganzen Land durchgeführt werden würde. Wir wollten auch auf die 'Von-Haus-zu-Haus'-Evangelisation einen starken Nachdruck legen, und wir hofften, daß man eine systematische Besuchsarbeit organisieren könnte, die von den Lokalgemeinden ausgeht und alle Häuser in der Umgebung der Kirche erreicht.

Nach dieser zweiten Stufe, die zwei oder drei Monate dauern sollte, planten wir eine Reihe gemeinsamer evangelistischer Kreuzzüge, die in den strategisch wichtigen Zentren und Städten des betreffenden Gebietes abgehalten werden sollten. Dadurch würden sich Gläubige aus vielen verschiedenen Gruppen und Denominationen zu einer gemeinsamen evangelistischen Aktion zusammenfinden und so wäre es möglich, die Aufmerksamkeit der gesamten Einwohnerschaft auf die nachhaltigste Weise zu beanspruchen.

Die vierte und letzte Stufe ist die Nacharbeit, wo wir die lokalen Gemeinden ermutigen wollten, eigene evangelistische Versammlungen abzuhalten, die Hausbesuche neu durchzuführen und weiter nach dem Modell des totalen, zielbewußten Zeugnisses und Verkündigens zu arbeiten, was in einer konstanten Zunahme und Ausdehnung resultieren würde.

Die Hauptziele dieses Planes waren: erstens, die Vermittlung einer neuen Vision und eines neuen Interesses für eine umfassende Evangelisation; zweitens, eine erste Anstrengung, das Evangelium Städten und Dörfern zu bringen, die noch nie erreicht wurden; und drittens, die dadurch erfolgte Zurüstung der Gläubigen, die weiterhin evangelistisch tätig sein würden. Und das Erreichen dieses letzten Zieles sollte der letzte Maßstab für den Erfolg des Programmes sein.[1]

Der Plan teilt das Gesamtprogramm von Evangelism-in-Depth in drei Hauptabschnitte: Voraussetzungen, Prinzipien und das Programm.

Die Voraussetzungen

Die Voraussetzungen, die man auch als 'Einstellung' auffassen kann, werden in vier Sätzen dargelegt:

1. Eine reiche Ernte setzt ein reiches Säen voraus.
2. Die Gläubigen können und müssen in der Evangelisation zusammenarbeiten.
3. Wenn die Gläubigen die Mittel für die Evangelisation koordinieren, werden sie von Gott multipliziert.
4. Eine hingebungsvolle Minderheit kann auf eine ganze Nation einen Einfluß ausüben.

Die Prinzipien

Im Blick auf den Zentralbegriff *Mobilisierung* lauten die Prinzipien folgendermaßen:

1. Mobilisierung aller Gläubigen zum Zeugnis.

2. Mobilisierung innerhalb des Rahmens der Gemeinde.
3. Mobilisierung durch die Verantwortlichen am Ort.
4. Mobilisierung mit einer globalen Zielsetzung.

Das Programm

Das Programm fordert Gebet, Schulung, Kontakte, besondere Aktionen, lokale, regionale, nationale Evangelisationsveranstaltungen, Wiederholung und Fortsetzung.

Die Gesamtstrategie, Prinzipien und Programm werden eindrücklich anhand des Schaubildes einer Hängebrücke dargestellt. Die Prinzipien von Evangelism-in-Depth werden mit den Stützpfeilern der Brücke verglichen. Das Programm entspricht der Verkehrsverbindung. Die Voraussetzungen bilden das Fundament der Brücke. Dieses Symbol trifft die Situation in der Tat ganz genau, denn es geht darum, daß die Menschen sicher vom Tod zum Leben gelangen, von der Finsternis ins Licht, vom Reich der Finsternis in das Reich des geliebten Sohnes.

DIE ORGANISATION

Die Entfaltung einer wohldurchdachten, umfassenden und leistungsfähigen Organisation erfährt eine ansehnliche Beachtung. Diese Organisation breitet sich wie ein Netz über das ganze Land aus und integriert jede Phase der Aktivität in eine umfassende und vereinheitlichte Strategie; sie hält die Bewegung zusammen und treibt sie gemäß einem vorher abgemachten Zeitplan, Schema und Programm von Stufe zu Stufe und von Phase zu Phase vorwärts. Dies wirkt sich auf Ordnung und Einheit, nicht jedoch grundsätzlich auch auf die Leistungsfähigkeit günstig aus. Es ist noch zu bemerken, daß alle führenden Positionen der Organisation von Männern – Missionaren oder Einheimischen – des verantwortlichen Landes besetzt sind.

DIE ZIELSETZUNG

Die Zielsetzung von Evangelism-in-Depth ist im offiziellen Notizbuch, das für ein kontinentales Institut von Evangelism-in-Depth vorbereitet wurde, unter der Überschrift 'Allgemeine und besondere Ziele' klar ausgeführt. Wir zitieren die wichtigsten Punkte.

Allgemeine Ziele

A. Totale Mobilisierung der Gemeinde.
B. Totale Evangelisierung des Zielgebiets.

Besondere Ziele

A. Wachrütteln von Pastoren und Missionaren, daß sie das Potential, das in ihrer Gemeinde untätig herumsitzt, erkennen, und der praktische Beweis, was man mit diesem Potential tun kann, wenn es nur erschlossen wird.
B. Förderung einer starken nationalen Leiterschaft.
C. Entwicklung zu einer starken nationalen Kirche.
D. Evangelisierung aller Schichten und Bereiche der Gesellschaft.

Diese Ziele sind umfassend und praktisch und verdienen eine sorgfältige Prüfung und Auswertung.

Kapitel 11

DIE LEISTUNGEN VON EVANGELISM-IN-DEPTH

Die Leistungen von Evangelism-in-Depth riefen begeisterte Berichte hervor. Zahlreiche Photographien und persönliche Darstellungen führten zu weltweiter Reklame und Bewunderung. Erst die Ewigkeit wird zeigen, wieviel dem Zeitpunkt, den Beziehungen, der imposanten Öffentlichkeitsarbeit, dem Enthusiasmus der Beteiligten, und wieviel dem tatsächlichen Erfolg auf dem Arbeitsfeld zuzuschreiben ist. Vielleicht haben alle Faktoren ihren Teil beigetragen.

Heute ist Evangelism-in-Depth ein weltumspannendes Phänomen, das Angriffe und Kritik erfolgreich überstanden und selbst den Tod des Gründers, Dr. Strachan, überwunden hat, der am 24.2.1965 starb. Er ließ ein Team zurück, Männer, die von dem Programm begeistert, dem Evangelium verpflichtet, Gott und seinem Werk hingegeben waren und erfolgreich für ihren Herrn arbeiten wollten. Das Programm hat zahlreiche begeisterte und lernwillige Beobachter, hingegebene Anhänger, eifrige Unterstützer und ungezählte Mitarbeiter und Bewunderer. Der Autor gehört zu denen, die von den durch Evangelism-in-Depth aufgestellten und verteidigten Prinzipien, so weit diese reichen, fest überzeugt sind. Es gibt allerdings auch entschlossene Gegner.

Im August 1966 fand in San Jose, Costa Rica, ein sehr gewinnbringender Kongreß von Evangelism-in-Depth statt, den Vertreter der meisten lateinamerikanischen Länder, Asiens, Afrikas und der Vereinigten Staaten besuchten. In Europa und Asien wurden von verschiedenen Teams Seminare durchgeführt, die die Prinzipien von Evangelism-in-Depth bekanntmachten.

In *quantitativer* Hinsicht hat Evangelism-in-Depth Großartiges geleistet. Evangelism-in-Depth hat während neun Jahren in neun lateinamerikanischen Ländern und einer Region der Vereinigten Staaten erfolgreich und unter reichem Segen gewirkt. Es hinterließ in neun lateinamerikanischen Staaten einen unauslöschbaren Eindruck. Neun Jahre der Praxis haben ein erfahrenes Team geformt, das die Arbeit inspirieren, leiten und zu einem dynamischen Programm koordinieren und integrieren kann.

Evangelism-in-Depth hat unbekannte und unbeachtete einheimische Evangelisten entdeckt, aufgeboten und herausgefordert, ihre Talente weiterzuentwickeln und für Gott einzusetzen, indem ihnen eine Gelegenheit geboten wurde, in der Evangelisationsarbeit mitzuwirken.

Das eindrucksvolle Schulungsprogramm hat ungefähr 8.000 Verantwortliche und über 140.000 Laienchristen ausgebildet. Dies kann nicht ohne irgendeine positive und bleibende Auswirkung auf die jeweiligen Länder bleiben.

Die zwölfmonatige 'Gebetsschule', die über 25.000 Gebetszellen umfaßte, hat zahllosen Christen den Wert und die Praxis des Gebetslebens gelehrt.

Die über eine Million Häuser, die während des Einsatzes besucht wurden, und die über 100.000 Menschen, die sich in dieser Zeit zu Jesus bekannt haben, sind ein Beweis für die große Anstrengung, starke Motivation, sorgfältige Planung und kühne Einbringung der Ernte.

Der *qualitative* Beitrag von Evangelism-in-Depth ist nicht weniger bedeutend als der quantitative. Wir stimmen W. Dayton Roberts zu, der im Blick auf ein mangelhaftes Verständnis der Ziele von Evangelism-in-Depth seine Entgegnung brachte. Zu der irrigen Annahme, man verstünde unter Gemeindewachstum lediglich das Ansteigen der Mitgliederzahlen, schreibt er:

> Das unmittelbare Gemeindewachstum ist jedoch nicht das einzige positive Ergebnis, das man von einem großangelegten Einsatz von Evangelism-in-Depth erwarten sollte. Es war erregend, den neugewonnenen Geist des Glaubens, Mut und Optimismus der Menschen der Dominikanischen Republik zu beobachten, als sie entdeckten, daß nicht einmal ein Krieg oder eine Revolution Gottes evangelistischen Plan durchkreuzen kann. Dieser neue Eifer, diese neue Begeisterung, diese neue Kühnheit, das Wort Gottes zu verkünden, sind schwer zu messen, sie sind jedoch eines der wichtigsten Ergebnisse des Programms von Evangelism-in-Depth.[1]

An anderer Stelle schreibt er:

> ... die fast unmerkliche, aber bedeutsame Veränderung, die wir anstreben — eine kollektive Erfahrung des ganzen Leibes Christi, wo sich Entmutigung in frohe Erwartung wandelt, Skeptizismus in Optimismus, Gleichgültigkeit in Angriffslust, Zweifel in Glaube und Ängstlichkeit in Mut. Ein grundlegendes Ziel von Evangelism-in-Depth ist die Erfahrung von Apostelgeschichte 4, dort haben wir durch die Gnade Gottes und das Werk des Heiligen Geistes ein Vorbild für das Gemeindewachstum.[2]

Es gibt qualitative Beiträge, die nicht durch Zahlen und Nummern gemessen werden können, aber nichtsdestoweniger das Wirken des Geistes in der Gemeinde verstärken und sich schließlich in einer quantitativen Vergrößerung niederschlagen. Wenn es auch schwierig ist, Qualität und Quantität auseinanderzuhalten, so kann es doch Gott gefallen, sie zeitlich getrennt einzurichten. Hier ist Geduld und Weisheit geboten.

Dies sind die quantitativen und qualitativen Leistungen von Evangelism-in-Depth, gestützt von Männern, die eng mit Evangelism-in-Depth verbunden waren.

Pastor Allen Thompson, der Generaldirektor der West Indies Mission, früher ein Missionar in der Dominikanischen Republik und der nationale Koordinator von Evangelism-in-Depth in diesem Land, schreibt:

Die West Indies Mission (WIM) begann 1939 ihre Arbeit in der Dominikanischen Republik, einem Land, das sich bald als für das Evangelium fast verschlossen herausstellte. Es vergingen 27 schwierige Jahre, in denen unter Tränen gesät wurde, bis sich 15 Gemeinden mit ungefähr 900 Gläubigen gebildet hatten. Im vergangenen Jahr konnten wir in unserer Evangelisationsarbeit mit Freuden ernten: 2 Gemeinden, 8 zusätzliche Predigtstellen und um die 700 neue Gläubige. Welche Folgerungen ergeben sich aus diesem offensichtlichen Erfolg in einer explosiven, revolutionären Umwelt?

Die erste Folgerung ist die, daß wir hier sehen, wie ein geistliches Erwachen vorbereitet wird. Im Plan Gottes für die Evangelisierung eines Volkes ist Zeit ein wichtiger Faktor. Missionarische Aktivität, das politische Klima, das Nationalbewußtsein — alle diese Elemente tragen zur Vorbereitung eines Volkes auf eine Zeit geistlicher Sensibilität bei. Die Dominikanische Republik entdeckt gegenwärtig ihr eigenes Potential, wirft das Joch politischer und religiöser Versklavung ab und öffnet sich der Herausforderung einer neuen Zeit. Dies ist die Stunde einer noch nie dagewesenen Empfänglichkeit für das Evangelium.

Dann ist noch ein Zweites ersichtlich: nur wenn die Gemeinde Jesu Christi über den Wert ihrer Methoden nachdenkt und sie auswertet, wird sie dieser großen Gelegenheit mit dem richtigen Schwung entsprechen können. Diese Bewertung hat sich auf die Tatsache zu stützen, daß die Botschaft des Evangeliums, die sich selbst nicht ändert, die geeignetsten und besten Mittel zu seiner Ausbreitung erfordert. Diese Variablen der Methodologie bewegen sich um mehrere biblische Prinzipien evangelistischer Tätigkeit.

Die Evangelisationsarbeit muß erstens in der Erfahrung und dem Zeugnis jedes einzelnen Christen verwurzelt sein. Deshalb strebte die WIM die Mobilisierung jedes einzelnen der 900 Gläubigen an. So wurden 164 Gebetszellen eingerichtet, 430 Mitarbeiter besuchten unser Schulungsprogramm und 305 Gläubige beteiligten sich an den 'Von-Haus-zu-Haus'-Besuchen.

Als zweites muß die Evangelisationsarbeit, wenn sie Erfolg haben will, die Einheit des Leibes Christi, ohne Kompromisse zu schließen, unter Beweis stellen. In der Dominikanischen Republik wurde diesem Prinzip so Folge geleistet, daß man als Grundlage für die Zusammenarbeit in der Großaktion ein klares Glaubensbekenntnis aufstellte. Gruppen oder Einzelpersonen, die dieses Bekenntnis nicht unterschreiben konnten, nahmen nicht teil, und so hatten wir keine organisatorische, sondern eine geistliche Einheit, die Zeugnis davon ablegte, daß wir eins in Christus sind.

Evangelistische Aktivitäten müssen geplant, koordiniert und systematisch durchgeführt werden, dann tragen sie am meisten Früchte. Dies geschah dadurch, daß wir die vorhandenen Mittel auf die Bedürfnisse während der verschiedenen Phasen des Gebets, der Schulung, der Besuche und des Kreuzzuges abstimmten.

Es scheint, daß noch eine dritte Folgerung dringend nötig ist: nur wenn die Kirche die biblische Haltung in bezug auf die Evangelisation bewahrt, können die Auswirkungen derselben fortdauern. In unserem Feldzug nahmen wir das Scheinwerferlicht von der Kanzel weg und richteten es auf die Bänke — weg vom Evangelisten auf den Gläubigen. Diese Betonung darf nicht verlorengehen, sondern muß der Gemeinde 'in Fleisch und Blut übergehen'.

Die Hinweise, die schon jetzt in diese Richtung gehen, sind ermutigend. Zum erstenmal nehmen Laien in unseren Gemeinden ihren Platz in den leitenden Positionen ein. Man plant drei Fronten der evangelistischen Aktivität, an denen jeweils Jugendliche und Männer bzw. Frauen stehen sollen. Wir hegen große Hoffnungen, wenn wir die erweckte Kirche sehen, wie sie ihre Gesellschaft mit dem Evangelium durchdringt.[3]

Pastor A. Merle Sluyter, Feldleiter der Christian and Missionary Alliance Mission in Peru, schreibt:

Gestern, am 18. August 1968, besuchte ich mit 70 jungen Leuten von der größten Allianzkirche in Lima eine neue Gruppe von Gläubigen in einer der übervölkerten 'barriadas' von Lima, genannt Ermitano. Diese Gruppe von Christen war ein direktes Ergebnis der Arbeit von Evangelism-in-Depth. Zwei Autos und ein großer Bus brachten die jungen Allianz-Leute nach Ermitano. Kaum waren wir angekommen, da schwärmten sie auch schon in Zweiergruppen aus, gingen von Haus zu Haus und verteilten Traktate — wie eine kleine, trainierte Armee. Was mich am stärksten beeindruckte, war die Begeisterung, mit der diese jungen, geschulten Leute ihre Aufgabe ausführten, ohne sich ihrer in irgendeiner Weise zu schämen, um dann singend und Jesus bezeugend zurückzukehren und aktiv in der Freiversammlung mitzuwirken. Nächsten Sonntag werden wir eine andere Gruppe von Gläubigen in San Cosme besuchen, die auch in diesem Jahr während der Evangelism-in-Depth-Aktion entstand.

Gestern abend folgten in der Hauptkirche mehrere Leute der Einladung, nach vorne zu kommen. Kaum waren sie vorne, da traten schon einige junge Leute auf sie zu, um sie persönlich zu betreuen, während der Pastor und der Evangelist zur Türe gingen, um den Menschen die Hand zu geben.

Wenn Evangelism-in-Depth sonst nichts erreichte, setzte sie 'wenigstens' Laien in Bewegung, etwas für ihren Herrn zu tun. Vor einigen Wochen besichtigte ich unsere weitverstreute Arbeit im Urwaldgebiet von Tingo Maria. Der Präsident des interkonfessionellen Komitees von Evangelism-in-Depth dieser Region war ein Missionar unserer Mission gewesen. Die Auswirkungen dieser evangelistischen Offensive waren derart hervorstechend, daß sie in der Jugendveranstaltung, die ich besuchte, deutlich zu sehen waren. Obwohl die Veranstaltung an einem Ort stattfand, der 'weit vom Schuß' war (man mußte mit dem Bus oder Lastwagen, mit dem Kanu und zu Fuß reisen), waren doch zirka 150 Jugendliche anwesend, die an den Bibelarbeiten und Gesprächsgruppen mehr Interesse hatten als am Sport. In diesem Gebiet führt jede Gemeinde im September einen evangelistischen Feldzug durch, die praktisch alle von geschulten Laien geleitet werden. In der Region Tingo Maria wurde an zwei Stellen eine neue Arbeit aufgebaut, wovon eine den Jugendkongreß für März 1969 eingeladen hat.

So hat unsere Mission mindestens vier neue Arbeitsgebiete als direktes Ergebnis von Evangelism-in-Depth: zwei im Urwald und zwei an der Küste. Regionen, die in Gleichgültigkeit dahinschlummerten, wie zum Beispiel Huamalies und Dos de Mayo (in der Hoch-Sierra), wurden unter der Leitung von Laien wieder zum Leben erweckt – in diesen großen Gebieten gibt es keine vollzeitlichen Prediger oder Pastoren.

Wo die Allianz-Gemeinden das Programm von Evangelism-in-Depth umfassend durchführten, war die Ernte groß. Einige Gemeinden verdoppelten oder verdreifachten ihre Zahl. Aber ich bin davon überzeugt, eines der wichtigsten Ergebnisse des ganzen Programmes war die intensive und gründliche Schulung der Gemeindeglieder in der Kunst, Seelen zu gewinnen, sowie Aufgaben zu übernehmen und Verantwortung zu tragen. Die Opfer sind in den meisten Gemeinden gestiegen, Menschen wurden gerettet und die Gemeinde wurde aktiviert.[4]

Pastoren in anderen Ländern geben ähnlich positive Berichte über die Wirkung von Evangelism-in-Depth:

Guatemala: „Im Lauf des Jahres haben wir 65 Neubekehrte in die Gemeinde aufgenommen. Dies war das Ergebnis der evangelistischen Tätigkeit der Gemeinde ... Die Brüder sind noch immer so begeistert und so gut geschult, daß sie ständig hinausgehen und das Evangelium verkündigen."[5] – *Jose R. Estrada, Pastor der Southern Baptist Church von Puerto Barrios.*

„Diese (neue) Versammlung ist das direkte Ergebnis der evangelistischen Tätigkeit der Gemeinde während des Jahres. Dies ist natürlich zum großen Teil Evangelism-in-Depth zu verdanken – die Kirche wurde zusammengeschlossen und startete ein aggressives Evangelisationsprogramm."[6] – *Edmundo Madrid, Pastor der Friends Church von Zacapa.*

„Evangelism-in-Depth ließ mich eine größere Last für die Verlorenen spüren und bei meinen Gemeindegliedern konnte ich dieselbe Anteilnahme beobachten ... Im Gebet, in den Besuchsdiensten, in den evangelistischen Kreuzzügen und selbst in den Opfern sahen wir ein neues, geistliches und materielles Erwachen. Diese Aktivitäten haben auch in der Stadt einen tiefen Eindruck hinterlassen ..."[7] – *Francisco Julian Tzunun, Pastor der Primitive Methodist Church von Chichicastenango.*

Peru: „Evangelism-in-Depth ist von Gott ... und Gott mobilisiert uns. Wir haben geschlafen, und nun wurden wir erweckt und stehen in einer großen Erweckung. Über 18 Jugendliche haben ihr Leben Jesus übergeben – die Gemeinde hungert nach Gott. Vorher hatten wir 60 Glieder, jetzt sind wir 150. Wir haben 60 Neubekehrte und drei neue Predigtstellen."[8] – *Arturo Paucar von Huancayo.*

Kolumbien: „Unsere Gemeinde hat schon viele Evangelisationen durchgeführt, aber dieses Jahr waren die Gläubigen viel mehr beteiligt. Wir haben 78 Gebetszellen, und die Mehrzahl unserer Gemeindeglieder nahm an den Schulungsprogrammen teil. Manche fürchten sich noch immer vor den Hausbesuchen. Doch halten 30 Ehepaare jeden Sonntagnachmittag Kinderstunden, während 90 andere Gemeindemitglieder von Haus zu Haus gehen und ihren Glauben an Jesus bezeugen. Wir haben ungefähr die Hälfte der 80.000 Einwohner von Girardot besucht und haben vor, weiterzumachen, bis alle Haushalte erreicht sind. Evangelism-in-Depth hat in meiner Gemeinde viele erweckt und auch in unserer Stadt viel Interesse geweckt."[9] – *Aristobulo Porras, Pastor der Presbyterian Church von Girardot.*

Kapitel 12

IDEAL UND PRAXIS IN EVANGELISM-IN-DEPTH

Ehe wir eine Bewertung von Evangelism-in-Depth abgeben, sollten wir zuerst ausführen, was dieses Programm im Idealfall ist und wie seine Vertreter und Befürworter es sich vorstellen, und dann die Praxis darstellen, das heißt das, was 'auf dem Kampfplatz der Welt' aus ihm geworden ist.

Wir betrachten einige ideale Entwürfe und Selbstbewertungen, wie sie in klar umrissenen Beschreibungen von Evangelism-in-Depth auftauchen.

Der Gründer, Dr. R. Kenneth Strachan, faßte seine Auffassung des Programmes klar und deutlich in dem Folgenden zusammen: „Evangelism-in-Depth wurde von manchen als eine neue Evangelisationsstrategie willkommen geheißen. Aber in Wirlichkeit ist an ihm nichts grundsätzlich neu. Wenn das Programm in irgendeiner Hinsicht anders ist, dann ist es vielleicht die Tatsache, daß es einen formalen Versuch darstellt, in einem langfristigen Programm die besten Elemente des persönlichen Zeugnisses und der Massenevangelisation miteinander zu verbinden, die in das kontinuierliche Zeugnis der Lokalgemeinde integriert und mit dem Gesamtzeugnis des ganzen Leibes Christi verbunden werden. Es bedeutet außerdem eine Herausforderung für alle christlichen Gruppen, ihre jeweiligen evangelistischen Programme in Form einer gleichzeitigen, koordinierten Aktion zu planen und durchzuführen mit dem letzten Ziel, den Missionsbefehl zu erfüllen. Dann bedeutet es für viele Gläubige eine persönliche Aufforderung, den Befehl ihres Herrn ernst zu nehmen und mit anderen Christen zusammen das Wagnis zu unternehmen, gehorsam mitzuarbeiten und in der Welt ein Zeugnis zu sein."[1]

Dr. John Stam, der herausragende Theologe der Latin America Mission, gibt nachfolgend eine bedeutungsvolle Zusammenfassung: „(1) Evangelism-in-Depth nahm die biblische Ordnung und Betonung der Evangelisation mit ihrer ganzen biblischen Radikalität ernst. (2) Dr. Strachan, der Gründer von Evangelism-in-Depth, hat sämtliche Stellen in der Bibel, die irgendeinen Bezug zur Evangelisation haben, in ein systematisches Ganzes zusammengefaßt. (3) Diese Wahrheiten und Betonungen wurden in einem Organisationsmodell und einer entsprechenden Strukturierung auf sichere Beine gestellt."[2]

Der derzeitige Direktor, Pastor Ruben Lores, entwirft folgende Zusammenfassung des Programmes und der Grundsätze von Evangelism-in-Depth. Als Antwort auf die Frage „Was ist Evangelism-in-Depth?" schreibt er:
> Manche glauben, Evangelism-in-Depth sei nur eine Methode. Aber dies ist bei weitem nicht alles. Überhaupt werden in Evangelism-in-Depth nicht eine, sondern viele Methoden angewandt – alle schon bekannten und die erst noch zu entdeckenden Methoden. Das Leitprinzip ist die Paarung aller Hilfsmittel mit sämtlichen Möglichkeiten und Bedürfnissen. Evangelism-in-Depth liefert die Organisationsstruktur sowie die geistliche und psychologische Atmosphäre, die zur Anwendung dieses Prinzips nötig sind.
> Über eine bloße methodologische Struktur und Missionsstrategie hinaus ist Evangelism-in-Depth der praktische Ausdruck einer theologischen Erwägung mit Bezug auf die unvermeidliche Berücksichtigung des Missionsauftrages der Gemeinde Jesu in der Welt.
> Evangelism-in-Depth hat eine verborgene theologische Grundlage, die die sichtbare Struktur des Programms trägt.
> Wenn wir uns hier auch nur mit der theologischen Grundlage befassen, um so das Thema einzuschränken und unser Verständnis eines bestimmten Gebietes zu vertiefen, möchte ich doch auf die Tatsache hinweisen, daß Evangelism-in-Depth sich auf gewisse soziologische und methodologische Prinzipien stützt, die einen wesentlichen Teil der tragenden gedanklichen Konzeption ausmachen.
> 1. „Das Anwachsen einer Bewegung ist jeweils proportional der erfolgreichen Mobilisierung aller ihrer Anhänger zur konstanten Propagierung ihrer Überzeugungen" (Strachan).
> 2. Eine hingebungsvolle Minderheit kann auf eine neutrale oder desorientierte Mehrheit einen entscheidenden Einfluß ausüben.
> 3. Zur Erreichung eines globalen Zieles wird ein systematischer und koordinierter Plan zur Schulung des Personals für den Einsatz der Mittel benötigt.
> 4. Die Kommunikation einer Ideologie ist unter Menschen gleicher Kultur vollständiger zu erreichen.
> 5. Relevanz und Kontinuität einer Bewegung hängen vom Erfolg in der Entwicklung einer autonomen Leitung ab.
> Die theologische Grundlage von Evangelism-in-Depth kann anhand einer Ellipse veranschaulicht werden, deren Brennpunkte der Missionsbefehl an die Gemeinde sowie die Einheit des Leibes Christi sind."[3]

W. Dayton Roberts, Mitdirektor der Latin America Mission, schreibt: „Das Schlüsselwort von Evangelism-in-Depth ist Mobilisation. Sein Programm ist, ganz einfach ausgedrückt, ein Versuch, jeden Gläubigen – Männer, Frauen, Kinder, Ungebildete, Intellektuelle, Neubekehrte und reife Christen – zu einem uneingeschränkten Zeugnis für Jesus mobil zu machen."[4] An anderer Stelle sagt er: „Evangelism-in-Depth könnte in der Tat ganz richtig sowohl als 'simultane Evangelisation als auch kooperative Evangelisation' bezeichnet werden."[5]

„Evangelism-in-Depth ist eine einjährige Schule der Evangelisation, deren höchst bedeutsames Nebenprodukt die Schulung von Leitern ist."[6]
Das Programm sieht das gewissenhafte Erreichen folgender Ziele vor:
1. Mobilisierung aller Gläubigen eines Volkes oder Gebietes.
2. Evangelisierung aller Ungläubigen dieses Gebietes.
3. Einflußnahme auf ihre gesamten persönlichen und sozialen Strukturen und Beziehungen.
4. Ausbreitung des vollen Evangeliums bei einer Betonung seiner einfachen Botschaft: Jesus starb für unsere Sünden, wurde begraben, erstand von den Toten und kommt wieder.
5. Verkündigung des Evangeliums im Kontext seiner ethischen Folgen und starke Betonung seines Interesses für das soziale Wohlergehen derer, von denen eine Reaktion auf die Verkündigung erwartet wird. (Anordnung nach Punkten durch den Autor.)

Eine offizielle Verlautbarung mit dem Titel *Depth in Evangelism* (Tiefe in der Evangelisation) definiert folgendermaßen: „Evangelism-in-Depth ist kein Schlagwort, ist auch kein neues Evangelisationsprogramm, will auch nicht andere Programme ersetzen. Evangelism-in-Depth kombiniert ein System der Evangelisation mit einem Programm evangelistischer Aktivitäten und einer unentbehrlichen Einstellung, die zu einer neuen Hoffnung für unseren evangelistischen Auftrag führt."[7]

„*Tiefe* in der Evangelisation — danach sehnen wir uns alle, das brauchen wir in unserem evangelistischen Einsatz ... Tiefe steht im Gegensatz zu dem, was oberflächlich, vorübergehend, partiell ist."[8]

An anderer Stelle wird 'Evangelisation in die Tiefe' der 'Evangelisation in die Breite', dem traditionellen Evangelisationstyp und -programm, gegenübergestellt und ihr Charakter als radikale Abkehr von traditionellen Modellen und Grundsätzen hervorgehoben.

Dr. Leighton Ford, der mit der Bewegung organisatorisch nicht verbunden ist, bestätigt dies und definiert es so: „Evangelism-in-Depth ist nicht in erster Linie ein Programm oder eine Methode, auch kein Warenzeichen mit irgendeiner magischen Kraft. Es ist vielmehr eine innere Einstellung, eine geistige Haltung, eine feste Überzeugung, die der Heilige Geist im Herzen von Menschen gewirkt hat — Menschen, die rücksichtslos ehrlich sind, die das Versagen der Gemeinde Jesu, mit dem rapiden Wachstum der Weltbevölkerung Schritt zu halten, klar erkennen, die aber auch realistisch genug sind, um zu wissen, daß wir unsere Generation mit Jesus Christus konfrontieren können, wenn wir nur Gott bei seinem Wort nehmen und bereit sind, unsere Methoden im Licht des Neuen Testaments und den Erfordernissen unserer Zeit neu zu überdenken."[9]

Die Analyse der obigen Aussagen fördert die folgenden Faktoren in Evangelism-in-Depth zutage:

Strachan
1. Evangelism-in-Depth stellt einen formalen Versuch dar, in einem langfristigen Programm die besten Elemente des persönlichen Zeugnisses und der Massenevangelisation miteinander zu verbinden.
2. Evangelism-in-Depth integriert das ununterbrochene Zeugnis der Lokalgemeinde und verbindet es mit dem Gesamtzeugnis des ganzen Leibes Christi.
3. Evangelism-in-Depth ist eine Herausforderung für alle christlichen Gruppen, ihre jeweiligen evangelistischen Programme in einer gleichzeitigen, koordinierten Anstrengung zu planen und durchzuführen.
4. Evangelism-in-Depth ist für viele eine persönliche Aufforderung, den Befehl und Auftrag ihres Herrn ernst zu nehmen und mit anderen Christen zusammen das Wagnis einer gehorsamen Mitarbeit in der Evangelisierung der Welt zu unternehmen.
5. Evangelism-in-Depth ist keine neue Missionsstrategie, enthält auch sonst nichts grundsätzlich Neues. Es ist vielmehr eine Rückkehr zu den Evangelisationsmodellen der Apostel.

Lores
6. Evangelism-in-Depth ist eine methodologische Struktur mit einer Kombination verschiedener Methoden.
7. Evangelism-in-Depth ist eine Missionsstrategie mit dem Leitprinzip, sämtliche Mittel mit allen Möglichkeiten und Bedürfnissen zu paaren.
8. Evangelism-in-Depth stellt die Organisationsstruktur sowie die geistliche und psychologische Atmosphäre her, die zur Anwendung dieses Prinzips notwendig sind.
9. Evangelism-in-Depth ist von soliden theologischen, soziologischen und methodologischen Prinzipien gestützt.
10. Die theologische Grundlage kann anhand einer Ellipse veranschaulicht werden, deren Brennpunkte der Missionsbefehl an die Gemeinde und die Einheit des Leibes Christi sind.

Roberts
11. Das Schlüsselwort von Evangelism-in-Depth ist die Mobilisierung.
12. Evangelism-in-Depth ist simultan-kooperative Evangelisation.
13. Evangelism-in-Depth ist eine Schule der Evangelisation.
14. Evangelism-in-Depth kombiniert ein System der Evangelisation mit einem Programm evangelistischer Aktivitäten und einer unentbehrlichen Einstellung.
15. Evangelism-in-Depth ist eine 'Bewegung der Tiefe'.
16. Evangelism-in-Depth ist eine radikale Abkehr von den traditionellen Modellen und Grundsätzen der Evangelisation.

Ford

17. Evangelism-in-Depth ist vor allem eine innere Einstellung, eine geistige Haltung, eine feste Überzeugung, die der Heilige Geist in Herzen von Menschen gewirkt hat.
18. Evangelism-in-Depth bringt weitblickende, beherzte und einsichtige Menschen für eine effektive Evangelisation hervor.

Wenn wir zu diesen achtzehn Faktoren noch die fünf Punkte des Programmes hinzufügen, haben wir über zwanzig Ideale, Charakteristika und/oder Qualitäten von Evangelism-in-Depth. Gewiß sind einige doppelt aufgeführt und andere heben sich gegenseitig auf, trotzdem wäre es schwierig, an irgendeinem dieser Ideale etwas zu finden, was man kritisieren könnte. Sie sind biblisch und sie sind praktisch. Ich habe an den Prinzipien des Programmes nichts auszusetzen. Natürlich muß man zugeben, daß viele dieser Ideale und Eigenschaften nicht ausschließlich bei Evangelism-in-Depth zu finden sind. Man kann sie auch bei anderen evangelistischen und erwecklichen Bewegungen beobachten.

Kapitel 13

BEWERTUNG VON EVANGELISM-IN-DEPTH

Ehe wir unsere praktische Analyse und Bewertung fortsetzen, sind einige allgemeine Feststellungen zu machen, denn jede Bewegung wird genauso von der Geschichte gemacht, wie sie selbst Geschichte macht. Wir betrachten deshalb Evangelism-in-Depth in seiner geschichtlichen Situation.

Evangelism-in-Depth wurde von Gott gerade im richtigen Augenblick ins Leben gerufen und hätte weder zu einem passenderen Zeitpunkt noch an einer strategisch besseren Stelle auftauchen können, als es der Fall war. Wir können wohl sagen, daß dieses Programm 'als die Zeit erfüllt war' in ein 'Feld weiß zur Ernte' kam. Diese Situation lag in Lateinamerika vor. Jede dynamische Bewegung muß in diesem Kontinent Erfolg haben. Verschiedene Faktoren trugen gemeinsam dazu bei, daß der richtige Zeitpunkt gewählt wurde.

Der erste Faktor ist die neue Erkenntnis auf dem Gebiet der Evangelisation. Wir wiesen bereits auf die Tatsache hin, daß eine höchst bemerkenswerte Neubelebung der Evangelisation stattgefunden hat. Heute ist die Proklamierung der Evangelisation als Konfrontation, Eindringung und Durchdringung ein Haupttrend der Missionsarbeit geworden. Einige Missionsgebiete erwecken den Eindruck einer einzigen, riesigen Evangelisationskampagne. Überall treffen wir auf Evangelisten und evangelistische Programme. Die Stimmung der Evangelikalen in bezug auf die Evangelisation ist in vielen Missionsgebieten 'auf Hochtouren'. Dies ist von Gott gewirkt und vom Menschen nicht zu bewerkstelligen. Gott ist seinem Volke gnädig, er will der Not in der Welt abhelfen und aufrichtige Gebete erhören.

In dieser Situation wird fast jedes systematische, enthusiastische und geistlich motivierte Evangelisationsprogramm Erfolg haben. Die großen Kreuzzüge der Southern Baptists, die Good News Crusades der Assemblies of God, die evangelistischen Aktionen von Overseas Crusades und die Arbeit von Bakht Singh in Indien sind ein Beweis dafür, die hinsichtlich der Bekehrungen und dem Zuwachs der Gemeinden ähnliche Zahlen aufweisen wie Evangelism-in-Depth mit seinen unmittelbaren Erfolgen. So las ich zum Beispiel ganz erstaunt, daß die Assemblies of God nach einem Kreuzzug in Santos, Brasilien, 1.000 neue Mitglieder für ihre Gemeinden gewinnen konnten und 1.800 Menschen sich insgesamt bekehrten. Wir leben in einer Zeit, wo die Evangelisation in der ganzen nicht-westlichen Welt eine lebendige und dynamische Realität darstellt.

Wir haben bei unseren Schlußfolgerungen deshalb vorsichtig und gerecht zu verfahren und zwischen dem, was alle Evangelisationsprogramme gemeinsam haben, und dem, was für Evangelism-in-Depth charakteristisch ist, zu unterscheiden. Gewiß gibt es einige Entwürfe und Eigenschaften, die für Evangelism-in-Depth charakteristisch sind, vorausgesetzt, daß es ein einmaliges Programm ist.

Der zweite Faktor, der zu berücksichtigen ist, ist die kulturelle Situation in Lateinamerika. Lateinamerika ist in Bewegung, steht mitten in einer kulturellen Umwälzung. Auf jedem Gebiet sind Umbrüche, Übergänge und Veränderungen zu beobachten. Es findet eine allgemeine Revolution in einem einzigartigen Ausmaß statt. Die beispiellose Auflösung alter kultureller Lebensweisen und gesellschaftlicher Einrichtungen geht mit rasender Geschwindigkeit ohne Vorbild und Regel vor sich.

Der Katholizismus, der ein integraler Teil der alten Kultur und der treue Diener, wenn nicht gar der Hüter des Establishment war, erfährt die Verachtung der alten Ordnung unter dem Verlust seines Prestiges und seiner Autorität. Die Kirche hat ihre Herrschaft über das Volk verloren — ihre Gefangenen haben die Freiheit erlangt. Der Zement des kulturellen Zusammenhalts bröckelt ab. Zahlreiche Faktoren tragen zu einer Beschleunigung der Veränderungen bei.

Pastor Joseph S. McCullough schreibt in bezug auf die Ursachen dieser Situation:

Menschlich gesprochen gibt es, so glaube ich, eine ganze Anzahl von Ursachen. Zuerst ist da die soziale Revolution, die darin besteht, daß die Menschen in die Städte kommen, um dort bessere Lebensmöglichkeiten zu suchen. Diese Menschen sind entwurzelt — kulturelle Bande werden zerrissen, wenn sie von den ländlichen Gebieten wegziehen und ihre Traditionen aufgeben. Sie finden sich dann in einer neuen Umgebung wieder und haben neue Freunde. Frühere Beschränkungen werden fallengelassen. Für alles sind sie weit offen. Auf wirtschaftlichem, pädagogischem, sozialem und jedem anderen Gebiet suchen sie nach etwas Besserem. Sie geben sich nicht länger mit den alten, beschränkten Lebensbedingungen zufrieden.
An vielen Stellen Lateinamerikas unterrichten die Schulen in zwei Schichten, und sehr viele Menschen besuchen Abendkurse. Sie forschen nach neuen Ideologien und Philosophien. Man ist das Reisen gewohnt, und so sind die Menschen nicht mehr voneinander isoliert.
Die Massenmedien können heute wirksam eingesetzt werden, um die Massen Lateinamerikas zu erreichen. Moderne Druckereien produzieren tonnenweise Literatur. Das Fernsehen erreicht wahrscheinlich nur die oberen Klassen, aber mit dem Radio sind alle Gesellschafts-

schichten zu erreichen, was in der Evangelisation mit erstaunlichem Erfolg ausgenutzt wird.[1]

Inmitten dieser Veränderungen und Unsicherheiten sehnt sich der Mensch nach Sicherheit, Stabilität und Freundschaft. Da die Veränderungen unkontrollierbar sind, folgen die Massen jeder erfolgversprechenden Bewegung und schätzen jedes Zeichen der Freundschaft.

Die Botschaft des Evangeliums wird daher jeden Zuhörer fesseln, der das Wort Gottes lange genug hört und seine Relevanz erkennt — vorausgesetzt, daß es als solches und mit Überzeugung verkündigt wird. Wenn dann noch der Sprecher eine echte geistliche Realität ausstrahlt, nimmt die Anziehungskraft zu und wird zu einer Macht, die Menschen zu Gott zieht. Es spielt dabei keine Rolle, ob das Evangelium in Predigt, persönlichem Zeugnis oder in Form einer Unterhaltung weitergegeben wird.

Ein dritter Faktor ist die neue Haltung der römisch-katholischen Kirche. Die Beantwortung der Frage, ob diese Haltung echt oder rein strategisch, ob sie zeitlich richtig und vorteilhaft ist, muß dem weiteren Verlauf der Geschichte anheimgestellt werden. Die Tatsache bleibt jedoch bestehen, daß das Gesicht von Rom sich geändert hat. Man empfiehlt den Menschen, in der Bibel zu lesen, verbietet nicht mehr, protestantische Predigten zu hören, und mahnt, freundlich und tolerant zu sein. Die römisch-katholische Kirche öffnet die Tore, durch die die Botschaft von Jesus Christus hineindringen kann.

Diese Entwicklung hat dazu geführt, daß viele ihre Furcht verloren haben und das Wort Gottes frei und ungehindert gehört wird. Die Atmosphäre ist von Freiheit und Toleranz gekennzeichnet, und so brauchen sich die Menschen nicht zu fürchten, das Evangelium anzunehmen. Kirchliche Verfolgung und Ächtung sind aufgehoben. Deshalb ist die Reaktion so groß. Dies schließt jedoch nicht von vornherein auch das Wachstum der protestantischen Kirchen in Lateinamerika mit ein.

Ein vierter Faktor ist die allmähliche Durchdringung Lateinamerikas mit der Evangeliumsbotschaft, die von über zwanzig Radiomissionsstationen und zahlreichen Programmen, die über kommerzielle Radiostationen ausgestrahlt werden, ausgeht. Auch das Fernsehen leistet seinen Beitrag. Literaturarbeit und Schallplattenmission üben einen Einfluß aus. Die Wirkung aller dieser Anstrengungen, zu denen noch die der Anwesenheit von Missionaren und evangelikalen Institutionen hinzukommt, kann nicht in Zahlen und Fakten berechnet werden. Trotzdem weist sie eine qualitative Realität auf.

Auf die Verkündigung durch die vereinten Kräfte der Evangelikalen in Lateinamerika kann und sollte man eine Reaktion erwarten. Gott verheißt uns: „Also wird mein Wort sein ... es wird nicht leer zu mir zurückkehren, sondern es wird ausrichten, was mir gefällt, und durchführen, wozu ich es gesandt habe" (Jes. 55,11).

Ein fünfter Faktor ist die interkontinentale Beziehung zwischen Nord- und Südamerika. Sie fördert eine neue Offenheit für Gedanken und Ideale von außen, besonders von Nordamerika her. Lateinamerika entwickelt sich zu seiner völligen Reife, daraus ergibt sich ganz natürlich eine größere Offenheit, Flexibilität und Toleranz.

Diese günstigen Faktoren müssen alle berücksichtigt werden, damit wir nicht die Ehre, die allein Gott gebührt, menschlichen Werkzeugen, genialer Begabung und einem menschlichen Modell zuschreiben.

In seiner souveränen und gnädigen Weisheit hat Gott Evangelism-in-Depth gerade in dieser Zeit entstehen lassen. Und dies war möglich, weil ein Diener Gottes Zeit fand, nach einem neuen Weg zu forschen, für neue Einsichten offen war, den Mut hatte, einen neuen Kurs einzuschlagen, die üblichen Modelle als unzureichend in Frage zu stellen und ein verbessertes Programm zu starten.

TOTALE UND KOOPERATIVE MOBILISATION

Evangelism-in-Depth will die ganze *Gemeinde Jesu Christi* in dem jeweiligen Land für den evangelistischen Vorstoß mobilisieren. Die Gründe für dieses Vorgehen wurden vom theologischen und praktischen Standpunkt aus verteidigt. Manchmal schien diese Verteidigung den Eindruck zu erwecken, als glaube man, sich im Kriegszustand zu befinden, und hat vielleicht mehr beleidigt als gerechtfertigt. Aber Evangelism-in-Depth hat trotzdem auf eine wichtige biblische Lehre und Arbeitsweise aufmerksam gemacht. Wir brauchen deshalb jene Rechtfertigungsschritte hier nicht nachzuzeichnen.

Das Bestreben einer totalen, kooperativen Mobilisation wurde mindestens wegen vier Gründen erschwert:

Erstens war die gegenseitige Verbindung verschiedener Gruppierungen auf dem Missionsfeld noch nie einfach gewesen. Soziale Distanz und physische Hindernisse waren oft im Wege, und eine Höflichkeit, die die Isolierung förderte, führte dazu, daß sich jeder um seine eigene Arbeit und sein eigenes Arbeitsfeld kümmerte. Im Lauf der Zeit wurde dies eine Haltung, eine Mentalität.

Zweitens haben theologische Differenzen Liberale und Konservative, Ökumeniker und Nicht-Ökumeniker auseinandergebracht und zwei Lager mit relativ deutlichen Demarkationslinien entstehen lassen. Nun bilden sich getrennte nationale, kontinentale und interkontinentale Organisationen.

Drittens wurden Völker und Kirchen durch konfessionelle Unterschiede, Betonungen und Programme voneinander isoliert, so daß jeder sein eigenes Programm hat, eigenen Interessen nachgeht und das eigene

Werk vorantreibt. Bestimmte Anweisungen und zeitweise auch Druck vom Heimatland haben die Trennung verstärkt.

Viertens wurden separatistische Tendenzen von Missionaren und separatistische Zwänge Nordamerikas auf die Missionsfelder übertragen und beeinflußten dann die Wirksamkeit der Missionen und die Vorstellungen der einheimischen Mitarbeiter.

Als Folge dieser Tendenzen spiegeln einige Missionsgebiete ein ziemlich erschütterndes Bild der protestantischen und leider oft auch der evangelikalen 'Einheit' in Christus wider. Vereinte Anstrengungen und eine gemeinsame Strategie kamen – selbst unter den Evangelikalen – praktisch nie in Frage. Kooperation wurde als Bedrohung angesehen, als Verletzung seiner Rechte, seiner persönlichen Eigenart und seiner einzigartigen Missionsarbeit.

Das Missionsfeld entsprach der Situation Israels im Buch der Richter: „In jenen Tagen war kein König in Israel; ein jeder tat, was recht war in seinen Augen." Dies traf nicht nur auf die einzelnen Missionare, sondern auch auf die verschiedenen Missionsgesellschaften zu, die der einzelne Missionar im kleinen repräsentierte. Das vergangene Jahrzehnt hat die Einstellungen und Situationen beträchtlich verändert, und die Missionare und Kirchen haben Hoffnung geschöpft. Dies ist jedoch nicht überall so, ist auch nicht einheitlich und wird auch nicht von allen begrüßt. Manche glauben, dagegen angehen zu müssen.

Um das Vorgehen von Evangelism-in-Depth inmitten solcher Schwierigkeiten und Konflikte verstehen zu können, müssen wir einige Faktoren beachten:

1. Evangelism-in-Depth bestand niemals darauf, daß alle Kirchen mitarbeiten oder zur Mitarbeit eingeladen werden müßten. Auf der anderen Seite fiel Evangelism-in-Depth nie in einen engen Separatismus.
2. Die Entscheidung darüber, wer für die Kooperation in Frage kommt, wird von den Missionaren und nationalen Kirchen des Landes getroffen, in der Evangelism-in-Depth durchgeführt werden soll. In den ersten Ländern wurden alle Mitglieder der Evangelischen Allianz des Landes eingeladen. Später (in Bolivien und darnach) entschied ein Glaubensbekenntnis, das vom verantwortlichen nationalen Komitee aufgestellt wurde, über die Eignung.
3. Evangelism-in-Depth ist es in keinem Land gelungen, alle Kirchen zu beteiligen und sämtliche Protestanten mobil zu machen. Der Erfolg in der Beteiligung der verschiedenen Kirchen war außerordentlich: die Zahlen bewegen sich zwischen 65 und 85 Prozent. Bis zu 75 Prozent der erwachsenen Männer der mitarbeitenden Kirchen und Gemeinden wurden mobilisiert und geschult. Der hohe Prozentsatz der Beteiligung geht auf den hohen Prozentsatz evangelikaler Mis-

sionen in Lateinamerika, die evangelistische 'Stimmung' und die Anziehungskraft, die Evangelism-in-Depth ausübte, zurück. In meinen Untersuchungen schenkte ich den Auswirkungen der Kooperation besondere Beachtung, da dieser Punkt für viele von besonderer Bedeutung war. Ich kam zu folgenden Ergebnissen:

Kein Pastor hatte das Gefühl, daß er oder seine Gemeinde durch eine solche Kooperation theologisch, geistlich oder moralisch Schaden genommen hätte.

Kein Pastor hatte das Gefühl, daß seine Loyalität oder die seiner Gemeinde in der eigenen Denomination geschwächt worden wäre.

Kein Pastor hatte das Gefühl, daß seine Haltung oder die seiner Gemeinde gegenüber dem theologischen Liberalismus oder der ökumenischen Bewegung geschwächt oder sonst beeinflußt worden wäre.

Die meisten Pastoren waren der Überzeugung, daß ihr Leben und ihr Dienst durch die Gemeinschaft und die Kooperation bereichert wurden und ihre Gemeinden davon profitierten.

Die meisten Pastoren waren der Überzeugung, daß die Durchführung des Programms etwas vom Großartigsten war, das je in ihrer Stadt passiert, daß sie eine eindrucksvolle Demonstration der Einheit der Evangelikalen in Jesus Christus und in der Sache der Evangelisation war.

Die meisten Pastoren (über 90 Prozent) würden sich mit Begeisterung wieder zu einem ähnlichen evangelistischen Vorstoß zusammenfinden.

Die Frage der Zusammenarbeit bedarf einer ernsthaften und leidenschaftlichen Untersuchung. Nur der Heilige Geist weiß, wann Kooperation ratsam und für den Erfolg erforderlich ist. Es scheint nicht weise zu sein, ein Prinzip daraus zu machen, an dem um jeden Preis festzuhalten ist. Es ist aber auch nicht biblisch, es rundweg abzulehnen und jegliche Kooperation zurückzuweisen. Die Bibel spricht sowohl von der Einheit im Geist und der Zusammenarbeit im Dienst als auch von Trennung und Verweigerung der Zusammenarbeit. Es ist unmöglich, eine allgemeine Regel aufzustellen.

Kapitel 14

EVANGELISM-IN-DEPTH UND GEMEINDEWACHSTUM

Nun kommen wir zu einem der verblüffendsten Teile meiner Untersuchungen.

Evangelism-in-Depth gibt folgende Zahlen für die Bekehrungen an:

Nicaragua	—	2.604	Costa Rica	—	3.153
Guatemala	—	20.000	Venezuela	—	17.791
Bolivien	—	19.212	Dominikanische		
			Republik	—	11.800
Peru	—	25.000	Kolumbien	—	22.000

Das sind eindrucksvolle Zahlen. Es gibt keinen wirklichen Grund, der uns veranlassen könnte, die Korrektheit der Registrierung anzuzweifeln, vor allem dann nicht, wenn wir diese Zahlen mit den Ergebnissen, die andere Bewegungen in Lateinamerika erzielten, vergleichen. Vergleichbare Zahlen werden von den Assemblies of God, den Southern Baptists und Overseas Crusades nach ihren Kreuzzügen angegeben. Lateinamerika hat Gebiete und Menschenmassen, die weiß zur Ernte sind. Wir müssen die Sichel anlegen, um große Mengen für unseren Herrn einzubringen. Wir können diese Angaben mit guten Gründen als zuverlässig ansehen.

Nun stellt sich allerdings mit Recht die Frage, was diese Zahlen in bezug auf das Gemeindewachstum aussagen. Werden die Gemeinden durch Evangelism-in-Depth vergrößert und vervielfacht? Wir würden dies wohl für selbstverständlich halten. Trotzdem ist es so, daß sich aus den verfügbaren Berichten und Statistiken keine nennenswerte, plötzliche und meßbare Beschleunigung des Gemeindewachstums in den meisten Gemeinden von Costa Rica, Guatemala, Venezuela und Bolivien in den Jahren nach den Kreuzzügen ablesen läßt, wenn auch einige bis dahin stagnierende Gemeinden von einem erhöhten und regelmäßigeren Gottesdienstbesuch ihrer Mitglieder berichteten und einige isolierte Gemeinden weiterhin stärker anwachsen.

Natürlich beweist dieser Tatbestand nicht endgültig, daß während der Durchführung von Evangelism-in-Depth oder in den Jahren danach keine Steigerung des Gemeindewachstums stattgefunden hätte. Es ist eine deprimierende Tatsache, daß viele Missionen und Gemeinden keine Berichte vorzulegen haben. Viele sprechen begeistert von großen Erfolgen, was immerhin auf Tatsachen beruhen kann.

Doch sie sind nicht in der Lage, einen objektiven Beweis zu erbringen. Es können auch neue Gruppen entstanden sein, wie z. B. in Guatemala. Diese können möglicherweise eine große Anzahl von Neubekehrten aufgesogen und andere Gemeindeglieder abgeworben haben. Dies war bei den Baptisten in Brasilien der Fall.

Einige Gemeinden in Venezuela, die mit der Evangelical Alliance Mission in Verbindung stehen, berichten von einem Anwachsen. Von einer rascheren Entwicklung berichten auch die freie Methodistenkirche und die Missionary Church Association der Dominikanischen Republik. Doch ist darauf hinzuweisen, daß sich dies in den Jahresstatistiken dieser beiden Kirchen nicht niedergeschlagen hat. Man sieht keine Beschleunigung, auch kann man keine Zunahme feststellen.

Dieser Tatbestand wird auf die Auswirkungen von Emigrationen und Verschiebungen in der Bevölkerung zurückgeführt, die eine Folge der Revolution und der anhaltend unstabilen Lage sein sollen. Aufgrund dieser Fakten ist es unmöglich, die wirkliche Wachstumsrate auf einer wissenschaftlichen Basis zu ermitteln. Auch die World Gospel Mission von Honduras spricht von einer merklichen Zunahme des Gemeindewachstums, ist aber ebenfalls nicht in der Lage, Berichte vorzulegen, welche die Behauptungen beweisen könnten. Man hat nur 'Zeugnisse' und 'Schätzungen'. Es ist offensichtlich, daß in dieser verblüffenden Angelegenheit eine große Ungleichheit und Unbestimmtheit besteht. Für den Forscher ist dies schmerzlich.

Im Blick auf die oben erwähnten Zahlen und die Angaben anderer Bewegungen ist noch eine wichtige Feststellung zu machen. Um dem Verlauf der Geschichte und dem Gemeindewachstum gerecht zu werden, genügt es nicht nur, hohe Zahlenangaben zu machen und erstaunliche Statistiken zu veröffentlichen. Als solche sagen sie überhaupt nichts über Effektivität oder Ineffektivität eines Evangelisationsprogrammes oder über irgendeine andere Anstrengung aus. Sie geben nur an, was geschehen ist. Wir müssen untersuchen, wieviele Bekehrungen in den Jahren vor und in den Jahren nach den Kreuzzügen stattfanden, damit wir die statistischen Ergebnisse der Bewegung richtig bewerten können.

Zu diesem Zweck begann ich die Statistiken des Jahres 1957 zu untersuchen und setzte dies bis in das Jahr 1967 fort. Einschließlich der Berichte der verschiedenen Denominationen über ihr jährliches Gemeindewachstum hatte ich die Statistiken von fast tausend Gemeinden zusammenbekommen. Weil viele Missionen und Gemeinden keine genauen Statistiken aufstellen und sich ständig neue Gruppen bilden, sind auch die besten Berichte nur relativ. Trotzdem zeigen sie den Trend.

Eine vergleichende Untersuchung der verfügbaren Statistiken zeigt, daß die Bekehrungen, die in den Jahren vor Evangelism-in-Depth stattfanden, zwischen 65 und 78 Prozent der Ergebnisse von Evangelism-in-Depth ausmachen. Man kann mit Sicherheit annehmen, daß ein Durchschnitt von 72 Prozent der Bekehrungen auch ohne den Einsatz von Evangelism-in-Depth stattgefunden hätte, mit anderen Worten – ungefähr 28 Prozent der obigen Zahlen sind das Ergebnis des Programmes von Evangelism-in-Depth. In einigen Fällen blieben in den Jahren nach dem Kreuzzug die Bekehrungen und Beitritte hinter denen der vorausgegangenen Jahre zurück, dies weist auf die Tatsache hin, daß der biologische 'Vorrat' an Bekehrten und Sympathisanten der Evangelikalen um ein oder zwei Jahre wegen der intensiven Kampagne des Jahres mit Evangelism-in-Depth früher ausgeschöpft worden war.

Dies machte anscheinend drei bis fünf Prozent aus. Wenn wir vier Prozent als Durchschnitt nehmen, müssen wir diese von den 28 Prozent abziehen. So kommen wir zu 24 Prozent.

Somit wäre es richtiger, die Zahlen folgendermaßen aufzuführen:

	Bekehrungen	*Nettozuwachs*
Nicaragua	– 2.604	624
Guatemala	– 20.000	4.800
Bolivien	– 19.212	4.608
Peru	– 25.000	6.000
Costa Rica	– 3.153	756
Venezuela	– 17.791	4.280
Dominikanische Republik	– 11.800	2.832
Kolumbien	– 22.000	5.280

Wenn so die obenstehenden Zahlen auch beträchtlich reduziert werden, so ergeben sie trotzdem eine gute, gesunde Erfolgsliste. Jede Bewegung, die einen Nettozuwachs von zehn bis fünfzehn Prozent aufweisen kann, gilt in jeder Beziehung als achtbar, gesund und stark. So fällt kein Schatten auf Evangelism-in-Depth.

Das Problem wird jedoch dann akut, wenn wir vor der verblüffenden Tatsache stehen, daß ein vergleichbares Ansteigen der Mitgliederzahlen nicht nachweisbar ist. Als ich feststellte, daß sich Evangelism-in-Depth anscheinend nicht in einem substantiellen, merklichen Gemeindewachstum niederschlägt, war ich zuerst beunruhigt, dann bekümmert, und jetzt ist es für mich ein Anlaß zu tiefer, fortgesetzter Sorge.

MÖGLICHE GRÜNDE FÜR DAS AUSBLEIBEN DES GEMEINDEWACHSTUMS

Ich bin nicht in der Lage, diese Schwierigkeit dogmatisch genau zu bestimmen. Ich kann nur auf einige mögliche Faktoren zur Erklärung dieser unwillkommenen Tatsache hinweisen, die Evangelism-in-Depth zwar nicht völlig entlasten, aber doch auf Umstände hindeuten, die Evangelism-in-Depth nicht oder kaum beeinflussen kann. Folgende Faktoren sind für mich sichtbar:

1. *Eine unvollständige geistliche Erfahrung.* Darunter verstehe ich eine Erfahrung, die nicht zu einer geistlichen Wiedergeburt und Erneuerung führt. Die Ursachen können in einer oberflächlichen Zustimmung zur Wahrheit, einer konfusen Motivation oder in einer unzureichenden Kenntnis des Evangeliums liegen.

Erstens besteht die Möglichkeit, den Begriff der Bekehrung so weit zu fassen, daß man schließlich nichts weiter darunter versteht als die Beipflichtung zu den dargelegten Tatsachen und Wahrheiten. Wenn man alle zählt, die auf irgendeine Art und Weise der Botschaft oder dem Zeugnis beipflichten, würde die Anzahl der Bekehrungen rapide zunehmen.

Zweitens besteht die Möglichkeit einer konfusen Motivation. Dieser Faktor ist wahrscheinlicher als der eben erwähnte, denn während die Menschen in ihrer Reaktion auf die Aufforderung, sich zu bekehren, zwar aufrichtig sein mögen, ist doch ihre Motivation unklar. Sie machen vielleicht eine psychologische oder soziologische Erfahrung, ohne eine geistliche Wiedergeburt zu erleben. Eine Untersuchung dieses Problems führte mich zu einer groben Klassifizierung der Reaktionen der Menschen in Lateinamerika. Die Suchenden, die immerhin alle ein wirkliches Potential für die evangelikalen Kirchen darstellen, lassen sich zum Zeitpunkt ihrer Reaktion ungefähr in vier Gruppen einteilen:

a) Manche bringen durch ihre Reaktion auf eine Aufforderung den Protest gegen ihre frühere Religion zum Ausdruck. Sie sind im wörtlichen Sinne 'Protestanten'.

b) Manche haben den starken Wunsch und das Verlangen nach einer sozialen und kulturellen Identifikation mit einer starken und auffallenden Persönlichkeit, in diesem Fall mit dem Evangelisten. Der Personenkult ist in Lateinamerika ein aktuelles, großes Problem. Er ist zwar nicht gänzlich schlecht und total verwerflich, aber doch voller Gefahren.

c) Manche sind empfänglich durch ein starkes Gefühl der Unvollkommenheit, der Not und Leere in ihrem Leben. Sie haben weder die Einsicht noch die Fähigkeit, sich selbst zu analysieren und ihre Not zu identifizieren. Sie empfinden lediglich einen Mangel und suchen nach Frieden, Freiheit und Vergebung, obwohl diese Vorstellungen zum größten Teil kaum klar ausgeprägt sind. Die Last eines schuldigen und anklagenden Gewissens und der Hunger ihres Herzens treiben sie, Realität zu suchen.

d) Die vierte und bei weitem die größte Gruppe, in der Tat die Mehrheit, reagiert auf die Einladung, zu Jesus zu kommen, aus dem bestimmten Verlangen heraus, in Jesus Christus ein neues Leben und Erlösung zu bekommen. Die meisten dieser Menschen kamen mit dem Evangelium entweder durch das Radio, christliche Literatur oder das Zeugnis einiger Christen in Kontakt, vielleicht auch durch einen gläubigen Freund oder Verwandte. Der Heilige Geist benutzte diese dürftige Kenntnis, ein Verlangen nach Erlösung wachzurufen. Wenn sie dann die Botschaft des Evangeliums erreicht, folgen sie der Einladung.

Die drei ersten Gruppen von Suchenden sind zwar potentielle Gläubige, viele werden jedoch für die Gemeinde verloren sein, wenn man sie nicht aufsucht und sich persönlich um sie kümmert. Die vierte Gruppe sind die, die sich augenblicklich bekehren.

Drittens resultiert die mangelnde Kenntnis des Evangeliums in einer 'Vorbehandlung', anstatt in einer wirklichen Wiedergeburt. Bloße Erleuchtung und Überzeugung werden allzu oft als Bekehrung angesehen. Statt daß man nun dies als Zustand der Bereitschaft sieht, der für das Evangelium erfolgreich ausgenutzt und zu einem sicheren Abschluß gebracht werden muß, bezeichnen wir ihn als Christen. Die Arbeiter im Weinberge Gottes müssen viel mehr bereit sein, den größten und heiligsten wie auch verantwortungsvollsten Dienst auszuführen, wenn sie nicht nur säen, sondern auch ernten wollen.

2. *Eine schlecht vorbereitete und nicht einsetzbare Gemeinde.* Die meisten Gemeinden sind für den wichtigen Dienst der Nacharbeit schlecht vorbereitet, der für das Wachstum der Gemeinde nach erfolgreichen evangelistischen Feldzügen eine der wichtigsten Voraussetzungen ist. Die Schwierigkeiten auf diesem Gebiet sind in Lateinamerika ungeheuer. Die Gemeinden sind nicht darauf vorbereitet, sich um einen beträchtlichen Zustrom von neuen und vielleicht sozial erschütterten und losgelösten Menschen zu kümmern. Diese Menschen bleiben draußen und sind dem Schicksal hilflos preisgegeben. Der Mangel an konsequenter Nacharbeit und/oder das Versagen derselben sind ein Hauptfaktor für den ausbleibenden Gemeindezuwachs.

Das viel ernstere Problem besteht jedoch darin, daß die Menschen nicht nur für Jesus gewonnen, sondern auch in die Gemeinde gebracht werden sollen. Die *Gemeindestruktur*, die in den vergangenen Jahrhunderten im Westen entwickelt und ausgebildet und nur mit geringen Veränderungen auf die Missionsfelder verpflanzt wurde, scheint in der heutigen Welt antiquiert und überholt zu sein. Diese Tatsache ist in zahlreichen Ländern mit der Zeit eines der alarmierendsten und zugleich herausforderndsten Phänomene christlicher Missionsarbeit. Im allgemeinen ist eine große Bereitschaft vorhanden, positiv auf die Verkündigung des Evangeliums zu reagieren, und zugleich besteht eine fast ebenso große Verachtung gegenüber der Kirche, abgesehen von der Gemeinschaft am Sonntagmorgen und sozialen Zusammenkünften.

Es scheint, daß daran mehr Soziologie und Psychologie als die Theologie beteiligt sind. Dies ist eine unbewußte Reaktion — viele haben zu lange schon in einer hochstrukturierten, kirchlichen Religion gelebt. Sie fürchten eine neue Versklavung. Andere halten die Religion für den einzigen Fluchtweg aus einer eng strukturierten sozialen und wirtschaftlichen Ordnung und einem dementsprechenden Leben, wo sie nur ein kleines Rädchen in einer großen Maschinerie waren. Sie werden einer strukturierten Kirche nicht formell beitreten, weil sie einfach nicht nur ein weiteres Mitglied werden wollen.

Wir müssen unsere Gemeindekonzeption neu überdenken. Werden wir von Strukturen und Funktionen regiert? Dies ist eine entscheidende Frage, die wir realistisch beantworten müssen. Die Menschen halten nach einem dynamischen Funktionalismus Ausschau und verabscheuen einen statischen Strukturalismus, mag er eine noch so majestätische Form haben.

3. *Der Typus der evangelistischen Kampagne.* Ich bin mir der Betonung bewußt, die Evangelism-in-Depth auf die Lokalgemeinde legt. Das Prinzip ist 'Mobilisation im Rahmen der Lokalgemeinde' und 'Mobilisation durch örtliche Leitung'. Dies sind zwei wichtige Prinzipien. Nun scheint jedoch das Programm von Evangelism-in-Depth etwas zu enthalten, das das Ziel der Lokalgemeinde verfehlt.

Die Southern Baptists wie auch die Assemblies of God haben augenscheinlich mehr Erfolg bei der Integrierung der Neubekehrten in ihre Gemeinden. Dr. Freeman, der geschäftsführende Sekretär für Evangelisation der Texas Baptist Convention und ein glühender Befürworter und Teilnehmer der großen Kreuzzüge in Japan und Brasilien, wies darauf hin, daß vielleicht die Reihenfolge der Kampagnen mit diesem Problem etwas zu tun haben könnte. Anstatt die Serie mit einem nationalen Kreuzzug abzuschließen, beginnt man mit solchen Aktionen und konzentriert sich von hier aus auf die Menschen in den Lokalgemeinden, indem der Feldzug in gleichzeitigen Kampagnen in den Lokalgemeinden gipfelt. Es wird nicht von unten nach oben, sondern von oben nach unten gebaut, nicht von der Lokalgemeinde weg, sondern auf sie zu.

Evangelism-in-Depth sollte diese und damit zusammenhängende Fragen gründlich untersuchen. Die Sache ist zu ernst, als daß man sie als irrelevant fallenlassen könnte. Die schockierende Tatsache bleibt, daß die Gemeinden im allgemeinen ihre Zuwachsrate nicht beschleunigen. Wenn wir uns mit dem qualitativen Beitrag, den Evangelism-in-Depth leistet, trösten und auf ein vergleichbares quantitatives Wachstum keinen Wert legen, geraten wir wieder in die alten Geleise, wo der

Grundsatz galt: „Wir leisten gute Arbeit, auch wenn wir nicht wachsen."
4. *Die neue religiöse Atmosphäre Lateinamerikas.* Wenn wir an die nachlassende Opposition Roms denken, an die traditionelle Bedeutung des Gebets im Katholizismus, die neue Betonung der Bibellektüre, die Entstehung von Hauskreisen zum Bibelstudium, die Ermutigung durch Gemeinschaftsgruppen und an die Förderung sozialer Reformen und Wohltätigkeitsprogramme, dann ist es klar vorauszusehen, daß immer weniger der Neubekehrten die kulturelle Versetzung und die sozialen Unannehmlichkeiten auf sich nehmen werden, die ein Austritt aus der römisch-katholischen Kirche und der Anschluß an eine evangelikale Einrichtung mit sich bringt. Sie glauben, durch persönliche Andacht und Hingabe, durch Radiobotschaften, christliche Literatur und durch gelegentliche Gottesdienstbesuche geistlich überleben zu können.

Alle diese Faktoren müssen berücksichtigt werden, bevor wir über die enttäuschende Tatsache ein Urteil abgeben, daß trotz energischer Anstrengungen, Opfer und scheinbarem Erfolg das allgemeine Gemeindewachstum nicht in dem Maße beschleunigt wird, wie wir hoffen und wünschen. Wir sollen nicht mit Fingern aufeinander zeigen, sondern alle Faktoren prüfen und eine Lösung für dieses schwierige Problem suchen.

Kapitel 15

EVANGELISM-IN-DEPTH UND BESTÄNDIGE EVANGELISATION

Evangelism-in-Depth ist eine einjährige Schule der Evangelisation, deren höchst bedeutsames Nebenprodukt die Schulung von Leitern ist. Die Verantwortlichen von Evangelism-in-Depth hegen die aufrichtige Erwartung, daß durch diese Erfahrung in den beteiligten Gemeinden ein Eifer für die Evangelisation entwickelt wird, daß die Schulung der Leiter und der Laienchristen das Jahr überdauern und in der Gemeinde als dynamische Lebens- und Funktionsweise fortbestehen wird, auch daß die neue Methode und Strategie der Gemeinde einen neuen und effektiveren Weg zum Wachstum und zur Vermehrung zeigt. Man hofft von Herzen, daß am Ende des Jahres die beteiligten Missionen, Gemeinden und Kirchen einen neuen 'Lebensstil' entwickelt haben.

Wie gut die Gemeinden diese Lektionen lernen, hängt von Faktoren wie Lernbereitschaft, Flexibilität, fester Absicht und Entschlossenheit zum Wachstum und zur Vermehrung und der Kooperation in einer schlagkräftigen Einheit ab.

Eingehende Untersuchungen verschiedener Missionen und Missionsgebiete lassen unzweifelhaft erkennen, daß die einjährige Evangelisationsschulung nicht vergeblich war und einige wirklich etwas lernen.

Die anhaltende Anwendung von Evangelism-in-Depth durch die Free Methodists in der Dominikanischen Republik ist ein Beispiel, daß die Lektionen tatsächlich begriffen werden können. Man schreibt dies dort der einjährigen Erfahrung mit Evangelism-in-Depth im Jahre 1965 zu.

Pastor Virgilio Zapata von Guatemala wies nachdrücklich darauf hin, daß die 'Campana Nacional de Evangelismo' von 1968 ohne die Lehren, die man aus dem einjährigen Kreuzzug von Evangelism-in-Depth 1962 erfahren hatte, in Guatemala undenkbar gewesen wäre. Ihre Verantwortlichen wären nicht in der Lage gewesen, einen so großartigen Plan aufzustellen und eine derartige Strategie zu entwerfen, auch wären sie außerstande gewesen, die Kooperation und Unterstützung von ungefähr tausend Leitern und Gemeinden zu erlangen.

Es ist höchst unwahrscheinlich, daß die erfolgreichen Kreuzzüge der Central American Mission, die in ganz Mittelamerika durchgeführt wurden, ohne die Stimulierung durch Evangelism-in-Depth und die durch dieses Programm gemachten wertvollen Erfahrungen diese Struktur und diese Stoßkraft gehabt hätten. Die Mennonitengemeinden von Honduras kopieren Evangelism-in-Depth und zeichnen für ein Programm mit dem Slogan 'Evangelikaler Vorstoß' verantwortlich. Dies ist wirklich ausgezeichnet und die Wahl des Slogans sehr geeignet.

Ungefähr 96 Prozent der einheimischen Pastoren, die interviewt wurden oder brieflich antworteten, sind von dem Programm begeistert. Sie wären bereit, Evangelism-in-Depth sofort ein zweites Mal durchzuführen, und einige beten ernsthaft dafür. Zumindest wurde das Verständnis und ein Verlangen nach der Evangelisation geweckt. Dies ist allein schon eine ungeheure Leistung für die Missionsarbeit und das Gemeindewachstum. Es kann der Beginn einer neuen Zeit sein. Evangelism-in-Depth sollte vielleicht ernsthafter, konkreter und kreativer an Wiederholungen der Kreuzzüge in Lateinamerika denken.

Trotzdem bleibt die quälende Frage, warum Evangelism-in-Depth sich nicht in eine ständige Bewegung verwandelt. Wir hatten es erhofft und dafür gebetet — es ist ja das Ziel einer erfolgreichen einjährigen Evangelisationsschulung. An der Schriftgemäßheit der Prinzipien des Programms (so weit sie sich erstrecken), der Zeitgemäßheit der Modelle des Programms, der gesunden Methodologie und den brauchbaren Mitteln des Programms sowie an der ehrlichen Motivation der für das Programm verantwortlichen Männer besteht kein Zweifel. Indes zweifle ich, ob die Anwendung der Prinzipien brauchbar und weise vor sich geht. Einige Faktoren, die das Programm in sich schließt, scheinen der Entwicklung von Evangelism-in-Depth zu einer beständigen Bewegung hin entgegenzuwirken.

1. *Das Programm ist im Blick auf seinen Schwung, seine Anforderungen und seine Propagierung zu ermüdend.* Die emotionale Kapazität der Menschen wird bis zum äußersten aufgebraucht, und man kümmert sich nicht um Mittel und Wege, diese zu erneuern, damit Menschen und Gemeinden bis zum Schluß frisch bleiben. So scheint man sich irgendwie auf das Ende zu freuen.

Missionare und Pastoren haben zu oft auf diese Tatsache hingewiesen, die deshalb nicht einfach außer acht gelassen werden kann. Ich vertrete zwar keine 'gemächliche' Evangelisation, falls es so etwas gibt, aber eine Überforderung kann zermürbend, entmutigend und niederschmetternd wirken. Das Leben Christi, das Beispiel des Apostels Paulus und die ganze Heilige Schrift machen meiner Meinung nach deutlich, daß ein geistliches Dienen, das unter der Leitung des Heiligen Geistes geschieht, den Diener auch dann erfrischt und erneuert, wenn es ihn ermüdet. Es wird ihn nicht auslaugen, sondern kräftigen.

Ich mache nun allerdings nicht den Vorwurf, daß die Arbeit 'im Fleisch' und nicht 'im Geist' getan wird. Ich weise nur auf die Tatsache hin, daß relativ wenige dauernd dabeibleiben. Pastor A. M. Sluyter faßt seine Erfahrung folgendermaßen zusammen:

Ich bin davon überzeugt, daß das Programm als ganzes nicht nur Menschen zur Gemeinde hinführt, sondern auch Laienchristen dazu gebracht hat, Dienste zu übernehmen, die schwer vernachlässigt worden waren. Auf der anderen Seite glaube ich, daß das Programm, wie so viele intensive Programme, seine Schwächen hat. Die konzentrierten evangelistischen Aktionen durch das ganze Jahr hindurch waren erstens so intensiv, daß die Gemeinde, als alles vorüber war, sich ausruhte, die Atempause genoß und froh war, daß nicht jeden Abend irgendwelche Veranstaltungen stattfanden. Doch war auch dies keine Zeit der Ruhe, da die Nacharbeit und Besuche der am Evangelium Interessierten Priorität haben sollten. So ging viel Frucht verloren, da die Gemeinden entweder für eine intensive Nacharbeit nicht genügend vorbereitet oder im anderen Fall zu müde oder zu beschäftigt waren, um sie wirklich durchzuführen.[1]

2. *Die Rolle der von außen kommenden Koordinatoren läßt nach dem Kreuzzug ein Leitervakuum zurück.* Ich weiß um die Bedeutung von Koordinatoren, wenn die Arbeit planmäßig, systematisch und ausdauernd durchgeführt werden soll, so daß niemand überlastet oder übersehen, kein Gebiet und kein Bereich überbetont und niemand vernachlässigt wird. Keine Organisation kann ohne Koordination richtig und erfolgreich funktionieren. Und in jedem Programm braucht man Ratschläge, Gutachten und Hilfe. An wen sollen wir uns sonst wenden, wenn nicht an den Experten?

Soll aber der Experte ein Außenstehender, ein 'Import' sein? Soll er für die Einführung (nicht notwendigerweise die Leitung), Propagierung und Beaufsichtigung der Arbeit 'angeworben' werden? Ist seine Anwesenheit wirklich wünschenswert und gut? Bis jetzt war es so, daß kein Land die Lücke schließen konnte, die durch seinen Weggang entstand. Die Leiter der Länder, in denen Evangelism-in-Depth arbeitete, wie auch viele Pastoren, haben dies bisher immer bestätigt.

In den sieben ersten Ländern läßt sich keine allgemeine Kontinuität feststellen. Wenn das Team der Koordinatoren das Land verließ, zog auch Evangelism-in-Depth mit weg. Die Kontinuität war immer nur fragmentarisch und sporadisch. Das Team führt einen Kreuzzug herbei und setzt seinen Namen unter die Bewegung. Das Team ist natürlich nötig, da die Prinzipien von Evangelism-in-Depth nicht hinreichend genug bekannt sind. Dann macht auch die hochstrukturierte Form des Programms die Koordination notwendig.

Evangelism-in-Depth hat eine gründliche biblische Basis; deshalb hätten schon 1966 Vertreter und Berater von Evangelism-in-Depth in Kolumbien sein müssen, um seine Prinzipien und Grundsätze den kolumbischen Gemeinden und Missionsleitern mitzuteilen. Da dies nicht geschah, sah man mehr die Maschine als die Kraft, die dahintersteckte.[2]

3. *Mit der Anwesenheit der Koordinatoren eng verbunden ist die Atmosphäre einer messianischen Erwartung.* Die Ursache hierfür ist schwer zu ermitteln. Ich kann die Verantwortung nicht einfach den Koordinatoren in die Schuhe schieben. Meines Wissens sind sie nicht bestrebt, im Zentrum zu stehen oder die Aufmerksamkeit auf sich zu ziehen. Trotzdem ist eine Art messianischer Erwartung nur zu deutlich zu beobachten. Irgendwie sind Evangelisation und Erweckung in Lateinamerika nicht mehr spontan. Sie sind ganz in einem Namen, einem Programm und einem Team aufgegangen – genau den Faktoren, die Evangelism-in-Depth abschaffen will. So wird gerade die Grundlage für eine Weiterführung zerstört.

Ich weiß um die Bedeutung der 'Erwartung' und bin der letzte, der sie verurteilen wollte. Aber selbst Erwartung und Hoffnung können anomal werden und zu Desillusionierung, Enttäuschung oder einem abrupten Ende führen. Und in der Mehrzahl der Gemeinden scheint sich in bezug auf das Programm von Evangelism-in-Depth das letzte zu bewahrheiten.

4. *Die zeitliche Koordinierung des nationalen Feldzugs tendiert dazu, der Gesamtanstrengung die Luft zu nehmen.* Der nationale Feldzug ist in dem Jahresprogramm und im Leben der Evangelikalen des betreffenden Landes ein bedeutendes Ereignis. Die Einheit und Stärke, die der Bekenntnismarsch demonstriert, die Herausforderung der ganzen Stadt und die Gelegenheit, die er der Bevölkerung bietet, das Evangelium zu hören, sind von großer Tragweite. Die Auswirkungen sind beispiellos – weder die Evangelikalen noch die Stadt werden im Blick auf das Evangelium und den Protestantismus dieselben Gefühle oder dieselbe Einstellung haben.

Durch diese Feldzüge wurden auch viele zu Jesus geführt. Zeitungen, Radio und andere Massenmedien haben geholfen, den Evangelikalismus bekannt und populärer zu machen. Die Ordnung der Protestanten wurde öffentlich gerühmt. Dies alles dient dem Evangelium und den evangelikalen Kirchen. Im Blick auf den nationalen Feldzug als solchen habe ich keinen Vorbehalt.

Meine Frage betrifft den Zeitpunkt einer solchen Kampagne. Ist es gut, daß sie den Höhepunkt des Jahresprogrammes bildet? Bedeutet ein solcher Höhepunkt nicht fast notwendigerweise das Ende des Programmes? Dies ist zweifellos ein einschneidender und bestimmender Faktor, auch wenn das Expertenteam vielleicht etwas anderes hofft, sagt oder wünscht.

Wir brauchen neue, sorgfältige Untersuchungen der Möglichkeit, das bestimmte, unbewußte Gefühl, dieser Feldzug stelle das Ende des Programms dar, zu verhindern und auszuschalten, ohne zugleich die Begeisterung für die Evangelikalen und die Sache des Evangeliums zu vermindern. Gegenwärtig bildet der nationale Feldzug einen großartigen Abschluß und das Ende eines Programms, von dem man nicht erwartet, daß es fortgeführt und zu einem integralen und integrierten Teil der Bewegung und des Lebens der Evangelikalen wird.

Kapitel 16

ZUSAMMENFASSUNG UND VORSCHLÄGE

Ich habe oben einige klar umrissene Definitionen zitiert, die die Ideale des Gründers und der gegenwärtigen Verantwortlichen von Evangelism-in-Depth zum Ausdruck bringen. Theoretisch pflichtet der gegenwärtige Mitarbeiterstab den ursprünglichen Idealen bei, aber praktisch besteht doch eine nicht geringe Abweichung.

Ob diese Abweichung das Ergebnis von kluger Berechnung, fehlendem Weitblick und Austausch von Überzeugungen oder der Unfähigkeit der Verantwortlichen und der Koordinatoren ist, die Ideale weiterzugeben, oder das Ergebnis von Zeitdruck und widrigen Umständen und der mangelnden Fähigkeit der beteiligten Gemeinden, die Prinzipien der Evangelisation in die Tiefe im Gegensatz zur Evangelisation in die Breite zu erfassen — wie die Gründe auch immer lauten mögen, die Tatsache bleibt doch bestehen, daß Evangelism-in-Depth seine Ideale nicht voll erreicht, beziehungsweise sich von ihnen entfernt.

Ich sehe Evangelism-in-Depth als

1. erweckliches Programm mit riesigen Dimensionen. Es half, zahlreiche Gemeinden und einzelne Gläubige neu zu beleben und vermittelte ihnen eine neue geistliche Vision und Dynamik. So lautet der einmütige Bericht von einigen hundert Missionaren, einheimischen Pastoren und Gemeindeleitern, mit denen wir persönlich oder brieflich Kontakt hatten. Dies ist ein bemerkenswertes Zeugnis von reichen Segnungen.
2. 'Säprogramm' beispiellosen Ausmaßes, wie die Statistiken von Gottesdiensten, Hausbesuchen und Literaturverbreitung unbestreitbar zeigen. Die Gemeinden müssen auf die Tatsache aufmerksam gemacht werden, daß das 'Ernten' in den Jahren nach dem einjährigen Kreuzzug fortgesetzt und beschleunigt werden muß. Die 'Haupternte' folgt dem Jahresprogramm, wo man mindestens so viel sät wie man erntet.
3. Schulungsprogramm mit einem unschätzbaren Wert für die Gemeinden und für die Gläubigen. Fast alle Gemeinden bezeugen dies. Diese Schulung muß jedoch nutzbar gemacht und nach dem Kreuzzug über mehrere Jahre hinweg weiter gefördert werden.
4. einjährige Gebetsschulung, die unterstützt, belebt und fortgesetzt werden muß, wenn die Dynamik und der Eifer der Gemeinde nicht nachlassen sollen.

5. radikalen Versuch, das biblische Konzept der wahren Jüngerschaft und des Priestertums aller Gläubigen in einer einmaligen Perspektive mit völligerem Ernst zu erkennen und zu praktizieren. Dazu dient die tatsächliche und praktische Mobilisierung und Beteiligung des einzelnen Gläubigen in systematischem, gemeinsamem Gebet, im Zeugendienst und in evangelistischen Kreuzzügen. Hier liegt wohl auch *der* theologische Angelpunkt. Deshalb fühlte sich der Autor seit dem Beginn seiner Bekanntschaft mit der Bewegung bezüglich ihrer Prinzipien, abgesehen von der Betonung der Organisation, wie zu Hause. Ich habe diese Prinzipien mindestens schon seit zwanzig Jahren in meinen Kursen über Prinzipien und Praxis der Missionsarbeit gelehrt. Ich hatte es jedoch unterlassen, sie in den Mittelpunkt zu rücken. Auch sah ich nicht Wert und Stärke der Organisation und kannte kein Durchführungsmodell.
6. Programm, das die Gemeinde auf das dringende Bedürfnis einer feurigen, beständigen und uneingeschränkten Evangelisationsarbeit einstellt und die Aufmerksamkeit und Energie der Gemeinde von sich weg auf die Welt richtet. Es vermittelt der Gemeinde eine wahre biblische Perspektive und bringt einen Entwurf des Gemeindelebens, der die Evangelisation ausdrücklich zur Hauptaufgabe und zum wichtigsten Auftrag der Gemeinde macht.
7. technisches Programm mit einer starken Betonung von Organisation, Kooperation, Zeitplan und Strategie. Dieser technische Aspekt ist vielleicht einer der Hauptgründe für die Stärke und die Anziehungskraft des Programms, aber auch eine seiner Hauptgefahren, die verhindert, daß es zu einer beständigen, bleibenden Bewegung wird. Ich sehe dies als ungelöstes Paradox, nicht notwendigerweise als inhärenten Widerspruch. Man gewinnt jedoch den Eindruck, daß, so wie die Dinge liegen, die Organisation (die ihre momentane Stärke ausmacht) das Jahresprogramm der Bewegung mehr stützt als die geistliche Dynamik.

VORSCHLÄGE

Im Lichte dieser Ergebnisse und im Lichte meiner Untersuchung der Ursachen und Prinzipien der Veränderung, Vergrößerung und Ausdehnung von Gruppen wage ich, spezifische Vorschläge zur Stärkung von Evangelism-in-Depth zu machen.

Diese Vorschläge wollen kein Allheilmittel bieten. Sie sind vorläufig, begrenzt und sollen provisorisch die Zeit überbrücken, bis Evangelism-in-Depth Zeit findet, sein Programm und seine Organisation umzustrukturieren und weitere neuentdeckte, dynamische Faktoren einzubeziehen.

So schlage ich vor,
1. daß Evangelism-in-Depth versuchen sollte, seine Leitprinzipien zu ergänzen und auszugleichen, indem zu der 'totalen Mobilisation' die beiden dynamischen Konzepte 'Relevanz der Botschaft' und 'kulturelle Anpassung' hinzukommen.

   Die zwei letztgenannten Prinzipien sind bei klarer Definition, sorgfältiger Bestimmung und radikaler Anwendung eindeutig genauso wichtig wie die totale Mobilisation, jüngste Untersuchungen haben dies klar gezeigt. Diese dreifache Betonung, die, wie ich später zeigen werde, zwar keine vollständige Darstellung der verschiedenen dynamischen Faktoren von rasch expandierenden Bewegungen ist, sollte trotzdem dazu dienen können, das Programm beträchtlich zu verstärken, mehr nach dem Neuen Testament auszurichten und so die Voraussetzung für beständigere Auswirkungen zu schaffen.
2. daß Evangelism-in-Depth zu seiner Betonung 'jedes Haus, Dorf, Stadt, Schicht und Beruf' die neue Dimension 'ganz' oder 'total' hinzunimmt, besonders im Blick auf Haus und Familie. Das Hauptgewicht sollte auf der Gewinnung von ganzen Familien für Jesus und für die Gemeinde liegen. Jede missionarische Bewegung, die Erfolg haben und einen bleibenden Beitrag leisten und eine fortdauernde Auswirkung ausüben will, muß den Schwerpunkt auf die Familie legen, denn sie ist Gottes grundlegende 'Operationseinheit'.

   Totale Evangelisation sollte in dem Programm mindestens so stark betont werden wie die totale Mobilisation. Man sollte einen Spezialisten für die Haus-Evangelisation suchen und Seminare über diesen Evangelisationstypus im ganzen Land durchführen, um ein Programm von Evangelism-in-Depth auf der Ebene von Familien und Gruppen vorzubereiten.
3. daß Evangelism-in-Depth mehr auf die Unterschiede achtet zwischen der Evangelisation, die den Schwerpunkt auf die Konfrontation, das heißt auf persönliche Entscheidungen legt, einer Evangelisation, deren Schwerpunkt die Durchdringung des einzelnen, der Familie und der Gruppe mit dem Evangelium ist, und der eher indirekten Evangelisation, die durch christliche Erziehung und christliche Gemeinschaft die Evangeliumsbotschaft 'infiltrieren' will. Die Evangelisation mit der Konfrontation als Schwerpunkt sollte mit Vorsicht und großer Weisheit durchgeführt und ihr Wert im Licht der Evangelisation mit der Durchdringung als Betonung bestimmt werden. Bekehrungen von Familien und Gruppen brauchen Zeit, sind aber gesünder, fruchtbarer und beständiger.
4. daß Evangelism-in-Depth ein Schulungsprogramm für die Nacharbeit einrichtet, intensive und umfassende Seminare über Hausbibelkreise in den letzten Monaten des Jahres durchführt und Hunderte, viel-

leicht Tausende von Männern und Frauen für diese Bibelkreise zurüstet, damit sie den Neubekehrten in ihrem noch jungen Glaubensleben helfen und ihnen zeigen können, wie sie ihre eigenen Bekanntenkreise besser mit der Bibel konfrontieren können.
Es ist vielleicht sogar ratsam, teilweise die Gebetszellen in Hausbibelkreise umzuwandeln, um die Neubekehrten geistlich zu nähren.
5. daß Evangelism-in-Depth sein Schulungsprogramm ernsthaft überdenkt, um die Evangelisation wirkungsvoll und fest im Leben der Gemeinde zu verankern. Auf irgendeine Art und Weise muß der Eindruck, daß das Programm zeitlich begrenzt ist, abgebaut und wenn möglich vollständig beseitigt werden, auch wenn dies vielleicht teuer zu stehen käme. Wenn die Evangelisation zum 'Lebensstil' der Gemeinden werden soll, muß alles, was den Eindruck der zeitlichen Begrenztheit des Programms nahelegt, vermieden und ausgeschaltet werden. So sollte die nationale Kampagne und der Bekenntnismarsch, die am Ende den Höhepunkt bilden, von neuem sorgfältig untersucht und vielleicht anders eingeplant werden. Vielleicht könnte man einen günstigeren Zeitpunkt finden.

Wir müssen aus unserem Denken und aus unserem Vokabular die Vorstellung streichen, daß wir in ein Land kommen, um dort in einem Jahr die Arbeit zu 'erledigen'. Wir sollten ganz im Gegenteil von der Absicht reden, daß wir ein einjähriges Schulungsprogramm durchführen und den Gemeinden helfen wollen, sich selbst zu erneuern und zu mobilisieren, um aggressiv, kooperativ und koordiniert vorzugehen und den Auftrag durchzuführen, sei dies in einer beständigen gemeinsamen Anstrengung oder einer verlängerten koordinierten Bewegung. Evangelism-in-Depth sollte kein einjähriger Kreuzzug sein, sondern eine einjährige Vorbereitung, Mobilisierung und Probe für eine ununterbrochene Bewegung zur Vollendung der Evangelisierung unserer Generation.
6. daß Evangelism-in-Depth die Tatsache erkennt, daß es eine wachsende Bewegung bleiben muß, wachsend nicht nur nach außen, sondern vor allem in die Tiefe, so daß der Name Evangelism-in-Depth – Evangelisation in die Tiefe – seine Gültigkeit behält. Neuentdeckte Dimensionen sollten willkommen geheißen und in das Programm mit eingebaut werden, selbst wenn dies eine vollständige Umstrukturierung des Entwurfs und der Gestalt der Bewegung bedeuten würde. Flexibilität und Kreativität sind für jede Bewegung bedeutsam, die zeitgemäß und dynamisch bleiben will.

NEW LIFE FOR ALL

Geh und sage:
"Nicht durch Heer und nicht durch Kraft,
sondern durch meinen Geist"

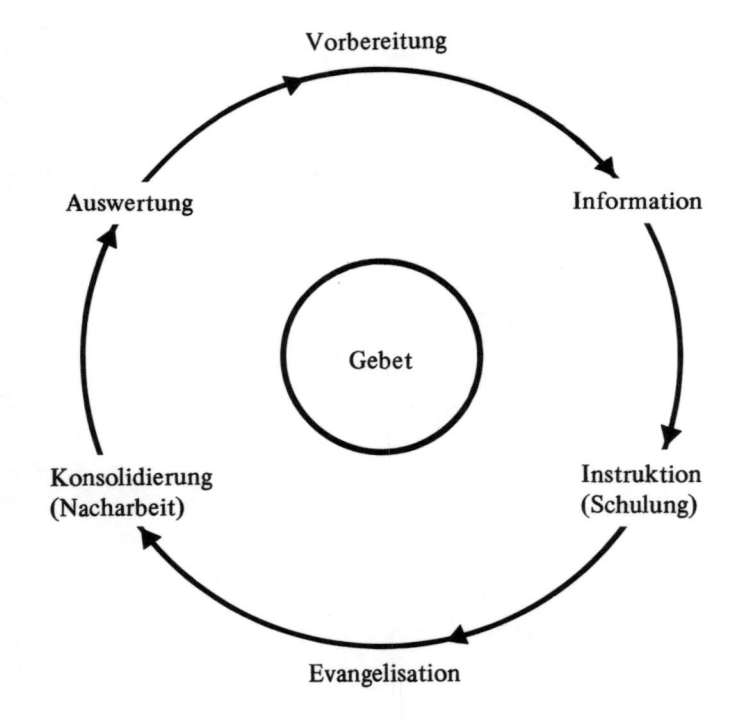

```
              Vorbereitung

  Auswertung              Information

              Gebet

  Konsolidierung          Instruktion
  (Nacharbeit)            (Schulung)

              Evangelisation
```

Besuche jedes Haus
Schulen, Läden –
Literatur-Kreuzzüge – Evangelisationsteams

HEUTE IST DER TAG DES HEILS

Kapitel 17

DIE ENTSTEHUNG VON NEW LIFE FOR ALL

Eine verschleierte Frau, die Gemahlin eines Mohammedaners, stand hinter der schmutzigen Mauer ihres Grundstücks und hörte ängstlich, aber aufmerksam einer Unterhaltung zu, die gerade vor ihrem Haus stattfand. Die Worte 'neues Leben für alle' weckten ihr Interesse. Während die Unterhaltung fortgesetzt wurde, strömte eine dichte Menge neugieriger Menschen zusammen. Bald konnte die Frau die Töne eines Liedes hören, dann folgte eine Ansprache. Immer und immer wieder kehrten die Worte 'neues Leben für alle' wieder.

Sie wagte es nicht, bei Tag ihr Haus zu verlassen, aber die Worte 'neues Leben für alle' kamen ihr nicht mehr aus dem Sinn, sie waren tief in ihr Herz gedrungen. Es entstand eine Sehnsucht und der überwältigende Wunsch, mehr über dieses neue Leben für alle zu erfahren.

Als der Abend anbrach und tiefe Dunkelheit sich über das Land senkte, schlüpfte sie heimlich hinaus. Auf der Straße sprach sie einen Mann an: „Können Sie mir etwas über das neue Leben sagen, von dem ich einen Mann reden hörte?" „Ja", war die freundliche Antwort, „ich kann Ihnen die Geschichte erzählen."

Anhand einer Broschüre, die die Zentrale von New Life For All herausgegeben hatte, erklärte der Mann die Botschaft Gottes, die von dem neuen Leben handelt, und zeigte ihr, wie man dieses Leben – das ewige Leben, das Leben Gottes – erhalten kann. Als er dies alles erklärt hatte, brachte er die Frau zu seinem Pastor, dem Mann, der einige Stunden zuvor an der Mauer des Grundstücks gestanden hatte, um jenen Menschen dort die Gabe Gottes, das neue Leben für alle, zu verkündigen.

Als die beiden Männer in dem Haus des Pastors den Weg noch einmal dargelegt und erklärt hatten, erleuchtete der Heilige Geist, der in der Frau bereits jenes Verlangen wachgerufen hatte, ihr Herz, daß sie Gottes Gnade und Werk in Jesus Christus erkennen konnte. Als sie in ihrem einfachen Glauben mit Jesus in Verbindung trat, geschah das Wunder der Wiedergeburt und das neue Leben wurde ihr persönlicher Besitz.

Der Heilige Geist, die Heilige Schrift, Männer Gottes und göttliche Fügung sorgten dafür, daß 'Neues Leben für alle' – New Life For All – mehr als nur ein Slogan war.

New Life For All ist eine dynamische Bewegung, die der Heilige Geist in Nigeria ins Leben gerufen hat und die sich schnell auf andere Teile Afrikas ausdehnt. Wir wollen hier jedoch keine dramatische Darstellung der Bewegung, sondern vielmehr eine bewertende und auswertende Untersuchung bieten. Ich beanspruche für die Bewertung keine Irrtumslosigkeit, auch war es nicht meine Absicht, die Fehler der Bewegung aufzuspüren. Ich suchte ernsthaft nach Schwächen, nicht um der Kritik willen, sondern um zu helfen. Unter dieser Voraussetzung beschreibe ich die Bewegung und lege meine Ergebnisse vor.

New Life For All ist eine einheimische evangelistische Bewegung Nigerias mit dem Ziel, in einer gemeinsamen Anstrengung allen Menschen die Botschaft von der Erlösung in Jesus Christus zu verkündigen, zuerst in Nigeria und dann in ganz Afrika. Sie entstand im Herzen von Pastor Gerald O. Swank, einem Missionar der Sudan Inlandmission, der zu jener Zeit am Bibelinstitut von Kagoro in Nigeria lehrte. Er litt viele Jahre unter der Last eines unerledigten Missionsauftrages, als er sah, daß das Feld weiß zur Ernte war, es aber keine Arbeiter gab, die in das Feld hätten gehen und die Ernte einholen können. Diese Last wurde durch Aussagen unseres Herrn noch verstärkt, wie „Meine Speise ist, daß ich den Willen dessen tue, der mich gesandt hat, und sein Werk vollbringe ... Ich habe dich verherrlicht auf der Erde; das Werk habe ich vollbracht, das du mir gegeben hast, daß ich es tun sollte" (Joh. 4,34; 17,4). Die totale Evangelisierung Nigerias wurde seine verzehrende Leidenschaft.

Diese erdrückende Last wurde durch die stärker werdende Überzeugung nicht leichter, daß der Auftrag Gottes auch die Möglichkeit verheißt, die Aufgabe zu erfüllen. Die Sorgen seines Herzens, verbunden mit der absoluten Gewißheit, daß die totale Evangelisation der Wille Gottes ist, drängten ihn, einen Weg zu suchen, der zu der Realisierung des Zieles führen würde. Es hatte bereits eine Zeit gedauert, bis die Last der unerledigten Aufgabe zu der Überzeugung geführt hatte, daß die Erfüllung der Anweisung möglich ist. Noch länger dauerte es, bis er einen Weg sah, der die Last aufheben, die Möglichkeit in eine fortschreitende Erfüllung umwandeln und zu einem Triumph des Evangeliums und der Gemeinde Jesu Christi führen würde, wie ihn Nigeria, und von ein paar Ausnahmen abgesehen, ganz Afrika, noch nie gesehen hatte.

Das Geheimnis hinter der Bewegung ist das souveräne Wirken des Heiligen Geistes. Sie entstand durch die Wiederentdeckung einiger einfacher, aber grundlegender Prinzipien der Bibel in bezug auf die Evangelisation. Diese machten jedoch eine drastische Neukonzipierung der Methode der Evangelisation notwendig, die allmählich zur Ausbildung eines neuen Evangelisationsmodells führte. Am einfachsten läßt es sich in zwei grundlegenden Formeln ausdrücken:

1. Aus der ganzen Gemeinde, die anbetet, muß eine ganze Gemeinde werden, die im Zeugendienst und in der Evangelisation kämpft. Mit den uns bekannten Worten: wenn der Auftrag der totalen Evangelisierung ausgeführt werden soll, muß eine totale Mobilisierung der Gemeinde Jesu Christi im gesamten und jeder Lokalgemeinde im einzelnen erreicht werden. Die totale Evangelisierung der Verlorenen erfordert die totale Mobilisierung der Geretteten.
2. Wenn man Erfolg haben und vorankommen will, muß der Gemeindezentripetalismus in einen Gemeindezentrifugalismus umgewandelt werden. Der Ausdruck 'Gemeindezentripetalismus' bezieht sich auf jene traditionelle Tendenz, das Kirchengebäude als Zentrum der Aktivitäten der Gemeinde, vor allem auch ihrer evangelistischen Programme anzusehen. Man lädt die Menschen ein, bittet und drängt sie, zum Gottesdienst in die Kirche zu kommen, um das Evangelium zu hören und Christen zu werden. Gemeindezentripetalismus ist gebäudeorientiert.

Der evangelistische Zentrifugalismus ist dieser traditionellen Tendenz entgegengesetzt und kehrt das Verfahren um. Die Kirche als Struktur und Gebäude ist der Sammelplatz, wo die Gläubigen mobilisiert, für erfolgreiche Aufgaben geschult und dann in die Welt hinausgesandt werden, um zu evangelisieren. Die Gläubigen schwärmen in kleinen Teams aus und bringen das Evangelium in jedes Haus, und wenn möglich zu jeder einzelnen Person. Die Kirche muß aufhören, für sich selbst zu leben. Sie muß zu einer extravertierten, aggressiven Vereinigung von lebendigen Zeugen werden. Die Missionsarbeit muß militant werden. Die Gemeinde muß eine hingehende und sendende Gemeinde sein. Wir haben den Befehl, in die Welt hinauszugehen und sie für unseren Herrn in Besitz zu nehmen.

Diese Grundsätze fielen nicht vom Himmel. Diese Gedanken waren vielmehr das Ergebnis jahrelanger Untersuchungen und Beobachtungen und von viel Gebet. Die Methode, durch die man dieses Ideal erreichen konnte, entfaltete sich im Denken Pastor Swanks nur allmählich. Dabei wurde sein kreatives Nachdenken und seine reiche Phantasie von Berichten über Evangelism-in-Depth, die in verschiedenen Zeitschriften veröffentlicht wurden, wie auch von einer persönlichen Unterredung mit W. Dayton Roberts von der Latin America Mission anfangs des Jahres 1962 stark angeregt und verstärkt.

Die Ähnlichkeiten, die in den beiden Bewegungen vorhanden sind und die an einigen Stellen fast wie kopierte Nachbildungen erscheinen, sind im gesamten nicht als bewußte Entlehnungen aufzufassen. Zum Teil müssen sie dem souveränen und gnädigen Wirken des Heiligen Geistes zugeschrieben werden. In Amerika wirkte der Geist Gottes in Kenneth Strachan und in Nigeria wirkte er in Gerald O. Swank, auch wenn dieser bereitwillig zugibt, bei der Strukturierung und Anlage von New Life For All, wie es wirklich entstand und heute existiert, viel von der kreativen, genialen Begabung Strachans profitiert zu haben. Doch wurden die wichtigsten Prinzipien von New Life For All bereits in den späten fünfziger Jahren formuliert, bevor Evangelism-in-Depth als Programm gestartet und der Gemeinde Jesu bekannt gemacht worden war. New Life For All wurde schon als afrikanische Umarbeitung von Evangelism-in-Depth bezeichnet. Für den oberflächlichen Beobachter mag dies so zu sein scheinen. In Wirklichkeit bestehen jedoch beträchtliche Unterschiede in bezug auf die grundlegenden Prinzipien und in bezug auf das Verfahren.

Nach Rückkehr aus seinem einjährigen Heimaturlaub im Jahre 1963 fand Pastor Swank einige gleichgesinnte, überzeugte Anhänger unter den Missionaren der Sudan Inlandmission (SIM), die mit großem Interesse Berichte von Evangelism-in-Depth und seinen Leistungen in Lateinamerika gelesen hatten. Bald hatte er die Gelegenheit, andere an seiner Last und seiner Vision teilhaben zu lassen: zuerst einige Missionare seiner eigenen Mission und später den einheimischen Pastor der Evangelical Churches of West Afrika (ECWA, steht mit der SIM in Verbindung). Am 20. Juni 1963 fand eine Konferenz statt, wo die SIM mit sechs Männern und zwei Frauen und die ECWA mit neun Verantwortlichen vertreten war. Swank beschrieb dort die Möglichkeiten einer totalen Evangelisierung.

Sein Programm wurde wohlwollend aufgenommen und wirklich verstanden, ja, man war sogar begeistert, hielt es aber für ratsam, das Programm nicht allein anzupacken. Man war überzeugt, daß eine kooperative Aktion die Sache beträchtlich verstärken und den vereinten Kirchen in den geographischen Gebieten, wo die SIM und ECWA tätig sind, zusätzlichen Segen bringen würde.

Nach einer langen Diskussion, welche Kirchen eingeschlossen sein sollten, regte Pastor Gin an, daß alle Kirchen, die dem Council of Evangelical Churches of Northern Nigeria (CECNN) angehören, die Assemblies of God und die Methodisten eingeladen werden sollten. Der Vorschlag wurde einstimmig angenommen. Dann schlug man vor, alle weiteren Diskussionen und Pläne aufzuschieben, bis ein voll besetztes Komitee zusammentreffen würde. So wären alle Beteiligten beisammen, wenn man die ersten Pläne aufstellen würde. Auch darüber war man sich einig.

Als Folge der allgemeinen Stimmungslage schrieb Kastner von der SIM einen Brief an die Leitung der Missionen und Kirchen der zwei Provinzen Zaria und Plateau und lud sie für den 1. August 1963 zu einem Treffen in Jos ein, um den Plan für eine gemeinsame Aktion zur völligen Evangelisierung ihrer Missionsgebiete zu erwägen. Auf diesem Treffen, das sehr gut besucht war, gestand man das Versagen ein und sah die Herausforderung, die vor einem lag.

Die Verantwortlichen der Missionen und Gemeinden hatten schon lange erkannt, daß dem Befehl Jesu, allen Menschen das Evangelium zu verkündigen, zwar teilweise Folge geleistet wurde, aber nicht alle Nigerianer, nicht einmal alle, die in den unmittelbaren Missionsterritorien lebten, die frohe Botschaft von dem Heil in Jesus Christus gehört hatten. Aus diesem Grund entschlossen sich folgende Kirchen und Missionen, eine Organisation zu bilden, die diesen Auftrag so schnell wie möglich ausführen sollte:

Anglikanische Kirche

Nigerian Baptist Convention (Southern Baptists)

Assemblies of God, Kirche und Mission

The Church of Christ in the Sudan (in Verbindung mit der Vereinigten Sudanmission)

The Evangelical Churches of West Africa (in Verbindung mit der Sudan Inlandmission)

Methodistenkirche

Sudan Inlandmission

Vereinigte Sudanmission

United Missionary Church in Africa

United Missionary Society

Hier ist zu betonen, daß die Struktur von New Life For All lokal war und die Zusammenarbeit daher auf lokaler und nicht auf konfessioneller oder nationaler Ebene stattfand. Es waren die Kirchen und Gemeinden zweier Provinzen beteiligt, allerdings arbeiteten nicht alle Lokalgemeinden mit.

Die Wahl des Namens New Life For All war nicht einfach. Evangelism-in-Depth war bekannt und angesehen, und man meinte, daß diese Bezeichnung eben weder aus Afrika stamme noch die Aufgabe richtig beschreibe, wie man sie sich vorstelle. Man sah, daß der Name der Bewegung auf der einen Seite möglichst jeden Anstoß vermeiden sollte für die, die man mit dem Evangelium erreichen wollte, wie zum Beispiel die Muslime. Auf der anderen Seite sollte er schon auf das Heil einen Bezug haben, das Konzept der totalen Evangelisation zum Ausdruck bringen und zugleich die Aufmerksamkeit der nichtchristlichen Bevölkerung auf sich ziehen. Schließlich übernahm man das Motto des Kreuzzuges, den die Baptisten in Japan durchgeführt hatten, mit einer kleinen Veränderung, damit es mit den Zielen der Bewegung übereinstimmte. So wurde der Slogan 'New Life For You' umgeändert in New Life For All – dies wurde der Name der neu ins Leben gerufenen Bewegung. Das Motto hat seinen Wert und seine Anwendbarkeit in den folgenden Jahren bewiesen.

Kapitel 18

PRINZIPIEN UND ZIELE VON NEW LIFE FOR ALL

Die grundlegenden Prinzipien wurden von Swank früh formuliert und in der Abhandlung *Marvellous in Our Eyes* veröffentlicht, die uns einen Blick in die Arbeitsweise der Bewegung gegen das Ende des ersten Jahres tun läßt. Unter der Überschrift „Allen Menschen" schreibt Swank:
Die Evangelisation ist nicht neu! Gemeinden und Missionen haben viele Jahre gearbeitet, und man hat auch Frucht gesehen. Die Anzahl der Christen ist beträchtlich, doch die Aufgabe der totalen Evangelisation ist noch nicht zu Ende geführt.
Zugleich müssen wir uns das schnelle Anwachsen der Weltbevölkerung vor Augen halten. Die Kräfte des Kommunismus verbreiten überall ihren verderblichen Einfluß, und der Islam ist ungeheuer aktiv. Das Gebot der Stunde ist die Verkündigung des herrlichen Evangeliums von der Erlösung, die nur in Jesus zu finden ist. Und unser Herr ordnete an, daß alle Menschen, ohne Ausnahme, diese Botschaft hören sollten.
Wenn wir an das Programm von New Life For All in Nigeria zurückdenken und die Reaktion der Gemeinden auf diese Herausforderung sehen, dann sind wir von der Tatsache überzeugt, daß hier einige grundlegende Prinzipien entwickelt wurden, die man nicht nur in diesem Land, sondern in ganz Afrika, ja auf der ganzen Welt mit Erfolg anwenden könnte. Diese Prinzipien sind ganz schriftgemäß, vollkommen evangelistisch und unbedingt grundlegend. Sie lauten:

Totale Mobilisierung aller Gläubigen
Wir wiesen bereits auf den Auftrag unseres Herrn hin, allen Menschen das Evangelium zu verkündigen. Einige Menschen wurden von denen erreicht, die diesem Befehl Folge geleistet haben, aber viele haben bis heute noch nie die frohe Botschaft gehört. Gott möchte, daß alle wiedergeborenen Christen von ihrer Erlösung durch Jesus Christus Zeugnis ablegen. Jeder Gläubige hat diese Verantwortung.

Die Gemeinde ist das Werkzeug Gottes für die Evangelisation
Das totale Zeugnis der Kinder Gottes in einem bestimmten Gebiet muß ein gemeinsames Zeugnis sein. Sprunghafte evangelistische Anstrengungen ohne Beziehung zueinander werden zwar einige Auswirkungen haben, aber wenn das Ziel der totalen Evangelisation erreicht werden soll, müssen sie durch die bestehenden Gemeinden in Beziehung zueinander gesetzt werden. Wir haben hier bereits ein bestehendes Ganzes – reif für eine Erweckung durch den Heiligen Geist, ein zubereitetes Werkzeug Gottes zur Rettung der Menschheit. Denken wir daran: Gott hat es so gewollt, daß der Mensch durch die

'Torheit der Predigt' gerettet wird. Wenn die Gemeinde sich nicht völlig der Evangelisation hingibt, wird diese Aufgabe nie erfüllt werden.

Totale Evangelisation ist das einzige Ziel
Die Welt sehnt sich nach einem neuen Leben. Tausende sterben täglich in ihren Sünden. Tausende sind zu einem Leben ohne Jesus verurteilt. Kinder werden in eine Situation hineingeboren, die, was ihre geistlichen Werte betrifft, genauso heidnisch ist wie vor tausend Jahren. Können wir angesichts solcher Zustände ruhig bleiben? Wie der Heilige Geist die Gemeinde antreibt, so sollten die Kinder Gottes mit der rettenden Botschaft hinausgehen und allen Menschen das Evangelium verkündigen. Wir brauchen ein gründliches, systematisches Programm, wenn wir ein Gebiet vollständig mit dem Evangelium erreichen wollen. Alle Häuser, Straßen, Dörfer, Marktflecken, Schulen, Lager und Städte müssen zugeteilt und erreicht werden. Die Vorbereitung durch Gebet und Studium muß gründlich sein. Der Einsatz muß gut geplant sein. Wenn das Ziel erreicht werden soll, dürfen die Anstrengungen nicht ermüdend, aber aufopfernd und begeisternd sein.

Jesus hatte das unstillbare Verlangen, das Werk zu vollbringen, das der Vater ihm gegeben hatte. Jesus befahl seinen Jüngern, ihre Augen aufzuheben und die Felder anzuschauen. Sein Auftrag gilt auch heute noch für seine Gemeinde: „Gehet hin in die ganze Welt und predigt das Evangelium der ganzen Schöpfung."[1]

DIE LEHRE

Wenn NLFA auch auf einer interkonfessionellen Basis arbeitet, so werden doch die Grundwahrheiten des christlichen Glaubens in fünf kurzen, aber inhaltsreichen Sätzen ausgesprochen. Die Lokalgemeinden und Missionen entscheiden sich nicht nur für oder gegen eine bestimmte Methode und Bewegung, sondern gleichzeitig für oder gegen eine klar umrissene Lehrauffassung. Das Glaubensbekenntnis lautet folgendermaßen:

New Life For All ist eine interkonfessionelle, evangelikale Bewegung. Wir glauben

1. an den Einen Gott, Vater, Sohn, und Heiliger Geist
   (Matth. 28,19),
2. an die göttliche Autorität und volle Inspiration des Wortes Gottes, wie es ursprünglich gegeben wurde
   (2. Tim. 3,16),
3. an die gefallene Natur des Menschen und die Notwendigkeit seiner Wiedergeburt durch den Heiligen Geist, allein durch den Glauben an Jesus Christus
   (Röm. 3,23; Tit. 3,5.6),

4. an die jungfräuliche Geburt Jesu Christi, an seinen Tod und sein Blut, das für unsere Sünden vergossen wurde, an seine leibliche Auferstehung von den Toten zu unserer Rechtfertigung und an seine sichtbare Wiederkunft, um in Macht und Herrlichkeit seine Herrschaft auf der Erde aufzurichten
(Luk. 1,26–35; 1. Kor. 15,3.4; 1. Thess. 1,7.8),
5. an die Verantwortung aller Gläubigen, durch ein gottgefälliges Leben und öffentliches Zeugnis in der Kraft und unter der Leitung des Heiligen Geistes ein Zeugnis zu sein für alle Menschen
(Apg. 1,8; Matth. 5,16).[2]

NLFA begann als Vereinigung lokaler Gemeinden mit klar formulierten evangelikalen Lehrgrundsätzen, einer starken geistlichen Motivation aufgrund des Wortes Gottes und mit einer unerhörten Herausforderung und Möglichkeit, die Arbeit voranzutreiben, das Evangelium allen Menschen weiterzusagen und 'sein Werk zu vollenden'. Man wollte das Programm zuerst in einem geographisch begrenzten Gebiet durchführen, wozu man gute berechtigte Gründe hatte, und sah dann vor, in der Folgezeit das Programm auf ganz Nigeria und schließlich auf ganz Afrika auszudehnen.

DIE ZIELE

Die Ziele von NLFA, die dem Motto von Johannes 4,34–38, „sein Werk zu vollenden", folgen, werden unter den Stichworten Sorge, Formel und Plan dargelegt. Swank schreibt in *Marvellous in Our Eyes*:

1. *Unsere Sorge*: Im Licht der Heiligen Schrift und in Anbetracht der Tatsache, daß der Auftrag der Evangelisation in unseren Gemeinden an erster Stelle zu stehen hat, brauchen wir ohne Zweifel ein umfassendes Programm, das die Verkündigung des Evangeliums, die alle Menschen in einem bestimmten Gebiet erreichen soll, garantiert. Verschiedene Gründe tragen dazu bei, daß ein solches Programm heute dringend notwendig ist:
   a) Versagen der Gemeindeglieder als Zeugen.
   b) Unzulänglichkeit unserer gegenwärtigen Programme und Methoden.
   c) Bevölkerungszunahme und Gleichgültigkeit gegenüber dem Evangelium.
   d) Der Charakter unserer Zeit, in der die Bibel, unser Glaube an Jesus und unsere ewige Hoffnung angegriffen werden.
   e) Gegenseitige Ablehnung der Gemeinden.
   f) Falsche Blickrichtung der Gemeinden, die sich nur mit sich selbst beschäftigen und den Auftrag, hinauszugehen, nicht sehen.
   g) Stärkerer Widerstand durch den Vormarsch des Islam, die Ausbreitung von Sekten und die marxistische Ideologie.
   h) Die nachlässige Haltung vieler Gemeinden im Blick auf die Evangelisation; der Mangel an tatkräftigen jungen Leuten, die dem

Herrn dienen wollen; das Gefühl, es gäbe keine Arbeit und keine Herausforderung mehr.
2. *Unsere Formel: Mobilisation + Zeugnis = Evangelisation.* Bei einer erfolgreichen Evangelisation müssen sämtliche Mitglieder der Gemeinde zu einem anhaltenden, fortwährenden Zeugendienst aktiviert werden. Dies hat im Gehorsam gegenüber dem Worte Gottes und in der Kraft und unter der Leitung des Heiligen Geistes zu geschehen. So sah die Praxis der Gemeinde des Jahrhunderts aus. Ist es möglich, alle Christen mobil zu machen? Wie kann dies geschehen?
3. *Unser Plan:*
a) Alle Gläubigen werden ohne Ausnahme gemäß ihrer Begabung und ihrer Situation entsprechend aufgerufen, Zeugen Jesu Christi zu sein. Das erste Ziel ist die Mobilisierung aller Gemeindeglieder, auch wenn das Endergebnis hinter diesem Ziel zurückbleibt.
b) Dieses persönliche Zeugnis hat in der Gemeinschaft der örtlichen Gemeinde die ihr gestellte Aufgabe.
c) Das Zeugnis des einzelnen und der Gemeinde muß mit dem Gesamtzeugnis des ganzen Leibes Christi in Beziehung stehen. Deshalb sollte die Einheit des Leibes Christi, allerdings ohne Kompromisse, ganz praktisch unter Beweis gestellt werden.

Da es nur *einen* Gott, *einen* Herrn und nur *ein* Evangelium gibt, ist es unumgänglich, daß sich alle, die an diesen Herrn glauben, vereinigen und gemeinsam von ihm zeugen.
d) Dieses Zeugnis der Gläubigen hat nur das eine Ziel – totale, vollständige Evangelisation. Deshalb sollten wir natürliche geographische Gebiete und Sprachregionen vor Augen haben. So können wir das Problem bewältigen, unserer Verantwortung nachzukommen.[3]

Kapitel 19

ABSICHT, PLAN UND ORGANISATION VON NEW LIFE FOR ALL

Bevor NLFA seine Pläne vorlegte, klärte man das beabsichtigte Vorhaben der Bewegung in negativer wie in positiver Hinsicht ab. Man führte deutlich aus, was NLFA ist und was nicht:

NLFA ist keine neue Missionsgesellschaft oder lediglich ein Missionsprojekt;

ist keine Förderung zur Einheit der Kirche im ökumenischen Sinn;

ist nicht darauf aus, anderen zu sagen, wie sie evangelisieren sollten, um so durchblicken zu lassen, daß sie dies nicht können;

und ist nicht von dem Programm selbst abhängig, sondern vertraut im Blick auf den Erfolg dem Geist Gottes, der der Herr der Ernte ist.

Man bekräftigte,

daß die Bewegung biblisch ist und sich mit der Betonung auf 'alle Menschen' von dem Missionsbefehl Jesu in Markus 16,15.16 abhängig weiß;

daß die Bewegung vollständig einheimisch ist und die Beteiligung von Missionaren möglichst gering sein soll – die tatsächliche Durchführung der Evangelisation soll von Nigerianern übernommen und die Leitung in die Hände der lokalen Gemeinde gelegt werden;

daß die Bewegung einfach und nicht teuer sein soll – man will viel mit Literatur arbeiten und notwendige Gelder einsetzen, aber die Verwendung teurer Ausrüstung wird nicht gebilligt;

daß die Bewegung kontinuierlich sein soll – man erwartet, daß die Gemeinde auch nach dem Abschluß dieses ersten Vorstoßes die Evangelisationsarbeit fortführt, nun aus eigener Initiative.

Nachdem die Absicht der Bewegung abgeklärt war, stellt das Exekutivkomitee einen sehr einfachen, aber umfassenden Plan auf, der in drei bedeutungsvollen Konzepten abgefaßt war:

1. Vorbereitung und Zurüstung aller Gläubigen für die totale Evangelisation.
2. Voraussetzung ist die Mitarbeit und die Einladung der bestehenden Gemeinden.
3. Vereinte Anstrengung, das Evangelium allen Menschen ohne Ausnahme zu bringen.

Es war bezeichnend und von großer Bedeutung, daß die Verantwortlichen das Konzept der totalen Mobilisation für eine totale Evangelisation erfaßten. Der Grundsatz 'allen Menschen' konnte nur unter der Voraussetzung erreicht werden, daß sich alle Gläubigen beteiligen würden. Das Motto 'allen Menschen' mußte in eine entsprechende, anspornende Leidenschaft umgewandelt werden, wenn man das Ziel erreichen wollte.

Das Vorhaben, alle Menschen mit dem Evangelium zu erreichen, sollte durch folgende Methoden ausgeführt werden:

1. Hausbesuche, um jeder Familie die Evangeliumsbotschaft zu erklären.
2. Freiversammlungen, um die Menschen in Dörfern und Städten mit der frohen Botschaft zu konfrontieren und bekannt zu machen.
3. Literaturarbeit — Verbreitung von ausgewählten Traktaten und Evangeliumsteilen, die zum Teil durch New Life For All gedruckt wurden.
4. Örtliche Gemeindezusammenkünfte, um in der gegebenen Gemeinschaft das Evangelium zu verkünden.
5. Gemeinsame evangelistische Kreuzzüge in Stadien, um die Bevölkerung größerer Städte anzuziehen.
6. Evangelisationsteams, bestehend aus Laien, die in bislang unerreichte Dörfer, Gebiete und Stämme gehen.
7. Radiosendungen, die von möglichst vielen Radiostationen ausgestrahlt werden sollen.[1]

Alle Gemeindeglieder und sämtliche Mittel sollten eingesetzt werden, um alle Menschen mit der Botschaft von New Life For All zu erreichen. Der Plan sollte in sechs Schritten planmäßig und progressiv durchgeführt werden, die im Handbuch folgendermaßen definiert sind[2]:

1. *Vorbereitung.* Gemeindeleiter müssen zusammengeführt, Komitees gebildet, Anfangspläne realisiert, Literatur herausgegeben und Zeitpläne aufgestellt werden.
2. *Information.* Alle Verantwortlichen der Gemeinden des Zielgebietes kommen zu einer Rüstzeit zusammen, um im Gebet vor Gott zu stehen und die vor ihnen liegende Aufgabe der Evangelisation zu erörtern.
3. *Instruktion* (Schulung). Die Gläubigen kommen wöchentlich in Gruppen zum Bibelstudium zusammen, wo sie aufgrund des Handbuches lernen, wie man anderen helfen kann, das neue Leben in Jesus zu finden. Zugleich werden überall Gebetszellen begründet.
4. *Evangelisation.* Intensive Anstrengungen werden unternommen, alle Menschen mit dem Evangelium zu erreichen; gewöhnlich beginnt man im Oktober und setzt die Aktionen bis März fort. Die Methoden sind Besuche von Haus zu Haus, Zeugnisse, Literaturverbreitung, usw.

Wir wollen alles daransetzen, die größtmögliche Anzahl von Christen mobil zu machen. Wir wollen in unserem Gebiet eine große Wirkung erzielen. Wir wollen die Gläubigen an permanenten Einsatz und kontinuierliche Aktivität gewöhnen.

5. *Konsolidierung* (Nacharbeit). Neben der Evangelisationstätigkeit muß ein sorgfältig geplantes und durchgeführtes Nacharbeitsprogramm ablaufen, das die Weiterführung der Neubekehrten, die Gründung neuer Gemeinden und die Stärkung der Freundschaft zwischen den lokalen Gemeinden einschließt.

6. *Auswertung.* Sie legt ihr Augenmerk auf die echten, bleibenden Ergebnisse, die erreicht wurden. Die Besucherzahlen der Kreuzzüge und die Anzahl der Bekehrungen sind zwar ermutigend, aber letztlich kein Zeichen für Erfolg. Der Erfolg ist vielmehr an dem permanenten Zeugnis der Gläubigen und der Gemeinden zu messen.

Gebet. Dies ist Zentrum und Grundlage der sechs Schritte, die Lebensader der ganzen Arbeit, die Achse, um welche sich das ganze Rad des Unternehmens dreht.

Literatur und Radio. Bei der Zusammenarbeit auf sämtlichen Stufen spielt die Literatur eine wichtige Rolle. Durch die Zeitung erhalten wir die nötigen, für die Zusammenarbeit notwendigen Informationen. Die Radiobotschaften erreichen viele Häuser und Menschen, an die es uns nicht möglich ist, heranzukommen.

Besondere evangelistische Aktionen. Evangelisationsteams gehen in unerreichte Gebiete. Kreuzzüge in den Städten sorgen dafür, daß die Bevölkerungszentren wirkungsvoll erreicht werden.

Das ganze Programm wird in dem untenstehenden Plan[3] beschrieben:

DIE ORGANISATION

Das Gesamtprogramm von New Life For All wird von einem zentralen Büro aus von einem Generalsekretär geleitet, der dem Exekutivkomitee von New Life For All verantwortlich ist. Dieses Komitee setzt sich aus Vertretern der Kirchen und Missionsgesellschaften zusammen, die sich aktiv an New Life For All beteiligen. Jede Organisation bestimmt ihren eigenen Vertreter.

Der Plan, der auf der folgenden Seite abgedruckt ist, zeigt im einzelnen die Organisation, die im Zielgebiet das Programm von New Life For All durchführt.

ORGANISATION

Lokalgemeinden

Bedürfnisse des Zielgebiets
1. Vorsitzender
2. Kassenwart
3. Sekretär
4. Verantwortlicher für die Literatur
5. Verantwortlicher für die Gebetszellen
6. Organisator der evangelistischen Aktionen
7. Frauenvertreter
8. Organisator der Einsätze in Schulen
9. Ausbilder

Bedürfnisse der Gemeinde
1. Vorsitzender
2. Verantwortlicher für die Literatur
3. Verantwortlicher für die Gebetszellen
4. Organisator der evangelistischen Aktionen
5. Frauenvertreter
6. Organisator der Einsätze in Schulen
7. Ausbilder

Gemeindekomitee, trifft sich monatlich
Zwei Vertreter aus jeder Gemeinde (Leiter eingeschlossen) werden in das Bezirkskomitee delegiert

Eine Stadt mit mehr als einer Denomination ist ein Bezirk

Ein Ausbildungszentrum kann ein Bezirk sein

Bezirks-Komitee delegiert zwei Vertreter an das Provinz-Exekutiv-Komitee

Kirchen und Missionsgesellschaften in NLFA

Provinz-Exekutivkomitee bestehend aus zwei Vertretern jedes Bezirks. Vertreten sind alle Denominationen

Anmerkung
1. Ein Bezirk soll bis zu zehn Gottesdienstzentren haben
2. Das Gebietskomitee trifft sich monatlich

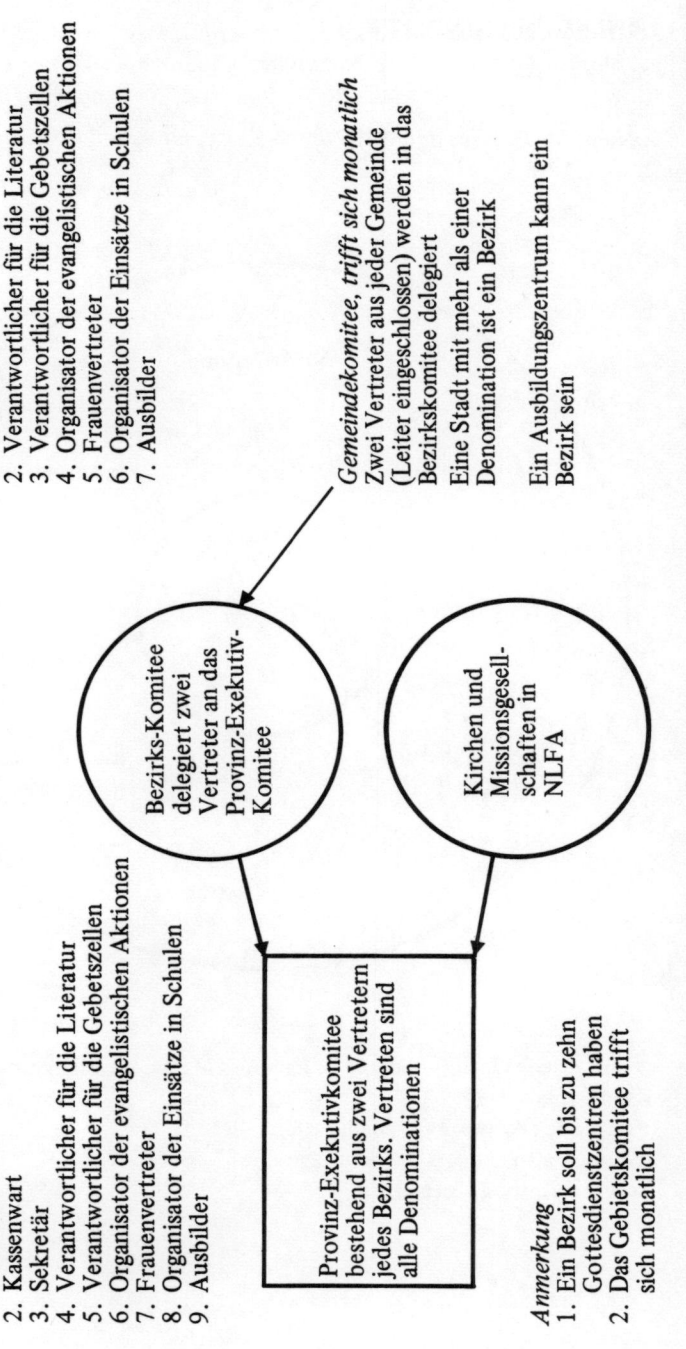

DIE SECHS SCHRITTE

New Life For All
Geh und sage:
„Nicht durch Heer und nicht durch Kraft, sondern durch meinen Geist"
(Sach. 4,6).

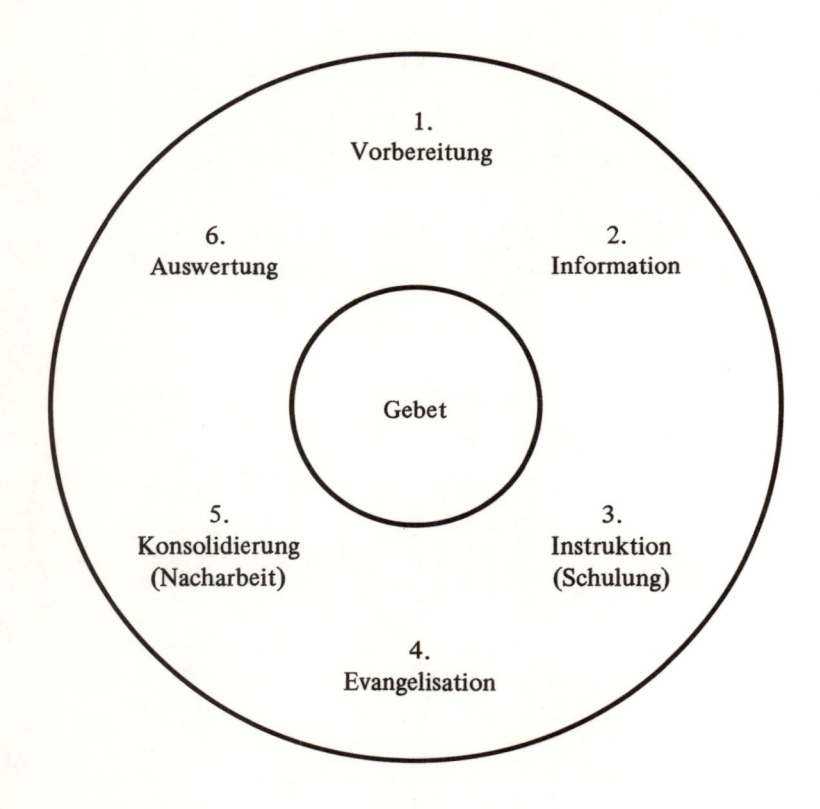

- 1. Vorbereitung
- 2. Information
- 3. Instruktion (Schulung)
- 4. Evangelisation
- 5. Konsolidierung (Nacharbeit)
- 6. Auswertung

Gebet

Besuche jedes Haus – Schule – Laden – Markt – Gefängnis – Krankenhaus
Verwende Literatur – Schallplatten – Radio
Evangelisationsteams – Kreuzzüge
Zeitung für die Information

Kapitel 20

DIE ARBEITSWEISE VON NEW LIFE FOR ALL

Nach der Klarlegung der Absichten, dem Entwurf eines Planes und der Aufstellung des Programmes begann New Life For All zu arbeiten. Drei Faktoren, die schon von Anfang an einen Einfluß hatten, machten aus New Life For All eine Bewegung.

Der erste Faktor besteht darin, daß die Durchführung des Programmes einer sorgfältig ausgearbeiteten geographischen Strategie folgte. Man setzte sich die geographischen Grenzen selbst. Man kam überein, das Programm auf die Provinzen Zaria und Plateau zu beschränken, obwohl eine ganze Anzahl der beteiligten Missionen auch außerhalb dieser Provinzen arbeitete. Die Motive waren gut, die das Komitee zu dem Entschluß führten, die Arbeit auf ein bestimmtes, geographisch begrenztes Gebiet zu beschränken. Folgende Gründe gaben unter anderen dazu den Ausschlag:

1. Vom historischen Standpunkt aus war Nigeria in Nord und Süd getrennt.
2. Auch kirchlich war das Land gespalten — im Süden waren vor allem die Kirchen, während sich die interkonfessionellen Missionswerke mehr auf den Norden konzentrierten und im allgemeinen gut zusammenarbeiteten.
3. Im Blick auf die ethnischen Gruppierungen in Nigeria hielt man es für ratsam, sich zuerst auf die Stämme des Hausa-Dialektes zu konzentrieren.

Neben diesen äußeren Gründen gab es außerdem noch einige tiefere Ursachen:

1. Man hielt es für weise, diese beiden Provinzen sozusagen als Versuchsprojekte zu benützen, um die Theorien und Vorstellungen zu testen, zu verbessern und weiterzuentwickeln und, wo nötig, das Programm oder die Methodologie zu ändern, um so die Bewegung so effektiv und so einheimisch wie nur irgend möglich zu machen.
2. Weiter war man der Überzeugung, daß ein Programm, das alle Menschen erreichen will, die Konzentration aller verfügbaren Kräfte in einem begrenzten Gebiet zu einer festgelegten Zeit erfordert, wenn die Arbeit von einheimischen Gläubigen getragen und finanziert werden soll.

3. Göttliche Fügung und große Besonnenheit schrieben die Begrenzung und die Aufstellung der Ziele vor, die deshalb realistisch und realisierbar waren.
4. Man war vollständig davon überzeugt, daß diese Anstrengungen ihren Wert unter Beweis stellen und das Programm ansteckend wirken und sich auf die benachbarten Gebiete und Provinzen ausdehnen würde. So würde das Programm
a) die Gemeinden über eine längere, unbegrenzte Zeit hinweg beschäftigen,
b) durch spontane Ausbreitung und nicht mittels einer großen Organisation erweitert werden, die zu einer bloßen Maschinerie degenerieren könnte,
c) Zeit lassen, die Vorurteile von Gemeinden und Menschen zu zerstreuen, die dem Zentrum der Bewegung nicht so nahe stehen, aus der Entfernung aber zusehen und eigene Schlüsse ziehen. New Life For All würde sich dem ganzen Land und schließlich auch den umliegenden Ländern vorstellen. New Life For All würde zu einer fortlaufenden Bewegung und bliebe kein begrenztes Programm.

Man kann sagen, daß diese Erwartungen Realität geworden sind.

Der zweite Faktor in der Durchführung von New Life For All war eine Reihe von Rüstzeiten für die verantwortlichen Mitarbeiter.[1] Alle, die Gott in NLFA dienen wollten, waren eingeladen. Der Besuch dieser Rüstzeiten variierte je nach Interesse und der Anzahl der Christen in dem betreffenden Distrikt. In einem Zentrum nahmen einmal über siebenhundert Gläubige an den Abendveranstaltungen teil, die oft erwecklich waren. Die Gläubigen wurden aufgefordert, ihr Leben in Ordnung zu bringen, um ihrem Herrn auch wirklich effektiv dienen zu können.

In den ersten Monaten des Jahres 1964 wurden insgesamt elf solcher Rüstzeiten abgehalten, wozu über 1.600 Leiter kamen. Sie erfuhren eine geistliche Erneuerung, erhielten Informationen und Anweisungen und wurden angeleitet, ein NLFA-Programm in ihrem Bezirk durchzuführen.

Es waren vor allem zwei wesentliche, grundlegende Informationen, die den Teilnehmern der Rüstzeiten weitergegeben wurden. Man sah, daß die Zukunft des Einsatzes von dem richtigen Verständnis der Prinzipien von NLFA sowie von dem Geist des Gebets abhing, den man unter den Gläubigen verstärken könnte. Die Teilnehmer lernten erstens, kleine Gebetsversammlungen in Hütten zu beginnen und zu fördern, und zweitens, wie man Schulungskurse einrichtet und durchführt, die sich mit dem Handbuch von NLFA beschäftigen sollten.

Ein Mitarbeiter von NLFA, Harold Germaine, berichtet von einer dieser Konferenzen folgendes:

> Vor 11 Jahren erweckte Gott das Angwa Takwa-Gebiet, das zirka 200 Kilometer südöstlich von Jos liegt, obwohl dies unmöglich zu

sein schien. Die Folgen dieser wunderbaren Zeit sind noch heute zu spüren.
. . . Nach zehn Jahren fragte man sich, ob dies noch einmal geschehen würde. Und es geschah tatsächlich!
Als wir im November des Jahres 1967 die traurige geistliche Situation in Katanga, einem Gebiet, das ungefähr 240 Kilometer nordöstlich von Jos liegt, gesehen hatten und hörten, daß viele vom Glauben abfielen, wurden wir gedrängt, zurückzukehren, um das wiederherstellen zu helfen, was die Heuschrecken gefressen hatten. Wir schlugen den Verantwortlichen dort vor, daß sie sich für ganze acht Tage zusammenfinden sollten, um den Segen, den man so dringend brauchte, zu erhalten. Nach einer Besprechung teilten sie uns mit, daß die Konferenz von Freitag bis Sonntag stattfinden würde. Wir lehnten rundweg ab. Darauf willigten sie schnell in unseren Vorschlag ein. Dies ist eine Gesetzmäßigkeit der Schrift — Gott verlangte von seinem Volk, daß es dreimal im Jahr für eine Woche zusammenkam, um Gemeinschaft zu haben.
In den Vereinigten Staaten, Kanada, England, Nigeria und in anderen Ländern wurde viel für diese Konferenz gebetet. Und es gefiel Gott, unsere Gebete zu erhören.
So war vom ersten Gottesdienst, in dem die Sünde deutlich hervorgehoben und öffentlich bekannt wurde, bis zum letzten der Geist und die Kraft Gottes anwesend. Der Segen Gottes kam leise, naturgemäß, folgerichtig und auf schriftgemäße Weise. Zuerst beteten wir anhaltend. Örtliche Gemeindeglieder nahmen an zusätzlich anberaumten Gebetsversammlungen teil. Am ersten Sonntag trafen wir uns um 6 Uhr morgens zu acht. Ehe die Woche vorüber war, kamen schon um 4 Uhr über fünfzig Teilnehmer zum Gebet zusammen. Dann wurde das Wort Gottes unerschrocken und aufrichtig verkündigt. Jeden Tag wurden Menschen getroffen, indem viele ihre Sünden erkannten. Drittens wurde ein ganzer Tag für Beten und Fasten reserviert. Dies war vorher noch nie geschehen. Die Herzen der Menschen wurden gepackt. Die Gebetsgemeinschaft setzte sich neun Stunden lang fort. Viertens wurde die Gelegenheit gegeben, Zeugnis abzulegen, sein Versagen zu bekennen und zu singen. Man kann eine solche Woche mit täglich vier Zusammenkünften nicht erleben, ohne stark beeinflußt zu werden.
Hätte der Leser dieser Zeilen doch den Tag, der ganz für das Gebet bestimmt war, miterleben können! Dieser Tag war freiwillig — aber Schafe brauchen einen Hirten. Und sie folgten! Um 5 Uhr morgens war die Kirche, die ungefähr 250 Menschen faßte, voll. Gleich von Anfang an legten wir den Leuten zehn Gründe für nicht erhörtes Beten vor. Dies sind nicht die großen, schweren Sünden, die wir gewöhnlich zu hören und zu lesen bekommen, sondern solche, über die man so leicht hinweggeht, wie das Murren. Diese und andere Ermahnungen trafen ihre kalten, verhärteten Herzen tief.
Der natürliche Mensch verlangt nicht nach einem solchen Tag, denn er ist sehr hart, ermüdend und für den Körper eine Qual. Junge und ältere Menschen kamen. Mütter kamen mit ihren Babys. Man blieb da. Einige weinten. Man sang. Bis 3 Uhr nachmittags blieben wir da. Dann war es großartig, mitanzusehen, wie sich die Menschenmenge

in fünf Gruppen aufteilte, hinausging und bis Sonnenuntergang Zeugnis von Jesus ablegte. Den ganzen Tag hatten sie nichts zu essen oder zu trinken. Ein erregendes Ergebnis dieses Tages war, daß einige, für die man gebetet hatte, an diesem Nachmittag zum Glauben kamen. Gott lebt! Wir sahen, wie Er wirkt!
Jeden Abend wurden vor dem Gebäude Filme gezeigt: 'Die Tage vor der Flut', 'Noah und die Arche', 'Die drei israelitischen Kinder', 'Naemann, Saul und David', 'Die Wunder Jesu' und 'Verhör und Tod Jesu'. Hunderte von Menschen kamen. Jeden Abend wurden einige gerettet oder innerlich erneuert.
Es geschahen aufregende Wunder, die unseren Glauben gewaltig stärkten. An einem Abend, als der Mond hell schien, sandte Gott eine Wolkenbank, die den Himmel verdunkelte, so daß die Menschen den Film besser sehen konnten, der das Gericht und den Tod Jesu darstellte. Am Sonntag, an dem ein Taufgottesdienst stattfinden sollte, ließ Gott die Hitze abkühlen, indem er wieder eine Wolkenformation sandte, so daß uns die Sonne bei unserem fast zwei Kilometer langen Marsch zum Wasser nicht so auf den Kopf brannte. Ein Mann, den man auf hundert Jahre schätzte, bekehrte sich. „Nun bin ich bereit, Jesus anzunehmen", sagte er. An dem Gebetstag betete ein Mann unter Tränen für seine ungläubige Frau. Sie bekehrte sich an diesem Nachmittag. Ein Lehrer, der sich früher einmal bekehrt hatte, kam mit zerbrochenem Herzen zu Jesus, obwohl er elf Jahre lang Verbindung mit dem Islam gehabt hatte. Seine Frau, eine Mohammedanerin, nahm Jesus an demselben Tag an. Ein neunjähriger Junge, der blind war und das Evangelium nur ein oder zwei Mal von uns gehört hatte, kam auf uns zu mit den Worten: „Ich will Jesus als meinen Herrn und Heiland aufnehmen." Wir nahmen ihn in unsere Obhut und sorgten dafür, daß er die Primarschule für Blinde besuchen kann. Er heißt Rabihu und ist ein netter kleiner Junge.
Sieben junge Männer legten nacheinander Zeugnis ab und sagten: „Ich gebe mein Leben Jesus ganz hin. Ich gehe auf die Bibelschule." Drei andere, der oben erwähnte Lehrer eingeschlossen, gaben ihr Leben Gott und wollen auf die Bibelschule gehen. Ein anderer Mann wollte Blindenschrift lernen. Sein Sohn geht auf die Blindenschule. „Herr Germaine", sagte er, „wenn ich die Blindenschrift lesen könnte, könnte ich sofort eine Klasse mit 30 Schülern übernehmen." Unter jenen sieben jungen Männern war einer, der vier Jahr lang ein Boxer gewesen war. Er ist ein ganz besonderer Mensch. Nun will er den guten Kampf des Glaubens kämpfen. Preist den Herrn! . . .
Mir fehlen die Worte, diese Woche zu beschreiben. Man muß einfach dort sein und mitmachen. Pastor Tambaya wurde neu vom Heiligen Geist erfüllt . . .
Wir wissen nicht, wieviele sich in Katanga bekehrt haben, kennen auch die Zahl derer nicht, die neu erweckt wurden, aber es waren einige Dutzend. Vielleicht sagen nun einige: „Ja, ich wünsche, das könnte auch in unserer Gemeinde geschehen." Es kann auch in deiner Gemeinde geschehen! Es gibt nur eine einzige Bedingung — zahle den Preis an Zeit und Gehorsam gegenüber dem Worte Gottes.[2]
Der dritte Faktor in der Durchführung des Programmes war die Bereitschaft der Gemeinden, auf die Herausforderung einzugehen. Dies be-

weist die Tatsache, daß sich während des ersten Jahres insgesamt 7.000 Gebetsgruppen täglich trafen, um vor Gott für die Rettung von Menschen einzustehen. Die Teilnehmerzahl dieser Gebetszusammenkünfte beträgt bei einer vorsichtigen Schätzung im Durchschnitt acht Personen. So kamen an jedem Tag der Woche 50.000 bis 60.000 Gläubige zusammen, um ernstlich für Erweckung und für die Evangelisationsarbeit zu beten.

„Ich verstehe dies nicht", schrieb ein Mitarbeiter, „ich beginne meine einfache Predigt, schon brechen Männer und Frauen in Tränen der Reue über ihre Sünden aus. Dies ist ganz gewiß das Werk des Heiligen Geistes."[3]

Es ließen sich weitere Zeugnisse dieser Art in großer Zahl anführen. 30.000 Gläubige besuchten Schulungskurse, von denen 24.000 das Studium des Handbuches abschlossen. Für eine Gemeinschaft von Christen, die nur 20.000 getaufte Mitglieder hatte, ist dies eine höchst bemerkenswerte Tatsache. Der Abschluß dieser Studien rüstete die Gläubigen für die Hausbesuche und die persönliche Evangelisation aus.

EVANGELISATIONSTEAMS

Ein wichtiger Bestandteil von NLFA waren die Evangelisationsteams, Gruppen von vier bis sieben Gläubigen, die in unerreichte, unevangelisierte Gebiete gingen. Diese Teams, die nach interkonfessionellen Gesichtspunkten zusammengestellt waren und sich für zwei bis vier Wochen (manche bis zu drei Monaten) zur Verfügung stellten, erfuhren eine besondere Anleitung zu ihrer Aufgabe. Hunderte solcher Evangelisationsteams wurden in bisher unerreichten Gebieten eingesetzt. Sie suchten neue Stämme auf, betraten jungfräulichen Boden. Die Berichte über diese Einsätze waren und sind sehr ermutigend.

Einmal stellten sich über zweihundert junge Männer während ihrer Ferienzeit zur Verfügung, um in noch unerreichten Gebieten zu evangelisieren. Nach einem Monat berichteten sie von ungefähr zweitausend Bekehrungen. Wilfred A. Bellamy beschreibt die Tätigkeit dieser Teams sehr anschaulich:

> Vor beinahe einem Jahr sandte New Life For All Evangelisationsteams in den Nordosten von Nigeria, genannt Bornu. Sechzig junge Männer, die sich für einen Monat zur Verfügung gestellt hatten und Haus und Familie verließen, wurden in Jos, dem Hauptquartier von NLFA, geschult. Die über 700 Kilometer nach Gwosa legten sie mit dem Lastwagen zurück. Von dort wurden sie jeweils zu zweit losgeschickt, um unter Menschen zu leben, die sie zuvor nie gesehen hatten und deren Lebensstil sich von dem ihren stark unterschied. Sie gingen zu diesen Menschen, um ihnen das Evangelium zu bringen. Tag für Tag besuchte man Häuser und erzählte von dem neuen Leben

in Jesus. Für Menschen, die nicht lesen konnten, wurde ein illustriertes Traktat gedruckt, das eine weite Verbreitung und Anwendung fand. Dann erwiesen sich auch die täglichen Lesekurse, die unter dem Motto 'Lesen für alle' angeboten wurden, als sehr beliebt. Viele kamen, um selbst dieses Geheimnis zu ergründen.

Es dauerte nicht lange, bis in Jos Berichte von vielen Bekehrungen eintrafen. In Briefen wurden Einzelheiten mitgeteilt. In einem Dorf bekehrte sich ein berüchtigter Dieb, der daraufhin mit seiner ganzen Habe in die Nähe von Christen zog, um zu lernen, Jesus besser nachzufolgen. In einem anderen Dorf baute man die erste, kleine Kirche und brachte so zum Ausdruck, daß es im Dorf Gläubige gab, die es ernst meinten.

Erst gegen Ende des Jahres 1967 ergab sich die Möglichkeit, dieses Gebiet zu besuchen; die jungen Männer waren schon über sechs Monate wieder zu Hause in Plateau.

Als wir nach einem steilen Aufstieg (der die Tatsache wieder einmal bestätigte, daß die Missionare sich fit halten sollten) das erste Bergdorf erreichten, kam uns begeistert eine Schar Männer entgegen. Diese sechzehn Männer umringten uns, und nachdem wir sie mit Hilfe eines Übersetzers (der den Bergdialekt und Hausa beherrschte) begrüßt hatten, setzten wir uns nieder und unterhielten uns. Wir konnten uns nicht vorstellen, daß alle Christen sein sollten, und so fragten wir einen nach dem anderen: „Kennst du Jesus, den Sohn Gottes? Hast du die Geschichte von dem neuen Leben in Jesus gehört?" Jedesmal erhielten wir sofort die Antwort: „Wir kennen ihn, er ist unser Retter!"

Wir stellten noch eine ganze Stunde lang Fragen, die aber nur unsere Ansicht bestätigten und verstärken konnten, daß diese Männer den Herrn Jesus kennengelernt hatten. Wie freuten wir uns mit ihnen an diesem Morgen! Einige strahlten vor Glück. Sie waren unsere Brüder in Christus geworden – der Heilige Geist beseitigte alle unsere Zweifel.

Wir fragten einen jungen Mann: „Was hat Jesus in deinem Leben geändert?" Er antwortete: „Der Herr Jesus liebt den Schmutz nicht! Ich habe mein Haus geputzt, bade jeden Tag . . . und ich kann euch sagen, daß ich keine Geschwüre habe, seit ich ein Christ bin." Usaman, der sich noch nicht lange bekehrt hatte, hörte aufmerksam zu, als wir ihm die Frage stellten: „Welcher Unterschied besteht zwischen einem Christen und einem Mohammedaner?" Seine Antwort war eindeutig: „Der Mohammedaner beugt sich beim Beten auf die Erde, so, als ob er Gott suchen würde. Aber ich weiß, wo er ist", sagte er und deutete auf sein Herz.

Oben in den Bergen trafen wir den ältesten Mann des Stammes. Sein nackter, runzliger Körper verriet die vielen Jahre, die er der brennenden Sonne und den kalten Winden ausgesetzt war. Er ist jetzt ein Christ. „Wenn ich tot umfalle und die Geister meinen Leib auffressen, dann fürchte ich mich nicht. Meine Heimat ist dort", sagte er und zeigte mit seinem krummen Finger nach oben, „Gott wartet auf mich." Man denke daran, daß in diesem Stamme alle Bräuche, die mit der Beerdigung und der Vorbereitung auf die Reise ins Jenseits in Verbindung stehen, von Zauberei und Aberglaube bestimmt sind. Dies ist wirklich Sieg!

Es sind Anzeichen vorhanden, daß der Heilige Geist nicht nur in den Bergen am Wirken ist, sondern über ganz Bornu hinweg die traditionell mohammedanischen Zentren langsam dem Druck des Evangeliums nachgeben. Männer und Frauen suchen die Wahrheit.

In einer Stadt verkaufte ein Buchladen im letzten Jahr mehr Bibeln an Mohammedaner als an Christen. Ein anderes Mal kam ein Mohammedaner des Kanuri-Stammes auf uns zu. Er verkündete, er habe Jesus als Herrn angenommen, und informierte uns, daß in seiner Stadt noch viele andere seien, die dies getan hatten. Er sagte: „Die Zeit ist für uns noch nicht gekommen, unseren Glauben öffentlich zu bekennen, aber bald wird es soweit sein." Auch ein mohammedanischer Lehrer will den Mut aufbringen, sich öffentlich taufen zu lassen.[4]

KREUZZÜGE IN DEN STÄDTEN

Weitere beeindruckende, charakteristische Kennzeichen der Bewegung sind die großen, gemeinsamen Kreuzzüge und Bekenntnismärsche in den Städten. Gerald Swank berichtet von der Veranstaltung in Kaduna, einem mächtigen mohammedanischen Zentrum.

An diesem Nachmittag waren mehr Menschen in den Straßen der Hauptstadt Kaduna als gewöhnlich. Männer in ihren weißen, wallenden Gewändern fuhren auf Fahrrädern und Motorrädern, und Frauen in farbenprächtigen Trachten, ihre Babys auf dem Rücken, hasteten eilig vorwärts. Busse und Autos jeglicher Art, alle bis zum letzten Platz besetzt, schlängelten sich durch die Menschenmenge. Alles schien sich in die gleiche Richtung zu bewegen.

In dieses Durcheinander hinein marschierten weitere 10.000 Menschen. Diese Truppe war gut organisiert. Sie hatten sich bei einer Kirche versammelt und marschierten nun, zu sechst nebeneinander, in Richtung auf das Ahmadu-Bello-Stadion, in dem die Schlußveranstaltung des Kreuzzuges von New Life For All stattfand. Dies waren eifrige Christen von den beteiligten Kirchen, die in Kaduna gemeinsam einen Kreuzzug durchführten, um der ganzen Bevölkerung zu bezeugen, daß Jesus Christus „der Weg, die Wahrheit und das Leben" ist und man nur in ihm allein das Heil finden kann.

Diese Veranstaltung bildete den Höhepunkt einer Evangelisationswoche, die im alten Fußballstadion mit dem schwarzen Evangelisten Howard O. Jones als Redner abgehalten worden war. Tausende hatten jeden Abend die Veranstaltungen besucht und den vom Geist gewirkten Botschaften aufmerksam zugehört, und Hunderte waren der Einladung gefolgt, nach vorne zu kommen und das neue Leben in Jesus Christus zu erhalten. Und nun bezeugten viele in diesem Bekenntnismarsch zum ersten Mal ihren Glauben an Jesus, den sie noch nicht lange gefunden hatten.

Einige von uns eilten dem Bekenntnismarsch voraus, um schon eher im Ahmadu-Bello-Stadion zu sein. Wir waren überrascht, als wir sahen, daß die Haupttribüne schon voll war — selbst in den Gängen saßen die Menschen. Viele waren enttäuscht, daß sie auf der Haupttribüne keinen Platz mehr haben konnten, fanden aber schnell auf der rechten und linken Seite noch freie Plätze. Die Ordner leisteten gute Arbeit, indem sie den Leuten ihre Plätze zuwiesen und für Ordnung sorgten.

Die Veranstaltung begann pünktlich 5.15 Uhr nachmittags mit dem Absingen der nigerianischen Nationalhymne. Der Pastor einer lokalen Gemeinde begann mit Gebet. Dann bat man alle, die während des Kreuzzuges das neue Leben gefunden hatten, aufzustehen. Eine große Menge erhob sich. Jeder lobte Gott für seine große Macht und den Segen, den er auf den Kreuzzug gelegt hatte.

Die Menge hörte der Botschaft von Pastor Jones aufmerksam zu, die von Malam Dalhatu in den Hausadialekt übersetzt wurde. Auf die Einladung, vor die Haupttribüne zu kommen, kamen über 600 Menschen nach vorne und blieben zurück. Die Seelsorger waren nach zwei Stunden noch nicht fertig.

Nach dem Schluß der Veranstaltung sagte der Informationsminister, der mit anderen wichtigen Persönlichkeiten dabeigewesen war, dem Team von New Life For All, daß 16.000 Menschen im Stadion waren, was seit der Eröffnung des Ahmadu-Bello-Stadions nicht mehr der Fall gewesen wäre. Er bedankte sich für das sehr interessante Programm. New Life For All ist in Kaduna nicht am Ende. Viele brachten ihren Wunsch und Entschluß zum Ausdruck, weiter für Jesus zeugen zu wollen. Gott möchte, daß seine Kinder jeden Tag ein Zeugnis für ihn sind. Einige wollen jedes Jahr einen Kreuzzug in der Stadt durchführen. Preist den Herrn![5]

ZEITPLAN DER RÜSTZEIT FÜR MITARBEITER
Thema: Der Heilige Geist – der Herr der Ernte (Sach. 4,6)

Zeit	Montag	Dienstag	Mittwoch	Donnerstag	Freitag
6.00 – 7.00		Gebet – Heiliger Geist und Gebet (Komitee verantwortlich)			
8.00 – 8.45		Botschaft – Der Heilige Geist und die Mitarbeiter (NLFA-Team)			
8.45 – 10.00		Leiterhandbuch – Information (NLFA-Team)			
Pause		Pause			
10.15 – 11.30		Handbuch – Anleitung (NLFA-Team)			
11.30 – 12.30		Handbuch – Diskussion in Gruppen (Pastoren)			
Pause		Pause			
15.00 – 15.30	Bezirkskomitee trifft sich zur Besprechung der Rüstzeit	Gebet – besondere Gebetsanliegen (Komitee)			
15.30 – 16.30		Leiterhandbuch – Fragen und Antworten (NLFA-Team)			
16.30 – 17.30		Komiteesitzungen			
20.00 – 21.00	Botschaft	„Der Heilige Geist und die Gemeinde" (NLFA-Team)			

DAS WUNDER EINES NEUEN LEBENS

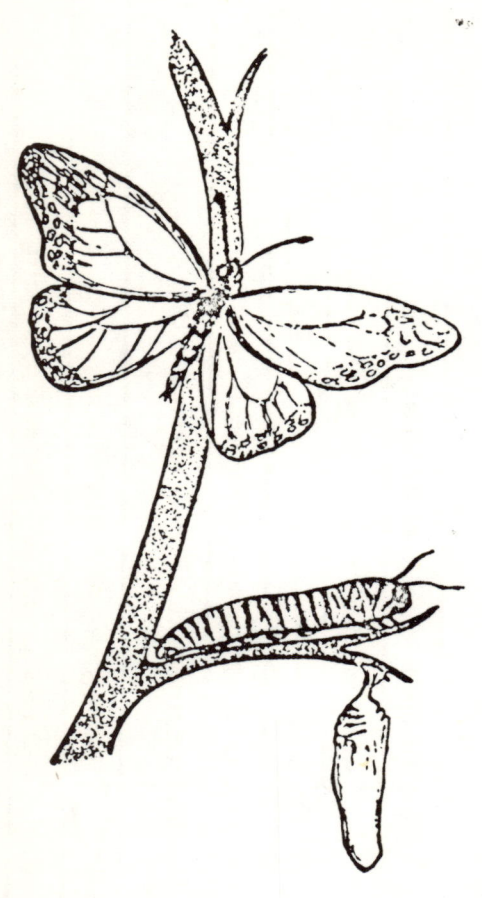

Kapitel 21

FAKTOREN, DIE ZUM GELINGEN VON NEW LIFE FOR ALL BEITRUGEN

Zur Bewertung von New Life For All ist es notwendig, zum Herzen der organisch strukturierten Bewegung vorzudringen, ihre Grundlagen, Kennzeichen und Komponenten bloßzulegen und die Frage zu beantworten, was New Life For All seinem Wesen nach ist. Die Analyse von NLFA gibt uns einige wichtige Faktoren zu erkennen.

Erstens: NLFA ist in erster Linie eine Bewegung der Erneuerung. Sie will die Gemeinden und die Gläubigen ganz neu auf die Tatsache aufmerksam machen, daß sie in Jesus ein neues Leben haben – ein Leben, das ein Zeugnis Jesu Christi in dieser Welt sein kann und sein muß. Dieses Leben bringt Frucht, wenn wir Zeugnis ablegen. Das Symbol von NLFA, ein Getreidehalm, das in der ganzen Literatur der Bewegung auftaucht, soll auf diese Tatsache hinweisen; auch das Bild von dem Kokon und dem Schmetterling bringt diese Wahrheit anschaulich zum Ausdruck.

Zweitens: NLFA ist eine Erneuerungsbewegung mit dem klaren Ziel, die Evangelisation zum Zentrum der Aktivitäten der Gemeinde zu machen und das ganze Gemeindeleben und Gemeindeprogramm auf die Evangelisationsarbeit zu konzentrieren. Durch formelle und informelle Verkündigung des Evangeliums an alle Menschen und durch das ernsthafte Bemühen, Menschen zu einer Entscheidung für Jesus zu führen, wurde die Evangelisation für die Gemeinden praktisch.

Drittens: NLFA ist ein organisierter Versuch, jedes Gemeindeglied und alle der Gemeinde verfügbaren Mittel im Rahmen der Lokalgemeinde für das umfassende, uneingeschränkte Unternehmen zu mobilisieren: den Auftrag Jesu zu erfüllen. Man ist ernsthaft von der Tatsache überzeugt, daß eine totale Evangelisierung nur durch eine totale Mobilisierung von Menschen und Mitteln erreicht werden kann, die der Gemeinde zur Verfügung stehen und auf das Volk und die einzelne lokale Gemeinde passen. In der Gleichung totale Mobilisation = totale Evangelisation kommt dieser Grundsatz gut zum Tragen.

Viertens: NLFA ist ein organisierter Versuch der totalen Evangelisierung mittels einer totalen Mobilisierung aller Hilfsmittel
a) gemäß einer spezifischen, realisierbaren Strategie, die in einem klar

umrissenen geographischen Gebiet durch eine gemeinsame Anstrengung durchgeführt wird und sich auf die Evangelisation beschränkt;
b) gemäß einem spezifischen Arbeitsplan – Vorbereitung, Information, Instruktion, Evangelisation, Konsolidierung, kontinuierliches und zentrales Gebet – und einem spezifischen Zeitplan, auf den sich alle Kirchen des Zielgebietes einigen, damit die Anstrengung überall gleichzeitig durchgeführt wird und alle zur gleichen Zeit dasselbe tun;
c) gemäß einer spezifischen Methodologie – der Mobilisierung und Schulung aller Gläubigen im Rahmen seiner eigenen Gemeinde für ein effektives Zeugnis für Jesus, vereinten evangelistischen Einsätzen, gleichzeitigen Erweckungsversammlungen, Evangelisationsteams, der Verwendung von Literatur und Radio und der Durchdringung der Bevölkerung mit dem Evangelium durch alle verfügbaren Mittel;
d) gemäß einer spezifischen Organisation – schon von Anfang an sah man die Notwendigkeit eines umfassenden Organisationsmodells;
e) gemäß einer spezifischen Botschaft. Dies ist ein wichtiges Kennzeichen und verdient besondere Beachtung. Alle evangelistischen Unternehmungen predigen das Evangelium, aber ich bin bis jetzt noch auf keine andere Bewegung gestoßen, die vorsieht, daß eine einmalige Botschaft von allen Gläubigen gleichzeitig in die Welt hinausgetragen wird. NLFA hat eine solche Botschaft entworfen und mündlich wie auch schriftlich dargestellt.

Die Botschaft wird in fünf Punkten wie folgt umrissen:

1. Gott schuf den Menschen. Dieser Satz war eine hervorragende Möglichkeit, den Kontakt herzustellen und ein Gespräch zu beginnen. Mohammedaner, Heiden und Christen glauben alle an die Schöpfung. In bezug auf diese Tatsache ist man sich einig, auch wenn sie sehr verschieden interpretiert wird.

2. Der Mensch verwarf das Leben. Diese Aussage betont den Fall des Menschen, seinen sündigen Zustand und seine Schuld vor Gott, und verweist zugleich auf die Tatsache, daß er von diesem ausweglosen Zustand erlöst werden muß, was er aber nicht aus eigener Kraft erreichen kann.

3. Gott schenkt in Jesus Christus neues Leben. Dies ist die Geschichte von der wunderbaren Liebe Gottes und der Erlösung in und durch Jesus.

4. Der Mensch muß das neue Leben annehmen. Diese Aussage betont den subjektiven Aspekt der Erlösung und die Notwendigkeit der Buße und des Glaubens. Der Mensch gewinnt das neue Leben nur dann, wenn er das, was Jesus möglich gemacht hat, im Glauben für sich in Anspruch nimmt.

5. Das neue Leben wird durch den Menschen sichtbar. Das neue Leben ist die Dynamik des Lebens, die das Leben in allen seinen

Beziehungen umwandelt und befreit. Wahre Gläubige werden Jesus nachfolgen, ihm nacheifern und von ihm lernen, und werden bestrebt sein, anderen von ihm weiterzusagen. Das neue Leben manifestiert sich im Leben und Zeugen für Jesus.

Die Botschaft war mehr als jeder andere einzelne Faktor dafür verantwortlich, daß die Bewegung zu einer harmonischen Einheit verschmolzen wurde. Sie wurde zur Dynamik des Programms, entfaltete in den Zeugen eine große Kühnheit, fesselte die Aufmerksamkeit der Zuhörer und half, das Programm in eine fortlaufende Bewegung umzuwandeln. Organisation, Leitung und Arbeitsplan waren nur der Rahmen, innerhalb dessen diese Dynamik zur Entfaltung kam. Nur wenige Evangelikale haben die Bedeutung einer kurzgefaßten, dynamischen, relevanten Botschaft in einer evangelistischen Bewegung erkannt. Dieser Aspekt wurde noch nicht genügend untersucht. Wir haben hier eine ungenützte Dynamik von ungeheurer Bedeutung.

Es ist beachtenswert, daß dieser einmalige und dynamische Bestandteil der Bewegung nicht von den Organisatoren entworfen wurde, die am 1. August 1963 NLFA gründeten. Vielmehr zeichnen zwei einheimische Brüder dafür verantwortlich, die ein Handbuch für die Schulung der Laienmitglieder der Gemeinden, die sich an NLFA beteiligen würden, entwerfen und aufstellen sollten. Fünf Kapitel dieses Handbuches sind der Entfaltung der Botschaft gewidmet. Alle Teilnehmer studieren die Botschaft, um sie ihrer Umgebung weiterzusagen. Der Wert dieser Methode hat ihren Wert in der Bewegung bewiesen.

Fünftens: NLFA ist ein organisierter Versuch der totalen Evangelisation durch die Mobilisierung der geistlichen Reserven sowie durch die weitere Ausbildung und Pflege der Abhängigkeit von Gott. Der Mittelpunkt des Programmes sind die Gebetszellen, und man betont, daß der Heilige Geist das ganze Programm durchdringen muß. So entsteht eine starke, geistliche Dynamik.

Sechstens: NLFA hat durch sein Programm das Potential, das Leben der Gemeinde und des einzelnen Gläubigen zu stärken und zu bereichern, sowie das Vermögen, sich selbst in eine bleibende Bewegung umzuwandeln, die in das Gemeindeleben als normale Verhaltensweise integriert ist. Die folgenden Berichte bestätigen, daß dies tatsächlich der Fall ist. Diese Berichte wurden auf einer Konferenz im Juni 1968 gegeben und zeugen von einer Fortsetzung der Arbeit, die 1964 begonnen wurde.

BUKURU — *M. Kwang Rwang*. Vier Kirchen arbeiten mit NLFA zusammen. Seit dem Kreuzzug des letzten Jahres in Bukuru, demzufolge ungefähr 1.300 Menschen seelsorgerliche Hilfe beanspruchten, führen wir in einem großen Kinosaal monatlich Veranstaltungen durch, die sehr gut besucht sind. Durch Hausbesuche und Evangelisationsteams, die in unseren Bezirken arbeiteten, kamen 278 Menschen zum Glauben. An zehn verschiedenen Orten wird einmal im Monat eine halbe Gebetsnacht durchgeführt. 119 Gemeindeglieder bestanden die Prüfung nach Abschluß der Handbuchstudien.

FOROM — *M. Gyang Jatau.* Wir verkauften 1.200 Handbücher und 300 Gebetskärtchen. 2.000 meldeten sich zur Prüfung. Durch den Verkündigungsdienst kamen in drei Distrikten 247 zum Glauben. Einige Berichte haben uns noch nicht erreicht. Wir kauften und verteilten über 5.000 Literaturteile.

DIKO — *M. Sale Abner.* Anfangs des Jahres führten wir eine Gebetswoche durch, um für Evangelisationsteams zu beten. Am Ende der Woche fragten wir, wer bereit wäre, zu gehen. 76 erklärten sich bereit, eine Woche lang mitzumachen. Fünfzig andere versprachen, jeden Abend für das Team zu beten. Zwanzig taten Buße. Das Team predigte in 151 Dörfern.

KAGORO — *M. Barnabi Bideth.* Seit vergangenem Jahr haben die Gläubigen hier eine bestimmte Zeit festgesetzt, zu der sie jeden Tag für die beten, die lau sind, für die Teams und für den Frieden von Nigeria. Viele nahmen sich Zeit, Dörfer zu besuchen. Viele taten Buße. Dieses Jahr haben sich ungefähr 300 Menschen bekehrt. Zirka 400 haben ihr Leben neu in Ordnung gebracht. Die Mitarbeiter hier staunen über die Gebetserhörungen.

KWOI — *P. Dawuda Auta.* Wir wurden samt unserem Bezirk durch den Dienst der Evangelisationsteams reich gesegnet. Sie arbeiteten in drei verschiedenen Gebieten. Insgesamt kamen 166 Menschen zum Glauben.

DUTSEN MADA — *M. Dan Taro.* In diesem Jahr sandten wir 35 Männer hinaus, die für ein bis zwei Wochen in Evangelisationsteams arbeiteten. Es gab reichen Segen. Wir haben 406 Gebetszellen, fast 150 mehr als letztes Jahr. Wir planen für nächstes Jahr Kurse für Evangelisationsteams, die in drei Distrikten stattfinden sollen.

MIANGO — *M. Gado Miango.* Der Einsatz mit NLFA war hier nicht besonders gut. Ich habe dann einige Evangelisationsteams zusammengestellt. Wir gingen hinaus und predigten — als Folge davon konnten wir zwei neue Gemeinden gründen. Wir brauchen in Miango viel Gebet.

WUKARI — *Dorothy Sytsma.* Der Dienst der Evangelisationsteams war wie sonst reich gesegnet. In einem Gebiet stießen wir auf Widerstand. Wir hatten keine Erlaubnis erhalten, in diesem Distrikt zu predigen. So fuhren wir mit dem Fahrrad nach Jalingo. Wir benötigten über zwei Tage, bis wir das Zentralbüro erreichten. Von dort wurden wir unverzüglich zu unserer Arbeit zurückgeschickt und wir erfuhren, daß es kein Gesetz in Nigeria gibt, das das Predigen verbietet. Der Taraba-Distrikt braucht Prediger, die mit den Menschen leben. Wir konnten zwei neue Gemeinden gründen. 104 Menschen haben sich bekehrt.

ZONKWA — *Pastor Simon Nkom.* Die Evangelisationsteams haben dieses Jahr viel geleistet. Wir erhielten so viele Spenden, daß wir 27 Mitarbeiter in die Distrikte Kufana und Chawai schicken konnten. Insgesamt haben sich ungefähr 900 Menschen bekehrt. Wir wollen nun sehen, daß wir von den verschiedenen Gemeinden Prediger erhalten, die diese Neubekehrten betreuen. Wir beten um Geldmittel, damit wir nächstes Jahr weitere Evangelisationsteams in diese Gebiete schicken können.[1]

Dies sind kurz zusammengefaßt die Grundsätze von NLFA. Es ist schwierig, sie von der Bibel her zu kritisieren.

DIE VORSEHUNG GOTTES UND NEW LIFE FOR ALL

Nach dieser Analyse wollen wir uns nun der Vorsehung Gottes zuwenden, die wir in der Situation, die in Afrika vorliegt, erkennen können. Nur wenn wir diese göttliche Fügung sehen, können wir den Erfolg von NLFA verstehen. Gleich zu Beginn will ich festhalten, daß das Programm meiner Beobachtung, meinen Eindrücken und tatsächlichen Forschungsergebnissen nach insgesamt als Erfolg zu bezeichnen ist. Es ist durch hohe geistliche Qualität, wirkliche Schriftgemäßheit und gesunde Methodologie gekennzeichnet und ist vollständig von einheimischen Mitarbeitern und Mitteln getragen. Aber keiner dieser qualitativen Faktoren genügt zur Erklärung der Leistungen von NLFA. Wir müssen vor dem Erfolg von NLFA das Wirken Gottes sehen. Mindestens vier Faktoren sind zu beachten:

Erstens sind sich die Experten fast alle darin einig, daß die Länder Afrikas südlich der Sahara mit wenigen Ausnahmen höchst potentielle Gebiete darstellen. So hat dort fast jede Bewegung Erfolge zu verzeichnen. Afrika steht mitten in einem Umbruch. Dies führt zu einer bestimmten kulturellen und psychologischen Stimmung und ruft ein Gefühl der Unsicherheit hervor, da die früheren Haltetaue gekappt wurden. Man hegt große Hoffnungen, erstrebt ein besseres Leben, eine bessere Zukunft. Für das Evangelium ist dies fruchtbarer Boden.

Zweitens haben die evangelikalen Kirchen nur eine geringe oder überhaupt keine institutionell strukturierte Konkurrenz auf dem Gebiet der Evangelisation. Die meisten traditionellen Kirchen sind mit dem Ökumenismus, der Philanthropie und sozialen Reformen beschäftigt und haben für eine schriftgemäße Evangelisationsarbeit weder die Zeit, die Energie noch die Mitarbeiter. Der Katholizismus als traditionelles System ist für die Evangelisation in Afrika im Gegensatz zu Lateinamerika und Teilen Europas keine große Gefahr. In Afrika findet auch keine Wiederbelebung einer alten Religion statt wie in Asien. Afrika ist fast durchweg offen für das Evangelium und für eine aggressive Evangelisationsarbeit.

Drittens sind wir der Überzeugung, daß der Heilige Geist in Afrika auf eine einzigartige Art und Weise am Werk ist und den Übergriffen des Islam Einhalt gebietet. Das Evangelium erfährt auf wunderbare Weise einen großen Segen, indem der Geist Gottes die Herzen zahlloser Menschen vorbereitet. Gott beruft seine Erwählten von der schwarzen Rasse und macht die Zahl derer, die aus den Nationen kommen, voll. Afrika muß in der Gemeinde Jesu Christi mit Myriaden von Menschen vertreten sein.

Viertens ist das Programm von NLFA völlig schriftgemäß und befindet sich in Übereinstimmung mit dem vollkommenen Willen Gottes. Er will, daß alle Menschen die frohe Botschaft von seinem gnädigen und wunderbaren Handeln in seinem Sohn Jesus Christus erfahren. Er will, daß jedes Glied an seinem Leibe, der die Gemeinde ist, mobilisiert und in seinem Weinberg brauchbar wird. Er will, daß sich die Gemeinde der geistlichen Reserven, die im Heiligen Geist vorhanden sind, bedient und sie durch demütiges, inbrünstiges, gemeinsames Gebet für sich in Anspruch nimmt. Indem die Bewegung ganz in dem Willen Gottes steht, muß sie schließlich Erfolg haben. Die Tatsache, daß eine Bewegung wie NLFA gerade in dieser Zeit entsteht, ist nur der göttlichen Fügung zuzuschreiben.

Kapitel 22

ERGEBNISSE VON NEW LIFE FOR ALL

Die Ergebnisse von New Life For All sind am besten anhand der Ausbreitung des Programms sowie des Nutzens, den es für die Gemeinden und Kirchen gebracht hat, darzustellen.

New Life For All erfuhr in Nigeria und in ganz Afrika eine fortschreitende Ausdehnung. Überall sprach man davon, und allmählich dehnte sich die Bewegung in ganz Nigeria aus, abgesehen von den Orten, in denen Krieg herrschte. Es gelang zwar nicht, den Süden zu durchdringen, da dort die Gleichgültigkeit, was kirchliche Angelegenheiten betrifft, sehr groß ist (die Anglikaner und Methodisten sitzen fest im Sattel, daneben besteht noch eine starke baptistische Minderheit). Aber die evangelikalen Gemeinden strengen sich gewaltig an, sämtliche ihnen zur Verfügung stehenden Mittel zu mobilisieren. Einige Denominationen arbeiten mit — in Lagos steht ein Anglikaner an der Spitze der Bewegung.

Außerhalb von Nigeria wurden zuerst in Niger, Obervolta, Mali, Sierra Leone und in der Elfenbeinküste Seminare und Rüstzeiten durchgeführt. Diese Länder führen das Programm durch. Als Antwort auf zahlreiche Anfragen gestattete man die Übersetzung der NLFA-Materialien in zwölf verschiedene Sprachen. Weitere Anfragen werden zur Zeit begutachtet.

Im Juli 1968 traf sich der West African Congress on Evangelism auf dem Campus der Universität von Nigeria in Ibadan. Die Schirmherrschaft des Kongresses lag in den Händen der Nigerian Evangelical Fellowship und von New Life For All mit Pastor David I. Otalajo als Vorsitzendem. Der Kongreß war einberufen worden, um die Ergebnisse des Congress on the Churchs Worldwide Mission (Wheaton 1966), des Weltkongresses für Evangelisation (Berlin 1966) und anderer ähnlicher Konferenzen auf praktische Weise auch in Afrika durchzuführen. Man erhoffte sich dadurch für die Evangelisation auf dem afrikanischen Kontinent neue Anstöße. Die Ziele dieses Kongresses waren

1. eine neue Definierung der Evangeliumsbotschaft von der Erlösung durch den Glauben an Jesus Christus gemäß der Heiligen Schrift;
2. die Feststellung der Relevanz dieser Botschaft für die Nöte und Bedürfnisse Westafrikas heute;

3. die Überzeugung der Christen Westafrikas von ihrer Verantwortung, diese Botschaft allen Menschen weiterzusagen;
4. die Untersuchung von Evangelisationsmethoden, die für Westafrika am geeignetsten sein könnten;
5. die Einrichtung einer Vermittlung, in der die Christen Westafrikas durch den Austausch von Ideen, Interessen und Diensten gegenseitige Hilfe erhalten können.

Ungefähr 450 Delegierte aus ganz Afrika besuchten den Kongreß. Die meisten Länder waren durch mindestens zwei Delegierte vertreten. Hier wurden jeden Nachmittag im Plenum und in Seminaren das Programm von NLFA vorgestellt. Die Delegierten der verschiedenen Länder entwarfen Pläne für ihr eigenes Land. Sie akzeptierten die Prinzipien und Methoden von NLFA einmütig und begeistert und hatten die Absicht, ihre Eindrücke und ihr Verständnis des Programms nach Hause mitzunehmen, um dort das Feuer der Evangelisation anzuzünden.

Südafrika, Ostafrika und Zentralafrika luden NLFA ein. So besuchten Pastor Wilfred Bellamy und Pastor Yakubu Yako im November und Dezember des Jahres 1968 große Teile Afrikas und gaben in Rüstzeiten und Kursen ihre Erfahrungen und ihre Kenntnisse an die Verantwortlichen von achtzehn strategisch wichtigen Stellen weiter.

NLFA wird für weite Teile Afrikas das Evangelisationsmodell. Das NLFA-Büro arbeitete mit dem Büro der Association of Evangelicals in Africa and Madagascar in Nairobi bei der Einrichtung dieser Verbände zusammen. Die Organisation, die sich über den ganzen Kontinent erstreckt, gab ihre Zustimmung und ihre Unterstützung.

Der Nutzen, den die Gemeinden und Kirchen aus der Bewegung zogen, ist ebenso ein quantitativer wie ein qualitativer.

DER QUANTITATIVE NUTZEN

Ich kann meine Entdeckungen, die viele unserer Gemeinden beschämen, nur kurz zusammenfassen:
1. Die Durchdringung der umliegenden Bevölkerung mit dem Evangelium. In acht von zwölf Zusammenkünften versicherten mir die Pastoren ländlicher Gebiete, daß es in ihrem Bezirk kein Dorf mehr gibt, in dem das Evangelium noch nicht verkündet wurde. In Igbaja traf ich mit acht Vertretern von vierzehn Gemeinden zusammen, die von 100 bis 120 Dörfern umgeben sind. Auch hier wurde mir zugesichert, daß in allen diesen Dörfern das Evangelium auf irgendeine Art bekannt gemacht worden sei. In Kwai kam ich mit acht Männern und einer Frau, die dieses Gebiet repräsentierten, zusammen — dort bekennen sich über fünfzig Prozent der Bevölkerung zu Jesus Christus. Auch hier wurden

alle Städte und Dörfer mit dem Evangelium überzogen, ohne daß irgendein Haus oder Grundstück ausgelassen worden wäre.
2. Die zahlenmäßige Vergrößerung der Gemeinden nach Mitglieder- und nach Besucherzahlen. Zahlreiche Gemeinden berichten von einer Zunahme der Gottesdienstbesucher um 25 bis 50 Prozent, und die Zahl der Täuflinge nimmt im Blick auf das Jahr vor NLFA um 15 bis 35 Prozent zu. Von besonderem Interesse ist die Tatsache, daß sich auch ältere Männer und Frauen sowie einige Mohammedaner taufen ließen. Der Sekretär der Kirchen der ECWA, Kato, teilte mir mit, daß er jede Woche zwei oder drei Briefe erhält, die in bezug auf den Ausbau von Gemeinden um Hilfe bitten, der wegen des Anwachsens der Mitgliederzahlen und der größeren Besuchermengen notwendig wurde.

Diese Denomination wuchs von 918 Gemeinden im Jahre 1964 auf 1.116 Gemeinden im Jahre 1967 und verdoppelte in diesen Jahren ihre Mitgliederzahlen, die von 21.000 auf 42.000 anstiegen. Der durchschnittliche Gottesdienstbesuch dieser Gemeinden beträgt jeden Sonntag insgesamt zwischen 300.000 und 350.000 Besuchern.

Überall da, wo NLFA durchgeführt wurde, entstanden Dutzende neuer Gemeinden und wurden Hunderte neuer Predigtzentren eingerichtet. Doch ist festzuhalten, daß nicht alle Gemeinden von einem Wachstum berichten. Für das Gemeindewachstum bestehen noch andere Faktoren als das Evangelisationsmodell von NLFA.

Eine vergleichende Untersuchung des vorliegenden Materials scheint darauf hinzudeuten, daß der englische Zweig der Vereinigten Sudanmission die größten Erfolge zu verzeichnen hatte. Dies veranlaßte mich natürlich, die Zusammensetzung dieser Missionsgesellschaft eingehender zu untersuchen. Das Geheimnis scheint in der Beziehung der Missionare zu der einheimischen Kirche zu bestehen. Die Aktionen der Mission und die Kirche wurden zu einer gesunden Einheit verschmolzen. Diese 'Ehe' ist ein wunderbarer Erfolg. Ohne Zweifel ist die Mission-Gemeinde-Beziehung ein sehr dynamischer Faktor für das Gemeindewachstum.

Anläßlich einer Zusammenkunft im Januar des Jahres 1969 berichteten Verantwortliche der evangelikalen Missionen und Kirchen, daß die Taufen sich verdoppelt, an einigen Stellen sogar verdreifacht haben. Eine große Organisation hat heute eine jährliche Wachstumsrate von 20 Prozent. Eine andere Gruppe berichtete von einem Zuwachs von 30 Prozent.
3. Die äußere Ausbreitung in neue Dörfer, Gebiete und Stämme durch den Einsatz von Evangelisationsteams. Diese Teams rekrutierten sich aus Laien und arbeiteten in den bisher unerreichten Gebieten. Sie bestanden aus je vier bis acht Männern, gewöhnlich von verschiedenen Denominationen, um so das Evangelium Jesu zu bezeugen. Ein Besuch in Gani, einem Dorf, das zirka 100 Kilometer von Kano entfernt liegt und eine

Buschstation der SIM ist, überzeugte uns von der Wirksamkeit dieser Arbeit.

Verschiedene Teams hatten einige Monate dort verbracht, indem sie predigten und Zeugnis ablegten. Nach ihnen kamen einige Evangelisten. Sie zählten uns 25 Dörfer auf, die durch den Dienst der Teams für das Evangelium erschlossen wurden. In mehreren Dörfern gab es einige Gruppen von Gläubigen, andere baten um Lehrer, die sie im christlichen Glauben unterrichten sollten. Man könnte endlos solche Berichte zitieren. Gerald Swank erfuhr kürzlich von ungefähr hundert solcher Dörfer.

4. Nigeria wurde auf die Existenz einer dynamischen, evangelikalen Bewegung aufmerksam, die nicht bereit war, passiv zu bleiben oder sich den Gegebenheiten einfach zu fügen. Ein mohammedanischer Lehrer von Kaduna drückte dies sehr richtig mit folgenden Worten aus: „Ihr Christen habt uns gezeigt, wie man Gläubige gewinnt. Auch wir müssen uns aufmachen und hart arbeiten. Auch wir werden Gläubige gewinnen."

Die gemeinsamen, gleichzeitigen Akzente, die man setzte, die 'Invasion' einer Stadt durch Dutzende von bekennenden Teams, die zahlreichen Gebetszellen in den Städten, zu denen die Nachbarn immer wieder eingeladen wurden, die weite Verbreitung von Literatur, die vereinten Kreuzzüge und Bekenntnismärsche, das Radio und die überall angebrachten Poster — all das machte Nigeria auf die Tatsache aufmerksam, daß etwas vor sich ging.

NLFA machte auch den Unterschied zwischen einer lebendigen, dynamischen, funktionierenden Kirche und einer abgekapselten, traditionell strukturierten Kirche deutlich — in der letzteren ist heute eine Bewegung festzustellen. Von Gott gesandte 'geistliche Erdbeben' haben etwas Besonderes an sich. Willis J. Hunking schreibt:

> Ich hoffe, daß Fräulein Pridham, die an unserem Kinderevangelisationsprogramm beteiligt ist, hierher (nach Ilorin) kommen wird. Sie und ihre zwei Helfer haben in den Schulen die großartigste Arbeit geleistet, wie ich sie in NLFA sonst nicht kenne. Sie verwandten unsere Botschaft von NLFA. Es ist interessant, daß trotz der nicht gerade überwältigenden Unterstützung durch die anglikanischen Pastoren die Lehrer und Schüler von dem ganzen Programm in ihren anglikanischen Schulen total begeistert sind. Die Reaktion, die sie dort hatten, ist einfach großartig. Ich glaube, daß dein Freund, Dr. Peters, dies interessant finden wird. Die Kirche ist nicht sehr interessiert, aber ihre Schulen wollen um jeden Preis, daß das Team kommt und ihnen in der Evangelisationsarbeit hilft. Ich weiß nicht, was daraus noch alles werden wird, aber für heute kann ich sagen, daß die jungen Leute nach etwas greifen.[1]

In Lagos gab es eine interessante Entwicklung. Hier soll der anglikanische Bischof gesagt haben, daß NLFA gerade die Bewegung sei, die Nigeria braucht. Bei einer Versammlung, auf der man Bericht erstattete, hörte der Archidiakon aufmerksam zu. Überwältigt von den Bekehrungsgeschichten, die er aus dem Munde der einfachen Laien hörte, stand er auf, erhob seine Hände zum Zeichen der Dankbarkeit gegenüber Gott und forderte alle auf, die Doxologie zu singen. Dies sind Ergebnisse am Rande, die weitreichende Bedeutung haben und unerwarteten Gewinn bringen.

5. Wunder. Die Bewegung weist auch einige einmalige Manifestationen des Übernatürlichen im physischen Bereich auf. Man berichtet von Heilungen, wie zum Beispiel von der allmählichen Wiederherstellung des Augenlichts bei einer blinden Frau, für die man gebetet hatte. Ein zehnjähriger Junge, der gelähmt war, wurde geheilt. Ein junges Mädchen wurde augenblicklich von einem starken Fieber geheilt. Gott zeigt, daß er physischen und geistlichen Nöten genügen kann und seine Gegenwart und liebende Fürsorge Realität sind.

Die Ausgabe der Zeitschrift Africa Now vom August 1968 berichtet: Ein Teammitglied wurde von einem Mann angesprochen, dessen kleiner Sohn hoffnungslos krank war. Er streckte ihm das bewußtlose Kind hin und sagte: „Wenn euer Gott so mächtig ist, dann soll er meinen Sohn heilen." Erschüttert nahm der junge Mann das Kind entgegen und betete inbrünstig. Fast augenblicklich begann das Kind sein Bewußtsein wiederzuerlangen, am anderen Morgen war es vollständig gesund. Viele bekehrten sich in diesem Dorf.[2]

Es ist auch zu erwähnen, daß ab und zu im Radio oder in einem Rundbrief besondere Gebetserhörungen den Gläubigen mitgeteilt wurden, um dadurch die Kleinmütigen zu ermutigen.

DER QUALITATIVE NUTZEN

Wir führten oben aus, daß NLFA durch sein Programm die Eigenschaft besitzt, die Gemeinde und die Gläubigen zu befruchten, und das Potential der Kontinuität einer Bewegung in sich schließt. Folgende Fakten beweisen dies:

1. *Gebet.* Es gab 7.000 Gebetszentren, in denen sich täglich 50.000 bis 60.000 Gläubige trafen. In allen zwölf Zusammenkünften mit den Pastoren und Gemeindeleitern war man sich darüber einig, daß in den Gemeinden ein neuer Gebetsgeist herrschte und daß die Gläubigen eine neue Einstellung zum Gebet gewonnen hatten. Es hatte eine erstaunliche Vertiefung des Gebetslebens stattgefunden. Das Gebet war für die Gläubigen eine Realität geworden. Zwei Faktoren scheinen an dieser Umgestaltung beteiligt gewesen zu sein.

Erstens führte die Tatsache, daß das Gebet von der Kirche in die Häuser verpflanzt wurde, den Leuten deutlich vor Augen, daß das Haus eine wirkliche Stätte des Gebets sein kann. Heute kommt man in vielen Häusern nicht nur in den Gebetszellen zusammen, sondern noch häufiger ist es, daß in den Häusern regelmäßige Familienandachten stattfinden. In Igbaja läuten 5 Uhr morgens die Kirchenglocken, um die Christen für die Familienandacht, bestehend aus Bibellesen und Gebet, zu wecken.

Zweitens besteht die Tatsache, daß das Gebet des Glaubens einige höchst ungewöhnliche Gebetserhörungen bewirkt hat. Viele Menschen, die auf der Gebetsliste einer Gebetszelle standen, reagierten auf die Verkündigung des Evangeliums plötzlich ganz verheißungsvoll und andere kamen ohne besondere Einladung von selbst in die Gebetsgemeinschaften. Von einem Dorf wird ein sehr außergewöhnlicher Vorfall berichtet.

Mehrere Gebetszellen beteten gemeinsam für drei bestimmte Männer. Alle drei wurden vom Heiligen Geist gedrängt, den Pastor an einem Abend um Hilfe zu bitten. Ohne sich abgesprochen zu haben, trafen sie sich an jenem Abend im Haus des Pastors und übergaben ihr Leben Jesus. Gott verherrlichte seinen Namen durch die Gebetserhörungen, die er seinen Kindern zuteil werden ließ.

2. *Zeugnis.* Die Pastoren waren sich alle einig, daß zum ersten Mal im Leben der Gläubigen das Zeugnisgeben für Jesus zum Durchbruch kam. Ob aus Gewohnheit oder aus Vernachlässigung, die Tatsache bleibt bestehen, daß es den Missionen bis dahin nicht gelungen war, den einheimischen Gläubigen die Tatsache ins Bewußtsein zu bringen, daß das Zeugnis ein wesentlicher Bestandteil des normalen Christenlebens ist. Auch Pastoren bekannten, sie hätten von ihren Leuten nicht wirklich erwartet, daß sie für Jesus zeugen. Dafür waren mehr oder weniger die Missionare verantwortlich. Der Pastor war für seine 'Herde' da, und die Menschen kümmerten sich wenig um den Zeugendienst.

NLFA hat diese Einstellung revolutioniert und den Zeugendienst zur Aufgabe aller gemacht. Weder Missionare, noch Pastoren, noch Laien, junge Männer und Frauen als auch Kinder sind davon ausgenommen.

3. *Evangelisation.* Die Evangelisation wurde ein neu integrierter, fortlaufender und dynamischer Faktor für viele Pastoren und in vielen Gemeinden. Ein methodistischer Superintendent des Zaria-Distrikts sagte: „Jahrelang habe ich das Evangelium gepredigt, aber ich habe es bloß als Information weitergegeben. Ich predige heute das gleiche Evangelium, aber ich predige, damit Entscheidungen für Jesus fallen. NLFA hat nicht 'mein' Evangelium geändert, sondern meine Motive intensiviert und meine Ziele umgewandelt."[3]

Der Status quo und die Haltung 'Gottesdienst um des Gottesdienstes willen' machten einem begeisterten Eifer für die Evangelisation Platz. Viele Pastoren bezeugten, daß sich fast jeden Sonntag Leute bei ihnen bekehren. Fast alle diese Leute wurden durch irgendein Gemeindeglied die Woche über für Jesus gewonnen. Am Sonntag bekannten sie sich dann öffentlich zu Jesus. Andere bekehrten sich während der Verkündigung im Gottesdienst.

Ein junger Evangelist berichtete von 23 bekehrten Mohammedanern in seiner Gemeinde, die 50 Menschen umfaßt. Alle waren durch das persönliche Zeugnis innerhalb der vergangenen zwölf Monate (Juni 1967 bis Juni 1968) zum Glauben gekommen und hatten sich vor der ganzen Versammlung öffentlich zu Jesus bekannt.

Die Evangelisation wurde ein integraler, fortlaufender Bestandteil des Gemeindelebens. Fräulein Cheal von der SUM schreibt: „Ich habe das Gefühl, daß NLFA als solches in die üblichen Bahnen des Gemeindelebens und des Gemeindeaufbaus zum großen Teil integriert worden ist. In einigen Gebieten hat der Eifer, andere Gruppen aufzusuchen und mit dem Evangelium zu erreichen, wie zum Beispiel in Fulanis, sicher nachgelassen. In einigen Gebieten werden die Anstrengungen regelmäßig fortgesetzt, und wir erhalten erfreuliche Nachrichten, was der Herr von Zeit zu Zeit dort tut."[4]

Pastor Thomas Owens schreibt: „Wir hatten von 1967 an und durch das ganze Jahr 1968 hindurch in unserer eigenen Kirche wieder eine NLFA-Kampagne. Heute ist dies so integriert worden wie eine (hoffentlich) normale Evangelisationsmethode in der Gemeinde."[5]

Diese zwei Zitate stehen für Dutzende von Zusicherungen, daß NLFA ein Bestandteil des Gemeindelebens geworden ist, wenn dies auch in manchen Gebieten schwankt.

Das Bewußtsein der Verantwortung, das in den Gemeinden geweckt worden ist, war äußerst heilsam und förderlich, und einige Bezirke führen NLFA ein zweites Mal durch, weil sie das Gefühl haben, daß sie beim ersten Mal nicht das Beste geleistet hatten. Ein Bezirk befindet sich heute bereits im dritten Durchgang und ist entschlossen, das Ziel zu erreichen, das man sich am Anfang schon gesteckt hatte.

4. *Missionsarbeit.* Das Senden und Gesandtwerden ist ein neuer, bedeutungsvoller Bestandteil im Leben der Gemeinde geworden. Freiwillige und Geldmittel für die Missionsarbeit nehmen zu. Zwei Faktoren scheinen für diese Missionsgesinnung verantwortlich zu sein.

Zuerst ist darauf hinzuweisen, daß NLFA eine Bewegung sein muß, die ohne fremde Hilfe auskommt und die totale Mobilisierung der Gläubigen und Reserven mit sich bringt. Diese Herausforderung bewies wiederholt, daß auch eine relativ kleine Gemeinde, wenn sie für Gott brennt, dem Reich Gottes von Nutzen sein kann. Beispiele von aufopferungsvollem Geben ermutigten andere, ebenso zu handeln. So erreichte man tatsächlich eine totale oder wenigstens fast totale Mobilisation.

Der zweite, weit gewichtigere Faktor war die Aussendung von Evangelisationsteams, die als Pioniermissionare in neue, unerreichte Gebiete und Stämme gingen. Man kann sagen, daß dies eine starke Betonung und Praxis von NLFA ist. Hunderte von Teams, die zwei bis acht Mitglieder umfaßten, sind trotz widriger Umstände und unter großen Opfern hinausgegangen, um dem Evangelium in bisher unerreichten Gebieten Nigerias die Bahn zu brechen. Man sagt, daß bis zum Jahre 1968 ungefähr 2.000 Männer und Frauen hinausgegangen waren und ihre Zeit — von vier Wochen bis zu drei Monaten — zur Verfügung gestellt hatten.

Mohammedanische Zentren wie Kano, Zaria und andere wurden mit evangelistischer Literatur überschwemmt. Man führte Freiversammlungen durch und betrat wo immer möglich die Grundstücke der Leute, um ihnen die Botschaft des Evangeliums zu erklären. Abgelegene Dörfer wurden über eine Zeit von mehreren Wochen aufgesucht und neue Stämme wurden erschlossen. Ein neues Kapitel in der Missionsgeschichte begann. Wenn heute vielleicht auch weniger Teams im Einsatz sind, so setzt sich dieses Phänomen trotzdem fort.

Die Tatsache bleibt jedoch bestehen, daß die einheimischen Kirchen einen Blick für die Mission bekommen haben. Einige Teammitglieder sind jetzt in ihr früheres Einsatzgebiet gegangen, haben eine permanente Arbeit angenommen und setzen ihren Zeugendienst fort. Andere schließen sich einer einheimischen Missionsarbeit an und setzen auf diese Weise ihre Mitarbeit fort. Kirchenvereinigungen wie ECWA, TEKAS und UMCA berichten von beträchtlichen Verstärkungen in ihren Missionsprojekten in bezug auf Personal und Finanzen und führen dies auf die Zunahme der missionarischen Vision und die geistliche Intensivierung durch NLFA zurück.

5. *Kooperation.* Als bleibenden Segen führten die Pastoren und Verantwortlichen der Gemeinden die Tatsache an, daß sie die Gemeinde als Leib Jesu Christi kennen- und schätzengelernt hatten. Vorher war dies für sie nur eine Theorie gewesen, ein Begriff mit wenig oder überhaupt keiner Bedeutung. Als nun NLFA sie zur Durchführung einer gemeinsamen Aufgabe vereint hatte, als sie in ihren Häusern zusammen gebetet hatten, sie zusammen Besuchsdienste gemacht und in Kreuzzügen Jesus bekannt hatten, lernten sie einander kennen und schätzen. Die Einheit der Gläubigen war eine Vorstellung und Erfahrung geworden, die Bedeutung hatte.

Als die Pastoren gefragt wurden, ob diese Erfahrung ihrer Loyalität und der Wertschätzung ihrer Denomination in irgendeiner Weise geschadet hätte, versicherten sie, daß das Gegenteil der Fall gewesen sei. Das gestärkte Band der Einheit der Gläubigen schwächte in keiner Weise die Treue der Gemeinden gegenüber ihrer eigenen Denomination. Im Gegenteil, sie meinten, daß ihre eigene Gemeinschaft sehr bereichert worden war.

Sie leugneten nicht, daß eine solche Zusammenarbeit nicht immer einfach war. Es gab einige Schwierigkeiten, die aber weder ernster noch allgemeiner Natur waren. Die überwältigende Mehrheit war für die Möglichkeit, die sich ergeben hatte, dankbar, der Welt zu zeigen, daß das Evangelium Christi Menschen über kulturelle, sprachliche, konfessionelle und stammesbedingte Schranken hinweg vereint. Sie waren überzeugt, daß nicht nur sie selbst sehr bereichert worden waren, sondern daß dies auch eine großartige Demonstration vor der Welt war, die durch Parteiengezänk und Stammesfehden zerrissen war.

6. *Schulung.* Die konkrete Art der Schulung durch das Handbuch und das Material, das die Christen erhalten hatten, um das Evangelium zu verkündigen, war eine große Hilfe. Sie weist auf ein höchst bedeutsames pädagogisches Prinzip in der Schulung von Mitarbeitern hin und war in der Formung der afrikanischen Mentalität von großem Wert. Sie beweist die Tatsache, daß ein zu großer Teil unserer Schulung ideell und begrifflich ist. Für die meisten Menschen ist dies nur von geringem Wert. Sie brauchen etwas Konkretes, etwas Einfaches, auf das sie sich verlassen können.

7. *Selbstfindung.* Die Bewegung verlangte eine lokale und einheimische Erfindungsgabe. Wenn das Programm auch gründlich geplant war, gestattete es doch eine ausreichende Flexibilität, die es möglich machte, daß jeder Distrikt es auf die eigenen Bedürfnisse und verfügbaren Mittel anpassen konnte. Da das Programm keine technischen Berater vorsah, war jedes Gebiet auf die eigenen Reserven, die eigene kreative Erfindungsgabe und Motivation angewiesen, um die Bewegung realisieren zu können.

Das ganze Programm war so aufgebaut, daß es nicht von den Anweisungen von Beratern abhing, sondern nach allgemeinen Prinzipien arbeitete, die durch Unterricht weitervermittelt wurden. Die Homogenität erreichte man durch die Abhaltung von Rüstzeiten für die Pastoren und Mitarbeiter, in denen die allgemeinen Prinzipien von NLFA sorgfältig erläutert und untersucht wurden. Während der Ausführung wurde Literatur herausgegeben und verteilt, um die Bezirkskomitees anzuleiten und zu unterstützen. Radiosendungen leisteten ihren Beitrag, indem sie allgemeine Anweisungen und Hilfen gaben. Gelegentliche Besuche von Mitarbeitern des Hauptquartiers für bestimmte Dienste hielten die Motivation in den beteiligten Gemeinden aufrecht. So wurde die Übereinstimmung der Ziele, die Einheit der Gesinnung und die geistliche Motivation erhalten.

In der Gestaltung des Programms entwickelte sich jedoch eine beträchtliche Heterogenität. Für die Mobilisierung, die Schulung der Gläubigen und die Motivation zur Weiterentwicklung der Arbeit waren die lokalen Mitarbeiter verantwortlich. Da der kulturelle Stand, die psychologische Verfassung und die verfügbaren Mittel von Gebiet zu Gebiet stark variierten, entwickelte die Bewegung ein ganzes Mosaik an Modellen, manifestierte sich also nicht einheitlich.

Da jeder Bezirk von der eigenen Kreativität abhing und völlig selbständig arbeitete, war das Tempo in den verschiedenen Bezirken, sogar in den verschiedenen Gemeinden, sehr unterschiedlich. Nicht alle waren in der Lage, sich an den Arbeitsplan zu halten oder das gesamte Programm durchzuführen. In kultureller, psychologischer und geistlicher Hinsicht erwies sich dieses Vorgehen als gutes, alles umfassendes, brauchbares Prinzip, auch wenn einige Beschränkungen und Schwächen auftauchten.

8. Das Bibelstudium und der Dienst für den Herrn haben eine neue Bedeutung gewonnen. Herr Farmer, der Direktor der Bibelschule von Kagoro (SIM), berichtet, daß viel mehr junge Männer den Besuch einer Bibelschule der höheren Schulausbildung oder der Lehrerausbildung vorziehen. Vor der NLFA-Bewegung war dies nicht so offensichtlich.

Die meisten Bibelschulen, die in der landeseigenen Sprache arbeiten, sind überfüllt und können die Bewerber nicht mehr unterbringen. Pastor Willis J. Hunking (Feldleiter der UMS) und Pastor E. H. Smith (Missionar der SUM und Generalsekretär von TEKAS) machten ähnliche Aussagen.

Im Januar 1969 trafen die Verantwortlichen der evangelikalen Missionsgesellschaften und Kirchen die beiden folgenden weitreichenden Entscheidungen:

1. „Wir planen die Wiederholung des Programmes von NLFA für das Jahr 1970 in allen Staaten im Norden Nigerias. Ein neues Handbuch für die Unterrichtung der Gläubigen soll verfaßt werden. 'Prinzipien und Praxis von NLFA', vor kurzem erschienen, wird als Richtlinie für den totalen Einsatz unter den 30 Millionen dienen."

2. „Wir treffen Vorbereitungen für die Arbeit im Mittelwesten Südnigerias, wo nur ein kleiner Prozentsatz der 2 1/2 Millionen starken Bevölkerung den Herrn Jesus kennt ... "[6]

Kapitel 23

SCHWACHE PUNKTE IN NEW LIFE FOR ALL

Angesichts dieser vielen positiven Faktoren ist es schwierig, auf einige negative Aspekte der Arbeit zu sprechen zu kommen. Diese sind:
1. Es liegt klar zu Tage, daß das Programm aus Zeitmangel ungenügend vorbereitet wurde. Die großen und radikalen Vorstellungen von NLFA und die Verkündigung des Evangeliums an alle Menschen, überwiegend durch eine Laienbewegung, waren für die nigerianische Mentalität, für Pastoren, Gemeinden und Laien alle gleich neu.

Die Neukonzipierung der Evangelisationsmethodologie und der Arbeit von Gemeinden und Gläubigen war für die meisten zu revolutionierend. Obwohl sie Gefallen daran fanden, was mindestens ebensosehr auf Nationalismus und die psychologische Verfassung des heutigen Afrika zurückgeht wie auf biblische und geistliche Motivation, wurden doch ihre tieferen Dimensionen von der Mehrzahl der Leute nicht wirklich erfaßt. Man hätte noch eine Zeit einräumen sollen, in der die Prinzipien im Denken der Menschen ausreifen und zu einem Bestandteil des Lebens der Pastoren und der Leute hätten werden können.

Der Geist westlicher Planung ist handgreiflich. Er reißt alles mit sich fort, was ihm im Wege steht, und führt zu emotionaler Begeisterung wie zu klarer intellektueller Einsicht, zu einer tiefen geistlichen Motivation wie zu bleibenden Überzeugungen. Nicht wenige Pastoren nahmen eine wohltuende 'Brise' wahr und waren ganz dafür, waren sich aber nicht ganz darüber im klaren, woher sie kommt oder wohin sie geht. Sie waren glücklich, dabei zu sein, und beteiligten sich begeistert, auch wenn sie das Programm nicht völlig verstanden hatten.

In verschiedenen Zusammenkünften sagten Pastoren zu mir, daß sie das Programm nicht wirklich verstanden hatten. Trotzdem hatten sie zu den Männern, die das Programm gestartet hatten, volles Vertrauen gehabt und waren deshalb bereit, mit ihnen zusammenzuarbeiten und voranzugehen. Dies ist lobenswert, jedoch nicht die höchste Stufe der Zusammenarbeit.

Es ist möglich, daß viele Pastoren und Gläubige die neuen Prinzipien, die NLFA einführte, nie erfaßt hätten, ganz gleich, wieviel Zeit sie gehabt hätten und wie sorgfältig die Ausbildung auch gewesen wäre. Der Afrikaner ist in religiöser Beziehung ein Aktivist und kein Theoretiker. Nur die Erfahrung konnte manche Dinge lehren und manche Prinzipien einprägen. Dies bezeugten eine ganze Anzahl von Pastoren. Die Erfahrung wurde ihre Schule.

2. Das aufrichtige Verlangen nach Flexibilität des Programms, das Prinzip, daß die Arbeit einheimisch sein soll, sowie das Vertrauen in die kreative Mentalität des einzelnen, der Denomination, der Gemeinde und des Bezirks erzeugten gewisse Schwächen und Unsicherheiten in der Arbeit in manchen Gebieten. Die Angst, willkürlicher Beherrschung der Arbeit verdächtigt zu werden und/oder der Mangel an Mitarbeitern beraubten die Bewegung einer wirksamen, vereinheitlichenden und richtunggebenden Leitung in der Zeit der Ausbildung des Programms und seiner anfänglichen Durchführung.

Es ist klar ersichtlich, daß eine kurze Rüstzeit von drei bis fünf Tagen für die Unterweisung von Pastoren und Mitarbeitern in *The Leader's Guidebook* und in den Prinzipien und der Botschaft von NLFA nicht ausreicht, um mit einer maximalen Effektivität arbeiten zu können. Das nicht-direktive Vorgehen ist an sich ideal und dem allgegenwärtigen Berater vorzuziehen. Daraus resultierten jedoch inmitten von Flexibilität, Kreativität und Findigkeit unzweideutig gewisse Schwächen.

Gründlichere Unterweisung und tiefere Durchdringung mit den Prinzipien von NLFA durch Literatur, Konferenzen, persönliche Anleitung und zwischenzeitliche Kurse zur kritischen Auswertung könnten für das Werk von großem Wert sein, das dann auch beständiger wäre. Dazu würde ein solches Verfahren in keiner Weise die Möglichkeit der lokalen Leitung, der Anpassung und der Kreativität schmälern.

3. Starker Antrieb, geistliche Motivation und gemeinsame Anstrengung zur Verkündigung des Evangeliums an alle Menschen sind kein Ersatz für eine klare Auslegung des Evangeliums und seiner Lehren hinsichtlich der Erlösung. Die Bewegung weist einen Mangel an dogmatischer Tiefe, Einsicht, Klarheit und Dynamik auf. Tausende von Menschen wurden durch das Zeugnis der Christen in ihrem Innersten ergriffen und aus ihrem religiösen Schlummer aufgeweckt, aber viele wurden vom Evangelium weder genügend erleuchtet noch von der Wahrheit zu der Erfahrung einer geistlichen Wiedergeburt geführt. So werden sie in einem unstabilen und nebulösen religiösen Zustand zurückgelassen.

Es entstand zwar eine Atmosphäre der Bereitschaft, aber die Wiedergeburt fehlt, die diesen Menschen das für sie bestimmte neue Leben schenken würde, das sie angezogen hatte und nach dem sie sich sehnen. So besteht die dringende Notwendigkeit einer klaren, eingehenden Auslegung des Evangeliums, der 'Dynamik Gottes' zur Seligkeit der Menschen.

4. Es scheint ein mangelhaftes Verständnis der Beziehung zwischen der kulturellen Umwälzung und dem Aufruhr des Herzens, der durch diese Umwälzung veranlaßt ist, einerseits, und der geistlichen Motivation in

der Bekehrung andererseits vorzuliegen. Jedem Beobachter ist klar, daß die Seele des Afrikaners bewußt oder unbewußt ungeheuren Spannungen und Konflikten unterzogen wird. Er wird mit Gewalt aus der traditionellen Vergangenheit seiner Vorfahren herausgerissen und in eine ungewisse und unbekannte Zukunft gestoßen. Seine Seele ist von Furcht erfüllt, und er sehnt sich nach Sicherheit und Zugehörigkeit.

Mitten in diesen Aufruhr kommt das Zeugnis des Christen, Lieder des Dankes und des Gebets und die Botschaft des Evangeliums. Fast unwillkürlich wendet die Seele sich ihr zu. Diese 'Wendung' ist zwar positiv und gut, darf aber nicht mit Bekehrung verwechselt werden. Es ist eine Beipflichtung zur Wahrheit, aber noch keine Zustimmung zum Heiland. Es ist der erste, wertvolle Schritt auf Jesus und die Erlösung zu.

Aber es ist keine Bekehrung, es ist nur eine Vorbereitung, ein Ausdruck der Bereitschaft, zu hören und die Information aufzunehmen, vielleicht sogar sich positiv für Jesus und seine Lebensweise zu entscheiden. Wir müssen daraus einen Nutzen ziehen, dürfen es aber nicht einfach als abgeschlossene Erfahrung behandeln.

5. Das Programm ist im Blick auf Evangelisation und Zeugnis stark, läßt aber eine entsprechende Stärke, Betonung und Planung der Nacharbeit vermissen. Der Nacharbeit fehlt System, Begeisterung und Tiefe. Wenn dieser Schaden nicht schnell behoben wird, kann er sich für zahllose Menschen und für viele Gemeinden verhängnisvoll auswirken. Die Gemeinden werden eine große Anzahl von 'Bekehrten' als Mitglieder aufnehmen, Menschen, die eine erweckliche Erfahrung gemacht und eine gewisse Unterweisung erhalten haben, die aber nicht wirklich wiedergeboren sind. Dann steht die Kirche in der Gefahr, heidnisch zu werden.

Wir warnen jedoch davor, daß man es den Menschen zu schwer macht, in die Gemeinden zu kommen. Die Zwischenstufe von früherem Heidentum und der gegenwärtigen Gemeinde ist eine äußerst prekäre und gefährliche Position und wird zu einer Katastrophe führen, wenn man einen Weg, 'zur Vollendung zu gelangen', das heißt rechtmäßige Mitglieder der Gemeinde zu werden, nicht schneller findet als es bis jetzt der Fall zu sein schien.

Ein halbes Bürgerrecht wird auf die Dauer nicht ausreichen. Eine Entscheidung wird einmal fallen müssen. Dieses 'halbe Bürgerrecht' ist für den Islam, die Kulte und die sich rasch ausbreitenden 'messianischen' Bewegungen des Landes ein äußerst fruchtbares Feld.

SCHLUSSFOLGERUNG

NLFA als Denkweise, Methodologie und Programm darf nicht abflauen. Die Bewegung muß unterstützt und gefördert werden, bis sie allen Gemeinden in Fleisch und Blut übergegangen und zu einem Bestandteil ihres Lebens geworden ist und sich auf dem ganzen Kontinent ausgebreitet hat.

Damit ihr Nutzen am größten ist, muß ein ebenso gutes und umfassendes Lehrprogramm auf konfessioneller oder auf interkonfessioneller Ebene eingerichtet und systematisch durchgeführt werden. Wir dürfen in bezug auf dieses zweite Stadium nicht versagen. Wir müssen uns stets der Tatsache bewußt sein, daß die meisten 'Bekehrten' erweckte Menschen sind, die Erleuchtung, Glauben und Veränderung nötig haben und eine feste Gemeinde brauchen, in der sie 'zu Hause' sind.

Ich bin von dem Programm von NLFA tief beeindruckt. Dies ist die am meisten vollständige, dynamische, an der Schrift orientierte, geistlich motivierte und an afrikanische Verhältnisse angepaßte Bewegung, die ich kennengelernt habe. Ich bin sehr bewegt von ihren quantitativen und qualitativen Leistungen unter dem gnädigen Wirken des Heiligen Geistes. Sie verdient, eine kontinentale Bewegung Afrikas zu werden.

Kapitel 24

LEHREN, DIE SICH AUS EVANGELISM-IN-DEPTH UND NEW LIFE FOR ALL ERGEBEN

Meine Untersuchungen von Evangelism-in-Depth und New Life For All waren höchst bereichernd und lohnenswert. Es ergeben sich folgende vorläufige Schlußfolgerungen.

1. *Ein neues Zeitalter der Evangelisation ist für den evangelikalen Flügel der Gemeinde Jesu Christi angebrochen.* Für viele christliche Leiter und für zahlreiche beteiligte Missionare, Gemeinden und Organisationen wird die Evangelisation die wichtigste, richtunggebende Sorge. Dies zeigt sich an den einzelnen Kongressen für Evangelisation, die bereits stattfanden oder geplant sind (Berlin, 1966; Ibadan, Nigeria, 1968; Singapur, 1968; Minneapolis, Vereinigte Staaten, 1969; Bogota, Kolumbien, 1969; Amsterdam, 1971; Lausanne, 1974). So etwas war noch nie dagewesen, und wir können Gott nicht genug dafür danken. Daneben sind noch die großen Pastorenkonferenzen zu erwähnen, die World Vision durchgeführt hat, und die Konferenz für Tiefenevangelisation, die von der Latin America Mission im August 1966 einberufen wurde.

Dann ist die Tatsache zu erwähnen, daß in der ganzen Welt von den Southern Baptists riesige Kreuzzüge durchgeführt wurden oder noch werden, die einen großen Einfluß hatten. Die bedeutendsten Kreuzzüge waren New Life For You in Japan vom Jahre 1963 und der Brasilien-Feldzug vom Jahre 1965. Beide erbrachten große Gewinne und führten zu dem Western Hemisphere-Kreuzzug der Jahre 1968 und 1969, der größten evangelistischen Unternehmung der Kirchengeschichte.

Von Interesse sind auch die Good News Crusades der Assemblies of God, die sich auf die großen Bevölkerungszentren konzentrieren und schließlich alle größeren Städte der Welt erreichen sollen.

1965 führten die Gemeinden Koreas mit Erfolg eine landesweite Evangelisationskampagne durch, die die meisten Gebiete Südkoreas erreichte, die Gemeinden neu belebte und das Bewußtsein für die Evangelisation stärkte.

Die Asian Evangelists' Commission führte unter der fähigen Leitung des philippinischen Evangelisten Greg Tingson erfolgreiche Kreuzzüge in Singapur, Saigon, Colombo, Kuala Lumpur und Surabaja (Indonesien) seit ihrer Gründung im Jahre 1964 durch. Korea ist das nächste Ziel.

Overseas Crusades zeichnet für große und sehr erfolgreiche Evangelisationskampagnen in verschiedenen lateinamerikanischen Ländern verantwortlich, besonders Brasilien, Kolumbien und Mexiko. Die evangelistischen Auswirkungen sind selbst in Taiwan und den Philippinen zu spüren.

In Südafrika entstand eine neue, ziemlich lebendige Organisation mit dem Namen African Enterprise. Durch stadt- und landesweite Kreuzzüge, Studentenarbeit, Radio, Film, Literatur und andere Methoden christlichen Zeugnisses will African Enterprise alle Bereiche der afrikanischen Führerschaft mit dem Evangelium erreichen.

Die Latin America Mission setzt Aktionen mit Evangelism-in-Depth in Lateinamerika fort. In Kinshasa, Kongo und Singapur wurden Nebenämter errichtet. New Life For All dehnt sich allmählich über ganz Afrika aus.

In verschiedenen Ländern Europas und Asiens, besonders in Portugal und Japan, sind ähnliche Programme der totalen Evangelisation und Mobilisation im Kommen.

Man kann diese Vermehrung und Intensivierung der Evangelisationsprogramme nur einer neuen gnädigen Heimsuchung Gottes zuschreiben. Gott richtet in seiner Gnade Knechte auf, die sein Volk herausfordern und seine Kräfte in Richtung Weltevangelisation lenken, in einer Zeit unerhörter Möglichkeiten. Er regte auf verschiedenen Kontinenten ernsthafte, eindringliche und praktische Überlegungen an und richtete in verschiedenen Ländern Männer mit Weitblick und der Gabe der Leitung auf. Gott handelt souverän, aber auch geheimnisvoll und freigebig. Er beschränkt sich nicht auf einen Mann, ein Volk, eine Kirche, ein Team oder eine Gesellschaft. Er ist in Lateinamerika, in Afrika und in Asien zugegen. Wir beten, daß er uns auch in Nordamerika und Europa eine neue Welle der Evangelisation schenken möge.

2. *Unsere Zeit ist eine Zeit großer Kreuzzüge; und die Evangelikalen sollten aus der heutigen psychologischen, soziologischen und geistlichen Lage einen Nutzen ziehen.* Wie wir oben ausführten, finden an vielen Stellen große Kreuzzüge statt. Verschiedene Organisationen tragen die Verantwortung, jede folgt ihrem eigenen Modell und jede beansprucht einen einzigartigen Erfolg. Kein unvoreingenommener Beobachter kann leugnen, daß viele gute Ergebnisse erzielt werden.

Gott handelt in diesen Kreuzzügen auf eine wunderbare Weise. Sie sind für die Beschleunigung der Sache Gottes ungeheuer wichtige Faktoren. Hunderttausende von Menschen hören das Evangelium und Tausende bekehren sich. Vergleich und Bewertung dieser Kreuzzüge sind jedoch heikel und schwierig.

Jede Bewegung glaubt an sich selbst und hält sich für von Gott geleitet, an der Schrift orientiert, praktisch wirksam und effektiv. Und dies sollte auch so sein. Derjenige, der von seiner Sache nicht überzeugt und begeistert ist, wird nie Erfolg haben. Trotzdem sind kritische und objektive Bewertungen unbedingt notwendig und sollten begrüßt werden. Es ist einleuchtend, daß niemand allein, auch niemand den ganzen Schlüssel zum Erfolg hat. Wenn alle Lehrer sind, müssen doch alle auch Lernende bleiben.

Ständige Veränderungen in Zeit und Kultur machen ständige Modifikationen und Anpassungen notwendig, die nicht einfach auszuführen sind. Bewegungen haben die Tendenz, sich zu verfestigen und schließlich zu versteinern. Anfänglicher Erfolg macht für größere Möglichkeiten blind. Die heutige Erforschung von Gruppenbewegungen fördert neue Faktoren der Dynamik der Bewegungen von einzelnen zutage und weist uns den Weg zu einem größeren ergiebigeren Einsatz. Wir dürfen es nicht riskieren, im Blick auf unsere Modelle und Programme statisch oder exklusiv zu werden. Das Gebot der Stunde ist ein kontinuierliches, kreatives Nachdenken, damit wir frisch, dynamisch und zeitnah bleiben.

3. *Die heutigen nationalen, interkonfessionellen und gemeinsamen Kreuzzüge üben auf die Öffentlichkeit und auf die Länder einen ungeheuren, vorteilhaften Einfluß aus, der nicht unterschätzt oder gestört werden sollte.* Diese Kreuzzüge spielen für das Christentum eine lebenswichtige Rolle und sind für die Gemeinden ein großer Gewinn. Sie bringen riesige Menschenmassen unter die Verkündigung des Evangeliums, schaffen in der Öffentlichkeit ein Gottesbewußtsein und machen die Völker auf die Existenz einer dynamischen evangelikalen Christenheit aufmerksam. Dies ist von unschätzbarer Bedeutung. Deshalb sollten derartige Unternehmungen auf keine Weise beeinträchtigt, herabgesetzt oder eingeschränkt werden. Sie sind Gottes Werk, Werkzeuge in seinem Plan und verdienen unsere Unterstützung.

Im Blick auf ihre gegenwärtige Struktur und im Blick auf die gegenwärtigen Verhältnisse sind sie nicht die wirkungsvollste oder vollständige Antwort auf die Fragen der Evangelisation und des Gemeindebaus. Ihnen fehlen anscheinend bestimmte Elemente und sie bedürfen einer Ergänzung durch andere Dienste. Mit Ausnahme von New Life For All leisten sie nicht den allgemein von ihnen erwarteten Beitrag zum Wachstum der Gemeinde.

Dieser scheinbar negative Aspekt braucht nicht die Schuld der Evangelisationstätigkeit als solcher zu sein. Er weist vielleicht nur auf eine schadhafte Stelle im Programm hin, die entdeckt und behoben werden sollte und könnte. Er zeigt vielleicht auch eine grundlegende Schwäche und das Versagen der Gemeinden in bezug auf die Nacharbeit an. Es kann sein, daß es die Gemeinden aufgrund ihrer Struktur, ihrer Form und ihres Programms nicht schaffen, die Bekehrten anzuziehen und an sich zu binden. Die Ursache könnte auch eine Kombination dieser verschiedenen Faktoren sein. Dieser Tatbestand wird gegenwärtig sorgfältig und objektiv untersucht.

Unter den gegebenen Umständen scheinen heute etwas kleinere, örtliche und von den einzelnen Denominationen veranstaltete Programme bezüglich der Eingliederung der Bekehrten in die Gemeinden wirkungsvoller zu sein, auch wenn diese nicht notwendigerweise mehr Menschen zu Jesus führen. Die folgenden Berichte, die von Pastor Philip Hogan vorgelegt wurden, dem leitenden Direktor des ausländischen Missionsprogramms der Assemblies of God, präsentieren uns einige anregende Fakten im Blick auf ihr konfessionelles Programm, die unter der Bezeichnung Good News Crusades bekannt sind.

Die Assemblies of God berechnen ihre Gewinne nicht nach Bekehrungen, sondern nach Gemeinden. Dieses Vorgehen ist natürlich neu, aber wenn dies das Ziel unserer Evangelisationsarbeit ist, scheint es eine brauchbare Methode zu sein. Hogan weist darauf hin, daß einige dieser neuen Gemeinden schlecht untergebracht, schlecht geführt, schlecht organisiert und mangelhaft geschult sind. Trotzdem sind sie identifizierbare, lokale, von Jesus Christus zeugende Zellen der Gemeinde Jesu. Dieses Verfahren – Planung, Verkündigung, Nacharbeit – beschreibt das ganze Evangelisationskonzept.

Einer der größten Erfolge, die wir in den letzten Jahren hatten, war der Einsatz in der Republik Panama. Obwohl wir in allen anderen Ländern Latein- und Mittelamerikas gearbeitet hatten, waren wir aus bestimmten Gründen nicht nach Panama gegangen. Wir entschlossen uns, daß dieser Einsatz ein klassisches Programm der Evangelisation und des Gemeindebaus, wie wir es uns vorstellen, werden sollte, und ließen uns deshalb zur Analyse und Vorbereitung des Plans viel Zeit. Zuerst gingen wir mit einem AIM-Team in die Stadt, unserem Programm für kurzfristige Einsätze von Studenten. Wir überschwemmten die Stadt mit 50.000 Traktatpäckchen, die wir von Haus zu Haus zusammen mit Einladungen für den kommenden Kreuzzug verteilten. Bevor der Missionar eintraf, hatten wir schon eine Sendezeit am Radio erhalten und übertrugen täglich Durchsagen für Werbezwecke und andere kurze Evangeliumsprogramme.

Als die Regenzeit vorüber war, mieteten wir ein Stück Land, schlugen ein Zelt auf und holten einen unserer erfahrensten Evangelisten. Die Besucherzahlen waren nie spektakulär, aber doch beständig. Im Durchschnitt kamen 500 bis 600 Menschen an jedem Abend des Kreuzzugs, der neun Monate dauerte. Der Evangelist betonte, daß es wichtig sei, jeden Abend zu kommen. Sobald sich Menschen bekehrten, teilten wir sie einem Schulungskurs zu, der vom Missionar gegeben wurde, einem 'Veteranen', der schon seine zweite Dienstzeit in Lateinamerika ableistete. Wir benutzten eine kleine Broschüre, deren wir uns in ganz Lateinamerika bedienten und die als Vorbereitungskurs für die Mitgliedschaft in der Gemeinde dient. Sie trägt den Titel 'Reglamento Local' oder 'Richtlinien für Lehre und Leben der Gemeinde'.

Während der Kreuzzug weiter fortgesetzt wurde, wuchs der Schulungskurs, bis sich am Ende der neun Monate nicht nur 300 Menschen bekehrt, sondern auch den Kurs besucht hatten. Als die Regenzeit wieder begann und das Zelt abgebrochen werden mußte, konnten wir die schönen Anfänge einer Gemeinde sehen.

Wir hatten diesen Leuten unter anderem beigebracht, den Zehnten zu bezahlen, und so regten wir sie direkt dazu an, sich einen Platz zu beschaffen, um weiterzumachen. Das einzige Gebäude, das in der Stadt zu haben war, war ein bankrottes Kino, das 35.000 Dollar kostete. Die Mission spendete 10.000 Dollar, und die Versammlung, die man inzwischen organisiert hatte, entlieh 25.000 Dollar. Diese Summe wird mit Monatsraten von 650 Dollar abgezahlt, und bis jetzt blieb die Gemeinde noch keine einzige Zahlung schuldig.

Der Missionar ist der Pastor, so daß die Gemeinde nicht einen eigenen Leiter unterhalten muß.

Danach begaben wir uns an das andere Ende des Kanals, nach Colon. Dort gingen wir fast gleich vor wie in Panama und hatten noch größere Erfolge. Es ist sehr ermutigend, daß diese Gemeinde, nachdem sie einmal die Gewohnheit entwickelt hatte, jeden Abend zusammenzukommen, dieses Prinzip fortführen wollte, so daß bis heute, nach über zweieinhalb Jahren, an keinem Abend die Versammlung ausfiel, abgesehen von den Tagen, an denen während politischer Unruhen ein Ausnahmezustand ausgerufen wurde.

Jetzt wird ein sorgfältig ausgearbeitetes Besuchs- und Nacharbeitsprogramm durchgeführt. Man stellte einen vollamtlichen Verantwortlichen für die Besuchsarbeit an, und 100 Leute erklärten sich freiwillig bereit, dreimal in der Woche Familien aufzusuchen, die kirchlich nicht gebunden sind. Über diese Besuche wird regelmäßig Buch geführt, und die Gemeinde, die sich mit 300 Personen im Kino versammelt hatte, umfaßt heute fast 1.000 Mitglieder. Was ich hier betonen will, ist die Tatsache, daß der Reifeprozeß gleichzeitig mit dem Beginn des Kreuzzuges einsetzte und sich ständig fortsetzte, so daß man kaum sagen kann, wann die Nacharbeit begann und wann sie aufhörte.

Manchmal versuchen wir in unserem Drang, die Arbeit wachsen zu sehen, die Bekehrten in eine bereits bestehende, gewöhnlich starke, zentrale Gemeinde zu bringen und sie mit dieser zu identifizieren. Dies ist jedoch vielleicht nicht immer der Wille des Heiligen Geistes. Wirkliche Früchte können oft daraus entstehen, daß man kleine Zweige der Gemeindearbeit organisiert, Gebetsversammlungen in Hütten oder weitere Sonntagsschulen, wo die Bekehrten ihre ersten Gehversuche im neuen Leben und im Zeugnisgeben für Jesus machen.

1956 hatten wir in San Salvador eine einzige Gemeinde. Man organisierte einen Kreuzzug mit evangelistischen Freiversammlungen; als dieser zur Hälfte um war, hatten sich schon so viele Menschen bekehrt, daß es schwierig gewesen wäre, sie alle in einer einzigen großen Gemeinde zusammenzubringen. Der Kreuzzug dauerte von Januar bis April.

Deshalb sortierte man die ersten 5.000 Entscheidungskarten nach den Bezirken der Stadt. Am Anfang richtete man zehn Stellen ein und rekrutierte zehn Mitarbeiter, von denen bis jetzt die meisten hinsichtlich der formalen Aspekte des Gemeindelebens sehr wenig Erfahrung hatten. Diese Mitarbeiter trafen sich jeden Sonntagmorgen, um den Segen, den sie empfangen hatten, einander mitzuteilen und ihre Probleme zu besprechen (nebenbei bemerkt, diese zehn Mitarbeiter treffen sich noch immer jeden Montagmorgen). Wöchentlich wurden aus den Statistiken Verzeichnisse zusammengestellt und regelmäßig Vergleiche gemacht, damit alle über den Fortgang des Werkes informiert waren.

Nach zwei Jahren bestanden achtzehn kleine Gruppen, die ihre eigenen Pastoren unterstützen und noch immer größtenteils in kleinen gemieteten Räumen zusammenkommen. Noch immer werden verzweigte Sonntagsschulklassen organisiert und junge Leute aufgefordert, hinzugehen und diese Klassen abzuhalten. Jeder Pastor leitet einen Schulungskurs für Lehrer, in dem die Lektion der kommenden Woche gegeben wird.

In den ersten Jahren nach dieser Freiversammlungskampagne und diesem Organisationskonzept bestanden 18 Gemeinden mit 78 Sonntagsschulen und einem Gemeindebesuch von 1.500 bis 3.000. Nach drei Jahren hatte sich die Anzahl der Gemeinden auf 24 erhöht, die 225 Sonntagsschulen durchführten und einen gesamten Gemeindebesuch von fast 10.000 Leuten aufwiesen.

Heute gibt es buchstäblich Dutzende solcher Gemeinden. In San Salvador schätzt man, daß der gesamte Gemeindebesuch 3 Prozent der Stadtbevölkerung an jedem Sonntag ausmacht. Dies ist alles aus der ursprünglichen Gemeinde, die 60 Glieder und 100 Besucher der Sonntagsschulen hatte, und der fünfmonatigen Freiversammlungskampagne von 1956 entstanden.

Die geniale Anlage dieser Entwicklung war die Ermutigung und der Einsatz von Laienarbeitern. Sie wurden erst durch ihre Mitarbeit geschult, aber doch erreichte die Nacharbeit die Neubekehrten, die in ihrem eigenen Bezirk in eine Gemeinde verwurzelt und somit nicht quer durch die ganze Stadt bemüht wurden, um die große, zentrale Kirche zu erreichen.

In Nigeria bestand unser Good News Kreuzzug aus zwei Teilen: Literaturverbreitung und evangelistische Veranstaltungen. Beide Phasen des Programms enthielten einen Nacharbeitsplan. Über 200.000 Literaturpakete, die aus sechs Teilen bestanden, wurden verteilt. In jedem 'Paket' gab es einen Bon für einen Bibelkorrespondenzkurs und eine Einladungskarte mit der Adresse der lokalen Gemeinde. Allen, die dem Pastor am Schluß eines Gottesdienstes die Einladungskarte abgaben, wurde kostenlos die Broschüre 'Richtlinien für das Leben der Gemeinde' angeboten. Wenn man die Karte abgab, erhielt man vom Pastor das Büchlein sowie die Einladung zu einem besonderen Kurs, der jeden Montagabend stattfand und sich mit dem Studium dieser Broschüre befaßte. Da auf der Karte Name und Adresse der Person aufgezeichnet war, konnten die Mitarbeiter regelmäßigen Kontakt aufnehmen.

Wenn man die Namen und Adressen der Neubekehrten sichergestellt hatte, wurden in wöchentlichen Besuchen eine Reihe von Traktaten überreicht. Zuerst wurde das Traktat 'Als Christ sollte ich auch ein

Zeuge sein' ganz vorgelesen. Dann betete der Mitarbeiter mit der Person und lud zum Gottesdienstbesuch am nächsten Sonntag ein. Eine Woche später nahm man das zweite Traktat mit dem Titel 'Als Christ sollte ich beten' und machte ganz das gleiche. Wieder eine Woche später nahm man das dritte Traktat 'Als Christ sollte ich die Bibel lesen', und in der vierten Woche das Traktat 'Als Christ sollte ich mich taufen lassen'. Man ermutigte den Neubekehrten, den Kurs für Täuflinge zu besuchen. Das war der letzte 'Zug' mit dem Netz. Nach Möglichkeit war es immer derselbe Mitarbeiter, der diese vier Besuche machte. So entwickelte sich oft eine Freundschaft, die blieb und eine große Bedeutung hatte.

In einem Zeitraum von zwei Jahren führten wir in Nigeria drei unabhängige Good News Kreuzzüge durch. Dabei wurden insgesamt 4 Millionen Literaturteile verteilt und 13.000 Entscheidungen getroffen. Die beiden letzten begannen jedoch mitten in der Krise, der letzte erst, als bereits der Krieg ausgebrochen war. Deshalb konnten wir von diesen beiden Einsätzen keine Statistiken bekommen, die weitaus am besten organisiert und wo die Mitarbeiter besser geschult waren.

Die folgenden Statistiken stammen vom ersten Einsatz mit Good News, der durchgeführt wurde, als der Mitarbeiterstab noch immer tief im Lernprozeß steckte. Von den 9.000 aufgezeichneten Entscheidungen des ersten Kreuzzugs erhielten 2.912 alle vier Traktate. Von diesen fast 3.000 Neubekehrten kamen 1.000 in die örtlichen Gemeinden. Vier Monate später hatten 254 die Bedingungen ihrer Klasse für Täuflinge erfüllt und wurden getauft. Man kann aus diesen Zahlen ersehen, daß wir 10 Prozent der Menschen, die sich für Jesus entschieden hatten, eingliedern konnten.[1]

Leider kann der letzte Teil des Nigeria-Kreuzzuges nicht belegt werden. Man kann unmöglich Vermutungen darüber anstellen, was hätte geschehen können. Die Reaktion wäre gewiß, wie in anderen Teilen Afrikas, überwältigend gewesen. Afrika ist ein Kontinent großer Kreuzzüge.

4. *Die Gemeinden der Missionsgebiete sind im allgemeinen für große, reiche Ernten unzureichend ausgerüstet.* Die Vorbereitung der Gemeinden durch Missionsgesellschaften und Planungskomitees ist schrecklich mangelhaft. Die Schulung für die Nacharbeit sollte vor dem Kreuzzug stattfinden. Von wenigen Ausnahmen abgesehen sind weder die Pastoren noch die Gemeinden bereit, einen großen Zustrom von frisch Bekehrten aufzunehmen und für jeden einzelnen Sorge zu tragen. Das geistliche Leben vieler Gemeinden ist auf einem Tiefpunkt und die Laien werden nicht geschult. Nur wenige Gemeinden haben die notwendigen Einrichtungen zur Unterbringung von Neubekehrten, und meistens gibt es kein gründliches, umfassendes Nacharbeitsprogramm. So sind die Verlustziffern unverhältnismäßig hoch — nur ein geringer Prozentsatz der Menschen, die ein Bekenntnis ablegen, finden den Weg in die Gemeinden.

Dies ist ein sehr entscheidendes Gebiet, das einer sofortigen Beachtung und eines weisen Vorgehens bedarf. Es muß etwas Drastisches geschehen, wenn die Erfolge nicht wieder verlorengehen sollen. Es reicht nicht aus, 'Bekehrungen' abzuhaken. Jesus gab uns den Auftrag, die Menschen zu Jüngern zu machen. Wir dürfen unter keinen Umständen weder unseren Herrn noch die Menschen enttäuschen, die ein Bekenntnis abgelegt haben und so ein bestimmtes Stadium der Bereitschaft kundtun. Das Planungskomitee trägt die volle Verantwortung, und die Gemeinden müssen genauso gründlich für das Nacharbeitsprogramm und die Erziehung der Bekehrten zugerüstet werden wie für die evangelistischen Gespräche, durch die diese zum Glauben gekommen sind.

Diese Stärkung sollte auf verschiedene Weise geschehen. Die Pastoren sollten die Gelegenheit erhalten, sich mit wirksamen Methoden der Nacharbeit und Materialien, die für diesen Zweck zur Verfügung stehen, bekannt zu machen. Auch sollten sie in den Grundlagen seelsorgerlicher Betreuung und Beratung zur Erbauung und Vervollkommnung der Bekehrten unterrichtet werden. Für die Seelsorge ist nicht nur Gott verantwortlich, auch wir haben unser Teil beizutragen.

Die Familien sollten ermutigt werden, sich gegenseitig zu erbauen und im Glauben zu helfen. Die Familie ist der wichtigste Schlüssel für dieses große Problemgebiet. Geeignete Literatur ist zu diesem Thema zu veröffentlichen.

Laien, Männer und Frauen, sind für die Nacharbeit und die Evangelisation auszubilden. Sie sind für die Erhaltung der Bekehrten genauso wichtig wie für die Evangelisation. Bald nach dem Kreuzzug der lokalen Gemeinde sollten die Gebetszellen, zumindest teilweise, in Hausbibelkreise umgewandelt werden, die sorgfältig vorbereitete Lektionen durchnehmen, den Bekehrten in ihrem jungen Glaubensleben helfen und sie für die Gemeinden gewinnen, wie sie für Jesus gewonnen worden waren.

Wenn die Frucht nicht verloren gehen soll, brauchen wir in Schulung und Programm eine neue Dimension. Man könnte sich gut einen vollzeitlichen Sekretär für die Nacharbeit vorstellen, der nach Abschluß des Kreuzzuges mindestens noch ein Jahr diese Funktion ausübt. Der Sekretär würde die Gemeinden für diesen Dienst koordinieren und sie ermutigen. Dieses Amt könnte auch als Versorgungsstelle dienen und für Neubekehrte geeignete Literatur herausgeben. Konfessionelle Interessen und Loyalitäten brauchen dadurch nicht gestört zu werden. Überflüssiges, unnötige Verdopplungen und ähnliche Unannehmlichkeiten könnten vermindert werden.

Dies ist das größte Problem und der wichtigste Fehler der Programme. Es ist vielleicht nicht fehl am Platz, noch einmal die wirkungsvolle Methode von Pastor Waylon B. Moore darzustellen, die er in einem

Artikel 'Evangelism-in-Depth', auf den wir bereits hingewiesen haben, ausführte.

Wie können wir die Ergebnisse unserer Evangelisationsarbeit bewahren?

Die Antwort auf diese Frage ist die Nacharbeit – die Erhaltung und Vermehrung der Frucht der Evangelisation. Es braucht viel, bis ein Mensch zu geistlicher Reife und fruchtbarem Zeugendienst herangewachsen ist. Die Nacharbeit besteht nicht bloß darin, daß ich einem Neubekehrten einiges Material zu lesen gebe, sondern darin, daß ich durch das Wort Gottes und das Gebet persönlich den anderen an dem Leben in Christus teilhaben lasse.

Ein 'Säugling' in Jesus braucht mehr als einen Kurs oder einen Gottesdienst, wo er jeden Mittwoch und Sonntag zu einer großen Menschenmenge gehört, aber den Rest der Woche auf geistlichem Gebiet auf sich selbst angewiesen ist. Bestimmte Wahrheiten sind für das Leben eines Neubekehrten unmittelbar nach seiner Entscheidung für Jesus lebensnotwendig. Aber oft dauert es Monate, bis er allein die Bibel lesen kann, bis er lernt, wer der Heilige Geist ist und was es heißt, vom Geist geleitet zu werden. Niemand kann von einer einzigen Mahlzeit pro Woche recht leben. Genausowenig kann normalerweise der Neubekehrte von einer oder zwei 'geistlichen Mahlzeiten' in der Woche gedeihen. Wenn ein Säugling verhungert oder wegen falscher Ernährung stirbt, geben wir nicht ihm selbst die Schuld. Der frisch Bekehrte ist wie ein Säugling und muß persönlich 'gefüttert', beschützt und zugerüstet werden, bevor er sich seine tägliche Nahrung selbst aus dem Wort Gottes bereiten kann.

Der größte Evangelist, der Apostel Paulus, verwandte mehr Zeit für die Nacharbeit als für die Verkündigung. Im ersten Brief an die Thessalonicher sehen wir, wie Paulus vorging. Er hatte im großen und ganzen vier Methoden für die Nacharbeit.

Paulus betreute erstens die Bekehrten durch persönliche, regelmäßige Kontakte. Über einen langen Zeitraum hinweg besuchte er immer wieder die einzelnen Gemeinden. Er wollte wirklich so oft wie möglich bei den noch jungen Gläubigen sein (1. Thess. 2,27–30).

Zweitens trat Paulus mit anhaltendem Gebet des Glaubens für die Gläubigen ein (1. Thess. 1,2; 2,13). Er gewann den Kampf um die Fruchtbarkeit der Kinder Gottes dort, wo das Fleisch sich am wenigsten rühmt – in der Gebetskammer.

Das dritte Mittel, das Paulus in der Nacharbeit verwandte, war die Sendung. Wir lesen oft, daß Paulus, als er im Gefängnis war oder wegen Krankheit nicht reisen konnte, einen Mitarbeiter losschickte, um die aufzusuchen, die noch jung im Glauben waren (1. Thess. 3,1–6). Dieser Mitarbeiter war stets von ihm persönlich geschult worden und konnte die von ihm angefangene Arbeit fortsetzen.

Die vierte Methode der Nacharbeit war das Schreiben von Briefen. Wie froh müssen wir doch sein, daß seine Liebe und Fürsorge uns in 13 Briefen an Gemeinden und an einzelne aufgezeichnet sind.

Zwei wichtige Akzente haben im Leben des Jüngers Jesu die Priorität. Er hat erstens das brennende Verlangen, Jesus in seinem täglichen Leben zu erfahren. Er kann mit Paulus sagen: „... um ihn und die

Kraft seiner Auferstehung und die Gemeinschaft seiner Leiden zu erkennen." Zweitens ist er von dem Wunsch erfüllt, andere zu Jüngern zu machen. Für ihn kommt Zeit für andere Menschen gleich nach der Zeit für Gott.

Das 'Jüngermachen' bedeutet, daß man enge Gemeinschaft mit einem Mann beziehungsweise einer Frau hat und bereit ist, sich ganz für ihn oder sie einzusetzen. Von einer Kanzel herunter oder vor einer Klasse kann dies kaum geschehen. Am besten ist es, wenn man individuell vorgeht und sich eine Person nach der anderen vornimmt. Meines Wissens besteht auf keiner Universität oder Bibelschule ein besonderer Kursus über Nacharbeit. Wir wissen sehr genau, was wir tun sollten, wissen aber nur sehr ungenau, wie wir es tun sollen.

Paulus arbeitete in Thessalonich nur einen Monat. Er gewann Menschen für Jesus, unterrichtete sie in vielen grundlegenden Lehren und erwählte sich dann Aristarchus und Secundus, die ihn begleiteten und weiter geschult wurden. Er predigte zuerst großen Menschenmassen und machte dann einzelne zu Jüngern, damit unzählige andere erreicht werden konnten.

Kann man auch heute so verfahren?

Wo diese Methode heute angewandt wird, hat sie Erfolg. Wenn Pastoren und Laien einen Blick für die persönliche Schulung von Mitarbeitern bekommen, die darin unterrichtet werden, wie man auch andere schulen kann, dann können die Gemeinden revolutioniert werden.

In der First Church von Lakeland in Florida wurde z. B. ein Diakon nur für eine kurze Zeit persönlich geschult. Während des vergangenen Jahres hat dieser Mann über 100 Männer und Frauen ausgebildet, die bereits wieder Menschen für Jesus gewonnen und mit der Zurüstung von 177 weiteren Gläubigen begonnen haben. Auf die gleiche Weise stellen viele Gemeinden heute einen Plan zur geistlichen Aneignung für jedes neue Mitglied auf.

Wir haben hier ein erprobtes Rezept zur Vertiefung des geistlichen Lebens von Tausenden, die sich dieses Jahr für Jesus entscheiden werden. Die Nacharbeit kann nicht einfach dem Gemeindeprogramm hinzugefügt werden. Sie ist ein Prozeß und benötigt Zeit. Sie muß ein integraler Bestandteil des gesamten Programms werden. Bekommt heute jeder Pastor in Texas jährlich einen *neuen* Seelengewinner hinzu? Möge doch jeder Pastor dieses Jahr Gott geloben, den Schwerpunkt seiner Arbeit auf die Schulung einiger getreuer Laien zu legen.

Der Pastor nehme einen Laien, der bereit ist und eine Zeitlang mit ihm zusammen Besuche macht. Dann unterrichte er diesen Laien im Plan der Erlösung, bis er diesen überall anderen Menschen weitergeben kann und bis er den ersten Menschen für Jesus gewonnen hat.

Jede Gemeindeveranstaltung kann eine Gelegenheit zur Zurüstung und zur Auferbauung sein. Dies braucht Zeit, aber welche Garantie haben wir sonst für einen wirklichen Durchbruch, wenn nicht Tausende von Laien beständig Menschen für Jesus gewinnen und zurüsten?

Führe dann als nächstes den sogenannten 'Timotheus-Adoptionsplan' durch. So wie Paulus den Timotheus 'adoptierte' und zu einer fruchtbaren Reife führte, soll der Pastor den Seelengewinner zurüsten, damit er sich um den Neubekehrten kümmern kann. Der Seelengewinner 'adoptiert' den Neubekehrten, besucht ihn wöchentlich und hilft ihm in seinem persönlichen Bibelstudium, seinem Gebet und in seinem Zeugendienst.

Ein besonderer Kurs für Bekehrte, der vom Pastor oder einem anderen verantwortlichen Mitarbeiter gegeben wird, ist das Minimum zur Erhaltung und Auferbauung zukünftiger Jünger Jesu. Wenn der vom Pastor geschulte Laie persönlich mit dem Bekehrten zusammenkommt, wird dies eine bessere Garantie für eine stabile Gemeinde und die Fruchtbarkeit ihrer Dienste sein als viele Predigten.

Zu unserem Evangelisationsprogramm sollte die fachmännische Beratung von Pastoren gehören, wie man die Gläubigen zu wahren Jüngern macht. Die Hauptbetonung jeder Konferenz für Evangelisation sollte auf der Nacharbeit liegen. Seminare für Laienmitarbeiter in den verschiedenen Gebieten sind eine große Hilfe. Wenn wir es nur wollen, können wir Pastoren und Laien für ein solches Programm haben. Die Nacharbeit muß in der lokalen Gemeinde verwurzelt werden, und zwar heute.

Das Gebot der Stunde ist eine solche Evangelisation der Tiefe, die Vermehrung der Jünger Jesu zur Ehre Gottes.[2]

5. *Wir brauchen eine radikalere Rückkehr zu den neutestamentlichen Evangelisationsmustern, die Aufnahme zusätzlicher Prinzipien und Betonungen und vollständigere kulturelle, soziologische und psychologische Adaptionen, als sie irgendeine der gegenwärtigen großen Bewegungen aufweisen, wenn echte, bleibende und eindrucksvolle Ergebnisse erzielt werden sollen und man die heutigen überwältigenden Möglichkeiten in vielen Teilen der Welt recht würdigen will.*

Die radikale Rückkehr zum Neuen Testament ist nicht einfach. Wir sind Kinder unserer Zeit und Kultur, gehen gern auf den gewohnten Wegen und folgen altbekannten Verhaltensweisen. Trotzdem müssen wir unseren ganzen Dienst unter das Urteil der Bibel stellen. Nur die kompromißlose Anwendung der biblischen Prinzipien wird uns die Fülle geistlicher Segnungen bringen. Das Neue Testament bleibt unser autoritatives Korrektiv und unser unfehlbarer Ratgeber. Hier finden wir Orientierung und Direktiven. In Übereinstimmung mit der Apostelgeschichte müssen wir das Evangelisationskonzept erweitern und die Haus- und Gruppenevangelisation aufnehmen, die zur Bekehrung von Familien und anderen größeren Einheiten führen, seien dies ganze Gruppen oder mehrere Einzelpersonen.

Diese Dimension der Evangelisation ist so wichtig, daß ich diesem Buch einen dritten Abschnitt beigefügt habe, um die Bewegungen der Totalevangelisation zu fördern und zu stärken. Ich habe nicht die Absicht, die getane Arbeit zu schwächen oder zu schmälern. Gott honoriert die gegenwärtigen Unternehmungen, sein Segen ist handgreiflich. Der heutige begrenzte Erfolg darf uns jedoch nicht blind machen, so daß wir dann keine weiteren Möglichkeiten mehr sehen. Meine Vorschläge wollen zum Teil Verbesserungen, zum Teil Hinzufügungen sein, aber auf keinen Fall irgendwelche Abstriche machen.

Die Forderung von vollständigeren psycho-sozio-kulturellen Adaptionen ergibt sowohl eine theologische Gefahr als auch die Möglichkeit größerer evangelikaler Vorstöße. Adaptionen und Akkomodationen, die ihrerseits sehr leicht zu Synkretismus, Nativismus und pseudochristlichem Heidentum führen, sind nur durch einen einzigen Schritt voneinander getrennt. Andererseits ist der Mensch auch von kulturellen, soziologischen und psychologischen Gegebenheiten bestimmt, die sein Wesen und sein Leben prägen und beeinflussen. Hier lebt er, hier ist er zu Hause, und hier muß er aufgesucht und für Jesus gewonnen werden. Das Maß der Dynamik einer Bewegung hängt immer von dem Grad der Adaption an die einheimische Umgebung sowie von anderen Faktoren der Dynamik ab.

Dies führt uns zu der äußerst wichtigen Frage nach der Dynamik von Gruppenbewegungen. Die Dynamik von Bewegungen ist von der Dynamik von Gruppen zu unterscheiden, die als beschleunigte, verstärkte emotionsgeladene Wechselwirkung von Personen, als Erfahrung eines Reaktionsstimulus zu verstehen ist. Im christlichen Bereich ist dies 'elektrisch geladene' Gemeinschaft.

Die Dynamik von Bewegungen stützt sich indes auf Faktoren, die Gruppen von Menschen zu bewußten, absichtlichen Handlungen drängen. Die Dynamik von Gruppen darf nicht mit Massenpsychologie verwechselt werden. Sie stellt vielmehr eine geordnete Bewegung dar, die von eindeutigen, bestimmten Faktoren getragen wird, welche nach bestimmbaren Gesetzen oder Prinzipien wirksam werden. Diese Prinzipien konkretisieren sich in dynamischen Führern und finden im sozialen, moralischen, religiösen und kulturellen Bewußtsein der Menschen ihren Berührungspunkt und ihren Widerhall. Solche Bewegungen von Gruppen sind zwar umfassend und alles einschließend, zugleich aber auch persönlich, bewußt, überlegt und abwägend in der Erfahrung. Es ist nicht so, daß die Menschen blind handeln und einfach einem Führer oder irgendeinem Instinkt Folge leisten. Solche Bewegungen sind rational und willensmäßig und deshalb als Aktionsprinzip legitim und von der Bibel her vertretbar.

Alle Ehre und Anerkennung gebührt Gott – wir setzen in keiner Weise das direkte Wirken des Heiligen Geistes herab. Er ist die letzte Quelle aller positiven Kraftwirkungen. Aber der Heilige Geist wirkt nicht in einem Vakuum. Aus diesem Grund müssen wir die Kräfte hinter dynamischen Bewegungen untersuchen, Faktoren, welche die Dynamik einer umfassenden Aktion erzeugen.

Diese Faktoren sind, wie gesagt, nicht der letzte Ursprung von geistlichen Bewegungen. Aber sie sind die geeigneten Kanäle dieser letzten geistlichen Quellen. Wir können sie daher sekundäre Quellen nennen, also Faktoren oder Quellen, die geistliche Kraftwirkung in eine bestimmte Richtung lenken. Eine einfache Definition der sekundären Kanäle und Kräfte ist nicht immer eine vollkommene, es reicht auch nicht aus, eine einzige Denomination für alles verantwortlich zu machen. Eine allzu einfache Beurteilung ist genauso leicht möglich wie eine allzu großzügige. Robert Lee drückt es ganz richtig folgendermaßen aus: „Der offensichtliche Schluß lautet, daß eine einzige Theorie zur Erklärung von Wachstum und Rückgang auf religiösem Gebiet nicht ausreicht. Wir werden mehr erreichen, wenn wir nach einem Bündel oder einer Konstellation von Faktoren suchen, wenn wir diese komplexe soziale Situation verstehen wollen."[3]

In ähnlicher Weise spricht Dr. David B. Barrett in seiner umfassenden Studie über dynamische afrikanische Bewegungen wiederholt von 'mehrfachen Ursachen', 'einem ganzen Komplex von Ursachen', der 'Existenz von vielen gleichzeitigen Faktoren'. Er schreibt: „Die Ursächlichkeit hängt von der Ansammlung einer Vielzahl verschiedener Faktoren ab."[4] Diese Tatsache dürfen wir nicht vergessen.

Wir suchen nicht nur nach einem einzigen Faktor, sondern nach einer ganzen Anzahl von Faktoren, um sie dann in einem 'Komplex' oder in einer 'Konstellation' zusammenzufassen. Je mehr Faktoren wir entdecken und enthüllen und je besser wir sie in eine feste, dynamisch funktionierende Einheit integrieren können, desto dynamischer wird die Bewegung sein.

Wir erheben nicht den Anspruch, alle Geheimnisse und Kräfte erkannt zu haben, die in dynamischen Bewegungen von einzelnen, Familien, Gruppen oder ganzen Bevölkerungen wirksam sind. Die aufgeführten Faktoren sind auch nicht alle unsere eigene Entdeckung, manche stammen von anderen Experten. Studien über die Dynamik solcher Bewegungen sind relativ jungen Datums. Bei meinen Nachforschungen stieß ich auf sechs Faktoren, die für die Bewegungen von Gruppen und von einzelnen eine starke Dynamik ergeben, wenn sie mit Rücksicht auf die jeweilige Kultur miteinander verschmolzen, integriert und koordiniert werden.

1. *Relevante Botschaft.* Die Ausbreitung einer christlichen Bewegung hängt von ihrer Fähigkeit ab, die Botschaft des Neuen Testaments auf die religiösen Sehnsüchte, Hoffnungen, Enttäuschungen, Ängste und Bedürfnisse der Menschen anzuwenden und so einen ersten und wirkungsvollen Berührungspunkt herzustellen, der es möglich macht, zu den tieferen und wirklichen Bedürfnissen der geistlichen Natur des Lebens vorzudringen.

Der Dienst der Wycliff-Bibelübersetzer demonstriert dieses Prinzip heute höchst eindrucksvoll und hat unter einer ganzen Anzahl primitiver Stämme zu bemerkenswerten Bewegungen geführt. New Life For All hat es in Nigeria sehr erfolgreich praktiziert.

2. *Totale Mobilisation.* Die Ausbreitung jeder Bewegung hängt von ihrem Erfolg in der Mobilisierung und Schulung ihrer gesamten Anhängerschaft für eine beständige, kühne, vernünftige und überzeugende Propagierung ihrer Grundsätze ab (nach R. K. Strachan).

Dieses Prinzip wurde durch die Jahrhunderte hindurch von Gruppen hier und da praktiziert. Gegenwärtig wird es am dynamischsten von den Baptisten Rumäniens (die am schnellsten wachsende Baptistenbewegung der Welt) und den Assemblies of God in verschiedenen Ländern angewandt, vor allem in Lateinamerika. Durch Dr. R. K. Strachan wurde es in ein Evangelisationssystem integriert und wird von Evangelism-in-Depth und New Life For All wirkungsvoll und erfolgreich empfohlen.

3. *Kulturelle Adaption.* Die Ausbreitung jeder Bewegung hängt von dem Grad der kulturellen Anpassung ab, den sie erreichen kann, sowie von ihrer Geschicklichkeit, die psycho-sozio-kulturellen Faktoren ihrer natürlichen Umgebung nutzbar zu machen und zu mobilisieren, ohne bei der Verkündigung Kompromisse zu schließen oder auf ethischem Gebiet ohne Orientierung einfach entgegenzukommen.

Dieses Prinzip sehen wir heute am deutlichsten in den Bewegungen der Brüdergemeinden in Spanien und Argentinien, der methodistisch-pfingstlerischen Bewegung in Chile und den Assemblies of God in Brasilien, El Salvador, Guatemala und zum Teil in Mexiko.

Dieses Prinzip kann man in der Batak-Bewegung vom letzten Jahrhundert auf Sumatra beobachten, ebenso in der Karen-Bewegung in Burma, der Neuendettelsauer Mission in Neu-Guinea, in verschiedenen Arbeitsgebieten von The Christian and Missionary Alliance und in anderen Missionen, vor allem solchen, die unter primitiven Stämmen arbeiten.

4. *Gesunde Beziehungen.* Die Ausbreitung jeder Bewegung hängt von der Tiefe und Weite der Beziehungen ab, die sie aufbauen kann, seien diese Beziehungen funktional oder strukturell.

Dieses geistliche und dynamische Prinzip wird sehr vernachlässigt und kaum beachtet. Die ungelösten Spannungen und schlecht strukturierten Beziehungen zwischen den Missionen und den nationalen Kirchen und Gemeinden sind eines der größten Hindernisse für eine dynamische Evangelisation sowie für das Gemeindewachstum. Die Beziehungen zwischen den Missionen, Konfessionen und Gemeinden sind somit die tieferen Ursachen für einen Großteil des Versagens in der Missionsarbeit. Die evangelikalen Missionen sind diesem Problem merkwürdig ausgewichen. Es ist aber doch ein dringendes kulturelles und auch geistliches Problem, das sofortige Maßnahmen erfordert, da in bezug auf die

Dynamik der Missionsarbeit und des Gemeindewachstums viel von ihm abhängt.

Es ist schwierig, dieses Prinzip konkret darzustellen. Bewegungen, die dem biblischen Ideal am nächsten gekommen sind, sind die Brüdergemeinden und die schwedischen Assemblies of God.

5. *Beziehungen zum traditionellen Establishment.* Die Ausbreitung einer Bewegung hängt von der Art und dem Ausmaß der Beziehung ab, die sie zum traditionellen und herrschenden Establishment pflegt. Entscheidend ist sowohl das qualitative wie auch das quantitative Ausmaß.

Wenn die Einstellung der Zielgruppe gegenüber dem herrschenden Establishment und seinen Werten positiv ist, das heißt von Verständnis, Bewunderung und Verlangen nach denselben gekennzeichnet ist, wird das Maß der Anziehungskraft, von der Ähnlichkeit der Grundsätze und der Struktur der neuen Bewegung mit den traditionellen Gewohnheiten und Verhaltensweisen abhängen. Je geringer die Abweichung in der äußeren Erscheinungsform und der inneren Funktion ist, desto geringer wird der Widerstand gegenüber dem Neuen sein. Unter solchen Umständen würden bei den gegenwärtigen Gegebenheiten die anglikanischen und methodistischen Kirchen in den nominellen römisch-katholischen Ländern am meisten Erfolge erzielen und am besten gedeihen. Diese Kirchen kommen dem traditionellen Establishment am nächsten. Die Baptisten könnten eine gewisse Chance haben. Die Brüdergemeinden und Pfingstgemeinden würden sicher auf großen Widerstand und ernste Schwierigkeiten stoßen.

Wenn die Einstellung der Zielgruppe gegenüber dem Establishment und seinen Werten von Apathie, Ressentiment und Empörung gekennzeichnet ist, wird das Maß der Anziehungskraft von der Distanz der Grundsätze und Struktur der neuen Bewegung hinsichtlich der althergebrachten Gewohnheiten und Verhaltensweisen abhängen. Je schärfer der Kontrast und je größer der Protest und die Kluft, desto größer wird die Anziehungskraft sein. So sollte hier im Blick auf die Anziehungskraft und Ausbreitung der oben erwähnten Kirchen genau das Umgekehrte stattfinden. Die Pfingstgemeinden sollten hinsichtlich der Gewinne und der Ausbreitung führend sein, was ja gegenwärtig auch der Fall ist.

6. *Geistlicher Funktionalismus.* Die Ausbreitung einer christlichen Bewegung hängt von dem Ausmaß ab, in dem man dem Heiligen Geist gestattet, frei und durch keine traditionellen oder idealisierten Strukturen gehindert zu wirken und einen relevanten, einheimischen und dynamischen Funktionalismus mit geeigneten, aber untergeordneten Strukturen zu entwickeln. Es ist zu betonen, daß ein Funktionalismus ohne Strukturalismus keine Bedeutung oder Zweckmäßigkeit erreichen kann. Es gibt keinen reinen Organismus. Alle Organe funktionieren in

einer Organisation. Die grundlegende Frage ist jedoch die, ob der Organismus oder die Organisation dominiert.

Es ist eine historische Tatsache, daß wenige Faktoren das Wirken des Heiligen Geistes mehr blockierten als veraltete, traditionelle und irrelevante Strukturen es taten. Wir haben uns stets dessen bewußt zu sein, daß die Funktion der Gemeinde im Neuen Testament klar vorgestellt ist. In bezug auf ihre Form und Struktur ist dies nicht ganz so deutlich. Deshalb entstanden im Verlauf der Geschichte verschiedene Formen und Strukturen, welche die Kirchen leider zu oft wie mit eisernen Ketten gebunden haben.

Das Prinzip der funktionalen Freiheit ist in den heutigen Assemblies of God und an einigen Stellen in den Brüdergemeinden am besten verkörpert. Im allgemeinen kämpfen alle Missionen und alle Kirchen mit diesem Problem.

Das sind die Faktoren, die in den Bewegungen von Gruppen und einzelnen eine Rolle spielen und ihre Dynamik ausmachen. Es ist möglich, daß keine Bewegung alle diese Faktoren im selben Ausmaß in sich schließt, auch die Konfiguration der Faktoren ist verschieden. Aber je größer die Ansammlung dieser Faktoren ist, desto größer wird auch die Dynamik sein. Wir müssen danach streben, so viele Faktoren wie möglich zu integrieren, koordinieren und zu verschmelzen. Das Dreieck kann steil sein und so die Faktoren in der Vertikalen auseinanderziehen. Dies ist dann eine weniger dynamische Bewegung. Dieses Dreieck kann auch flacher sein und die Faktoren einander annähern. Je stärker die Faktoren verbunden und verschmolzen sind, desto größer ist die Dynamik.

Eine weitere Erwägung ist die Anordnung der Faktoren in dem Dreieck. Evangelism-in-Depth legte das Schwergewicht auf die Mobilisation. New Life For All folgte diesem Beispiel, gab aber im Laufe seiner Entwicklung der Relevanz der Botschaft den Vorrang. Die Prioritäten verschoben sich.

Die brasilianischen Pfingstgemeinden setzen nach den Aussagen Dr. Emilio Willems die kulturelle Anpassung an die erste Stelle.

Das zweite Dreieck stellt für mich, so wie ich es aufgezeichnet habe, das biblische Ideal dar.

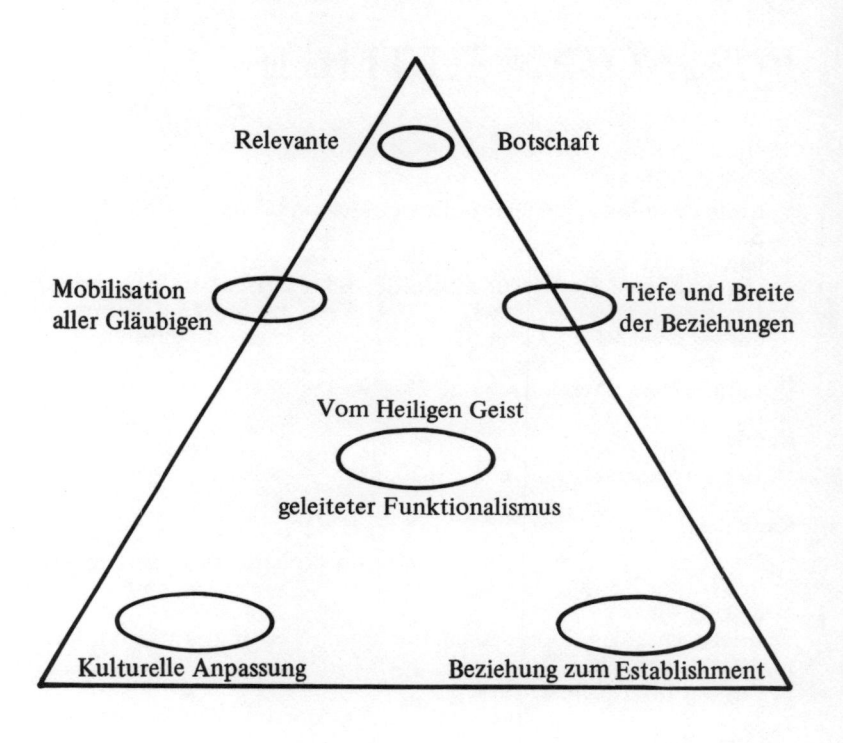

Relevante Botschaft

Mobilisation
aller Gläubigen

Tiefe und Breite
der Beziehungen

Vom Heiligen Geist

geleiteter Funktionalismus

Kulturelle Anpassung

Beziehung zum Establishment

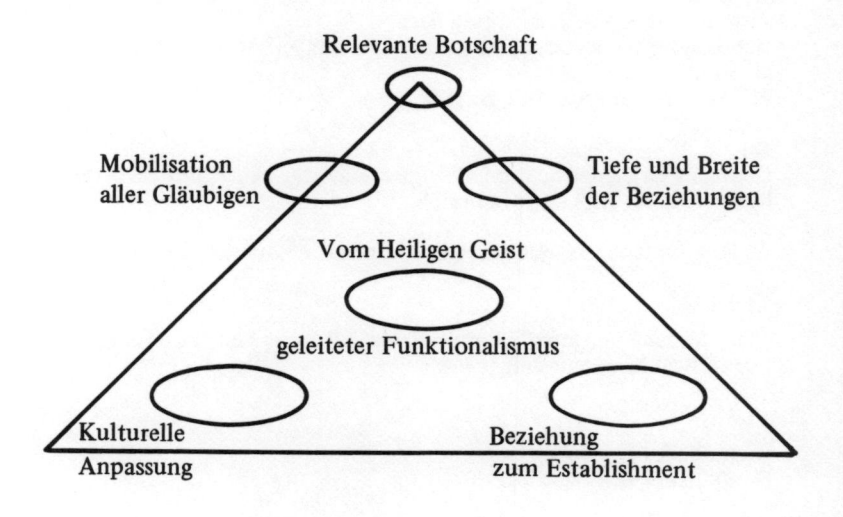

Relevante Botschaft

Mobilisation
aller Gläubigen

Tiefe und Breite
der Beziehungen

Vom Heiligen Geist

geleiteter Funktionalismus

Kulturelle
Anpassung

Beziehung
zum Establishment

FUSSNOTEN ZU TEIL II

Kapitel 9
1. *Evangelism-in-Depth,* Latin America Mission (Chicago: Moody Press), S. 19.
2. ebd., S. 25.
3. „International Review of Missions", Bd. 53 (Geneva: International Review of Missions, 1964), S. 194. Siehe ebenso *The Inescapable Calling* beim selben Autor (Grand Rapids: Eerdmans Publishing Co.), S. 108.
4. Latin America Mission, ebd. S. 27–29.

Kapitel 10
1. Latin America Mission, ebd., S. 30, 31.

Kapitel 11
1. *Revolution in Evangelism,* W. Dayton Roberts (Chicago: Moody Press, 1967), S. 84.
2. ebd., S. 84.
3. Briefwechsel von Pastor Allen Thompson, West Indies Mission, Juli–August, 1966, S. 6 ff.
4. Privater Briefwechsel.
5, 6, 7, 8, 9 Office Information, Latin America Mission, San Jose, Costa Rica.

Kapitel 12
1. „International Review of Missions", ebd. S. 197.
2. Mündliche Aussage bei einer Konferenz für Evangelism-in-Depth, August, 1966, San Jose, Costa Rica.
3. Vervielfältigtes Material, Abteilung für Evangelisation, Latin America Mission.
4. W. Dayton Roberts, ebd., S. 100.
5. ebd., S. 91.
6. ebd., S. 87.
7. Depth in Evangelism, vervielfältigtes Material, Abteilung für Evangelisation, Latin America Mission, S. 1.
8. ebd., S. 1.
9. W. Dayton Roberts, ebd., Leighton Ford im Vorwort, S. 6.

Kapitel 13
1. „The Andean Outlook", Joseph S. McCullough, Zeitschrift der Andes Evangelical Missions, Juli, 1968.

Kapitel 15
1. Persönlicher Briefwechsel.
2. Persönlicher Briefwechsel.

Kapitel 18
1. *Marvellous in Our Eyes* (Eine illustrierte Broschüre), Gerald O. Swank (Jos, Nigeria: New Life For All), S. 6.
2. ebd., S. 15.
3. Archiv, New Life For All, Jos, Nigeria.

Kapitel 19
1. ebd.
2. Leader's Guide Book (Jos, Nigeria: New Life For All), S. 9.
3. ebd.

Kapitel 20
1. Keine Dokumentation notwendig.
2. Archiv, ebd.
3. ebd.
4. Wilfred Bellamy, Material von der Vereinigten Sudan-Mission, London
5. *Marvellous in Our Eyes,* Dorothy Swank (Jos, Nigeria: New Life For All.

Kapitel 21
1. Archiv, ebd.

Kapitel 22
1. Persönlicher Brief an Pastor Gerald O. Swank.
2. Archiv, ebd.
3. Persönliches Zeugnis, vom Autor aufgezeichnet.
4. Persönlicher Briefwechsel.
5. Persönlicher Briefwechsel.
6. Archiv.

Kapitel 24
1. Philip Hogan. Bericht an Delegierte über „Totalevangelisation", Leysin, Schweiz, 28. August — 4. September 1969.
2. *Baptist Standard,* Waylon B. Moore (März, 1960).
3. *Stranger in the Land,* Robert Lee (London: Lutterworth Press), S. 156.
4. *Schism and Renewal in Africa,* David B. Barrett (London: Oxford University Press).

TEIL III

FAMILIENEVANGELISATION UND GRUPPENEVANGELISATION

Die Beschäftigung mit der Totalevangelisation erfordert eine eingehende Untersuchung der biblischen und praktischen Fragen im Blick auf die Familienevangelisation und die Gruppenbewegungen in der missionarischen Tätigkeit rund um die Welt. Das Verständnis ihrer Handhabung in der Heiligen Schrift und ihrer Anwendungsmöglichkeiten in verschiedenen Kulturen kann zu bedeutsamen Durchbrüchen für das Evangelium führen.

Wir werden genau definieren, was wir unter diesen Ausdrücken verstehen, wie sie in der Bibel gebraucht werden und welche Bedingungen auf dem Missionsfeld erfüllt sein müssen, wenn diese Bewegungen zur Ehre Gottes erfolgreich genutzt werden sollen. Dies sind keine Tricks für eine rasche, mühelose Evangelisierung der Welt; wenn wir aber die Familienevangelisation und die Gruppenbewegungen übergehen, versäumen wir die potentiell ertragreichsten Wege der Evangelisation, die Gott uns bereitet hat.

Kapitel 25

BIBLISCHE UND MISSIONARISCHE PERSPEKTIVEN DER FAMILIENEVANGELISATION

Wir haben oben auf verschiedene Typen und Modelle der Evangelisation Bezug genommen. Die Betonung muß auf der Evangelisation bleiben, der Konfrontation des Menschen mit der Frohbotschaft Gottes in Jesus Christus. Dies ist ein unabänderliches Prinzip der Offenbarung. Das Muster oder Modell der Evangelisation ist flexibel und wird durch Kultur, Gesellschaft und Psychologie bestimmt. Hier gibt es, abgesehen von der Tatsache, daß die Evangelisation zu einer persönlichen Übergabe und Bindung an Jesus Christus im Glauben führen muß, keine absoluten Maßstäbe.

In Anbetracht der Tatsache, daß die Familie nicht nur eine weltweite gesellschaftliche Einrichtung, sondern ebenso eine von Gott geschaffene soziale Einheit ist und in der Bibel eine einzigartige Stellung einnimmt, verdient also die Familienevangelisation als biblische Priorität und biblisches Ideal unsere gespannte Aufmerksamkeit.

Die Familienevangelisation ist nicht das einzige Evangelisationsmodell. Wir finden in der Bibel zahlreiche Beispiele für die Bekehrung von Einzelpersonen. Diese Betonung darf weder vernachlässigt noch herabgesetzt werden, wir finden sie überall in der Schrift. Dasselbe gilt für die Massenevangelisation. Jesus predigte vor großen Menschenmengen, Petrus und Paulus ebenfalls. Persönliche Evangelisation, Bekehrungen von Einzelpersonen und Massenevangelisation sind Methoden, die wir in der Bibel und in der Geschichte sehr wohl vorfinden. Trotzdem stellt sich die Frage, ob diese Modelle das höchste Ideal für die neutestamentliche Evangelisation darstellen und die blühendsten und wirkungsvollsten Gemeinden ergeben.

Wir behaupten, daß die Familienevangelisation und die Bekehrung von Familien die grundlegendsten biblischen und kulturellen Verfahren und Erwartungen sind und in unseren Tagen neu belebt werden müssen. Bevor wir auf die Andacht der Familie zurückkommen können, müssen wir zur Evangelisierung und Bekehrung der Familie zurückkehren.

Somit wenden wir uns nun einer biblischen Studie der Haus-Evangelisation und der Bekehrung von Familien zu.

DIE PRIORITÄT DER FAMILIE

Die Familie ist nicht einfach 'passiert'. Sie wurde von Gott verfügt und eingerichtet und ist somit ein grundlegendes biblisches Konzept. Gott wollte die Familie und das Heim. Die Familie ist ein ursprünglicher, von Gott ins Leben gerufener, natürlicher, gesellschaftlicher, spezifischer Verband und für die Wohlfahrt der Menschheit unabdingbar. Es ist von nicht geringer Bedeutung, daß Gott diese soziale Einrichtung vor dem Sündenfall schuf. Sie gehört somit zum idealen, wenn auch nicht ewigen Bereich des Menschen. Ehe, Heim und Familie entstanden nicht aus einem sekundären Bedürfnis auf Grund von Sünde. Sie gehören zum Menschen, so wie er von Gott erschaffen worden war.

Der Vorrang von Heim und Familie besteht durch die ganze Schrift hindurch. Wenn auch im Verlauf der kulturellen und gesellschaftlichen Entwicklung weitere Einrichtungen entstehen oder hinzugefügt werden, so wird doch die Familie weder von der Nation, dem Volk noch irgendeiner anderen Einrichtung der Gesellschaft in den Schatten gestellt, absorbiert oder aufgehoben. Wenn sie der Absicht Gottes entsprechend bewahrt und nach seinem Willen geführt wird, verbinden sich mit ihr große Heiligkeit und Gnade.

Die Bibel stellt uns nicht nur große Glaubenshelden und fromme Gottesmänner vor Augen. Meistens erfahren wir auch etwas über ihre Eltern, zumindest über einen der beiden Elternteile. Wir kennen den Vater Abrahams, die Eltern Moses, den Vater Josuas, die Eltern Samuels. Wir wissen etwas von der Verwandtschaft Gideons, Davids, Jesajas und anderer Propheten. Wir werden mit den Eltern von Johannes dem Täufer, dem Vater von Petrus und Andreas und dem Vater von Jakobus und Johannes bekannt gemacht. Die Mutter und sogar die Großmutter von Timotheus werden uns vorgestellt. Sie haben alle an der Ehre ihrer Söhne Teil, wie sie auch an ihrer Erziehung zu Männern Gottes Anteil hatten.

DIE BEDEUTUNG DER FAMILIENBEKEHRUNG

Ehe wir auf die grundlegende These dieses Kapitels näher eingehen, soll zuerst die Bedeutung der Familienbekehrung geklärt werden.

Unter Familienbekehrung verstehen wir nicht das Prinzip, daß jedes Glied der Familie gerettet wird, nur weil die Eltern oder der Vater oder die Mutter Christen sind. Wir finden in der Bibel keinen 'stellvertretenden Glauben', der so wirksam wird, daß die ungläubigen Glieder der Familie auf Grund des Glaubens der Eltern gerettet werden.

Gewiß haben Kinder gläubiger Eltern in geistlichen Dingen große Vorteile. Zahlreiche Beispiele in der Bibel beweisen dies. Paulus meint genau dasselbe, wenn er schreibt: „Denn der ungläubige Mann ist geheiligt durch die Frau, und die ungläubige Frau ist geheiligt durch den gläubigen Mann. Sonst wären eure Kinder unrein; nun aber sind sie heilig" (1. Kor. 7,14). Für die Familie ist ein Gotteskind von unschätzbarem Segen. Wie wir sehen werden, ist dies vor allem dann der Fall, wenn der Vater gläubig ist.

Die Erlösung geschieht nicht automatisch. Es gibt keine mechanische oder biologische Übertragung des Glaubens oder der damit verbundenen Vorrechte von den Eltern auf die Kinder. Glaube und Erlösung betreffen stets den einzelnen.

Unter Familienbekehrung verstehen wir nicht den Bundesgedanken mit seiner konsequenten Kindertaufe, entweder, daß man die Taufe sakramental versteht und mit der Wiedergeburt in Verbindung bringt, oder daß man sie zu den Bundesschlüssen Gottes in Beziehung setzt und glaubt, daß der einzelne durch die Taufe in einzigartiger Weise im Hinblick auf die Erlösung mit Gott verbunden und ein potentielles, schließlich ein tatsächliches Mitglied der Familie Gottes wird.

Unter Familienbekehrung verstehen wir die Grundsatzentscheidung des Vaters und/oder der Eltern, der die übrigen Glieder der Familie zustimmen, daß die Familie eine christliche Familie und das Heim ein christliches Heim werden soll. Dann tritt jedes Familienglied durch eine persönliche Entscheidung zu Jesus Christus als persönlichem Heiland in Beziehung, entweder gemeinsam und gleichzeitig als Einheit oder jeder einzeln. Die Entscheidung für Jesus wird so eine Sache der ganzen Familie und bleibt doch ein persönlicher, bewußter und willensmäßiger Akt jedes einzelnen Gliedes. Dies geschieht nicht mechanisch, ist aber wirklich geistlich und sozial. Die Familie trifft eine grundlegende, gemeinsame, freie, sorgsam bedachte Entscheidung, bekundet ihre Bereitschaft und wendet sich tatsächlich oder potentiell vom Unglauben dem Glauben zu, gibt den Standpunkt 'außerhalb der Herde' auf und kommt zur Herde, läßt die Entfremdung von Gott hinter sich und wird ein Glied der glaubenden Gemeinde.

Die wichtigsten Merkmale der Familienbekehrung sind: (1) die Familie handelt nach gründlicher Überlegung im Blick auf die Grundsatzentscheidung als Einheit; (2) die Entscheidung wird unter der Leitung und Führung der Eltern und/oder des Vaters getroffen; (3) die Entscheidung wird bewußt, aus freiem Entschluß, ohne Druck durch die anderen Glieder und mit der Unterstützung der Familie getroffen.

Es ist möglich und sogar höchst wahrscheinlich, daß nach der Grundsatzentscheidung nicht alle Familienglieder im Vollsinn des Wortes und nach dem Verständnis der Bibel Christen werden. Auch ist es möglich, daß einige Kinder leichter als ihre Eltern die Erfahrung einer wirklichen Bekehrung machen. Aber die Grundsatzentscheidung ist gefallen, und jeder weiß, daß er das Wohlwollen und die Unterstützung der Familie hat. Dies ist ein biblisches Ideal, das wir erstreben sollten.

Aus dem Gesagten wird deutlich, daß der Bekehrung der Familie eine gründliche Familienevangelisation vorangehen muß, welche die familiären Beziehungen durchdringt und erfüllt. Wir werden uns ihr gleich zuwenden und versuchen, sie als biblische Ordnung, göttliches Ideal und apostolische Norm zu begründen.

DIE FAMILIE IM ALTEN TESTAMENT

Der Bibelleser sieht bald, daß die Familie für Gott eine zentrale Bedeutung hat. Wir haben in der Bibel mehr Anweisungen für die Familie als für jede andere soziale Einheit oder sonstige Einrichtung. Die Ehemänner erhalten genaue Vorschriften, wie sie ihre Frauen lieben und wie ihre Beziehung zu ihnen sein sollte. Die Frauen erhalten Gebote, die ihre Haltung gegenüber ihren Männern betreffen. Die Beziehung zwischen Eltern und Kindern wird geordnet und ihr gegenseitiges Verhalten geregelt. Es ist empfehlenswert, die strengen Familienvorschriften für Reichsgottesarbeiter zu studieren.

Die Bibel macht deutlich, daß die Familie der Verband ist, den Gott segnen will und auch segnet. Schon auf den ersten Seiten der Bibel beginnt eine wunderschöne Spur, die sich durch die ganze Schrift hindurch verfolgen läßt.

Noah wurde von Gott vor der kommenden Katastrophe gewarnt; von Furcht bewegt baute er eine Arche zur Rettung seiner Familie. Wir hören nichts von dem Glauben und der Frömmigkeit der Söhne Noahs. Wir wissen aber, daß sie mit ihm zusammen in der Arche gerettet waren.

Abraham, der Vater des Glaubens, war nicht nur seinem engsten Familienkreis zum Segen, sondern schloß für seine 'Großfamilie', die Diener eingeschlossen, einen Bund mit Gott. Sie hatten alle an den reichen Segnungen Anteil. Er erhielt die Verheißung: „In dir sollen gesegnet werden alle Geschlechter der Erde."

Mose war mit seiner ganzen Familie getreu, und Josua rief aus: „Ich aber und mein Haus, wir wollen dem Herrn dienen."

Rahab, jene eigenartige Frau aus Jericho, wandte sich im Glauben an den Gott Israels und rettete sich zusammen mit ihrer ganzen Familie vor der Zerstörung. Die Geschichte hat dann in den neutestamentlichen Berichten von der Bekehrung zahlreicher Familien ihren Höhepunkt, wie wir noch sehen werden.

Mit gleichem Ernst und mit gleicher Betonung ist die Tatsache festzuhalten, daß die Familie oft auch der Verband ist, den das Gericht Gottes trifft. Man denke nur an Korah, Dathan und Abiram. Diese Familienväter waren die Ursache, daß ihre Familien lebendig begraben wurden, als die Erde sich spaltete und die ganze Gruppe verschlang. Auch Achan ging mit seiner Familie unter.

Wir wollen nachdrücklich darauf hinweisen, daß der Familienvater die Ursache für Segen und Fluch ist, die seine Familie treffen.

DIE FAMILIE IM NEUEN TESTAMENT

Im Neuen Testament sind im Blick auf die Familie drei Tatsachen festzuhalten.

1. *Der Familienbegriff wird in keiner Weise herabgesetzt oder geschwächt.* Die ursprüngliche Einrichtung und Anordnung wird nicht aufgegeben. Die Familie bleibt der grundlegende Verband der Gesellschaft und Anweisungen für die Beziehungen der Familie gibt es in Hülle und Fülle.

Der Ruhm der Familie erreichte in Jesus Christus seinen Höhepunkt. Es ist von großer Bedeutung, daß Jesus bei seiner Menschwerdung die Familie nicht aussparte, sondern sich in eine Familie hineinbegab, sich auf Joseph und Maria als seine legalen, irdischen Eltern bezog, familiäre Beziehungen zu Brüdern und Schwestern hatte und bis zu seinem dreißigsten Lebensjahr ein normales Glied einer Familie war. Er heiligte und ehrte durch seine Gegenwart und seine Mitwirkung das Heim und die Familie. Er kannte den Wert einer Familie, eines Heimes aus eigener Erfahrung. Seine Wertschätzung der Familie ist in seinem Dienst und seiner grundsätzlichen Einstellung deutlich abzulesen. Er sprach nie kritisch über sie oder ließ irgendeinen Schatten auf sie fallen. Später tat er verschiedenen Familien wiederholt einen Dienst; er wohnte in Häusern und hielt sich in Familien auf. Er genoß oft die Gastfreundschaft einer Familie; viele seiner Gottesdienste fanden in Häusern statt und er heilte dort auch viele Kranke. Jesus war genauso ein Freund der Familie wie ein Mann der Öffentlichkeit. Auch im Neuen Testament hat die Familie ihren Platz und die ihr gebührende Ehre.

2. *Das Neue Testament enthält viele Berichte über die Bekehrung von Familien.* Sie beginnen mit einer Nachricht von dem Dienst Jesu. Als Jesus in den Straßen Jerichos Zachäus begegnet und von ihm eingeladen worden war, in sein Haus zu kommen, machte er die erstaunliche Aussage: „Heute ist diesem Haus Heil widerfahren" (Luk. 19,9). Diese Erklärung erstaunt uns. War Zachäus nicht der einzige Gläubige? Warum wird seine Familie nicht erwähnt? Die Jünger wurden durch diese Worte nicht in Erstaunen versetzt. Dies scheint eine von vielen ähnlichen Erfahrungen gewesen zu sein. In Johannes 4, 46–54 wird uns ein ähnliches Ereignis berichtet. Ein Beamter befindet sich in Schwierigkeiten. Er bittet den Meister, seinen Sohn zu heilen. Nach Gewährung der Bitte hören wir, daß er und sein ganzes Haus glaubte (4, 53). Die Evangelisie-

rung und Bekehrung von Familien wurzelt also in dem Dienst Jesu, der ja immer unser Vorbild ist. Die Apostelgeschichte enthält ähnliche Berichte.

Nach der Erfahrung, die die Gläubigen an Pfingsten gemacht hatten, lesen wir: „Alle aber, die gläubig geworden waren, waren beieinander und hatten alle Dinge gemeinsam" (Apg. 2,44). Dies wurde fälschlicherweise schon so ausgelegt, daß alle Gläubigen an einen gemeinsamen Ort zogen und Gütergemeinschaft praktizierten. Das kann aber nicht der Fall gewesen sein, da man in verschiedenen Häusern das Brot brach und die Apostel in verschiedenen Häusern predigten (Apg. 2,46; 5,42). Paulus beschrieb seinen Dienst in Ephesus mit ähnlichen Worten (Apg. 20,20). Dies war nicht nur ein Programm der Einladung von Haus zu Haus, auch kein gewöhnlicher Hausbesuchsdienst. Es war auch keine kommunistische Gütergemeinschaft, auch wenn die ersten Christen ihre Güter freizügig mit anderen teilten.

Hinter diesen Aussagen sehen wir das einzigartige Phänomen, daß die zahlreichen Familien, die sich bekehrt hatten, Hausgemeinden bildeten, die auch andere Familien aufnahmen. So müssen wir auch Apostelgeschichte 4,4 verstehen, wo uns berichtet wird, daß „die Zahl der Männer" auf ungefähr fünftausend kam. Warum werden nur die Männer gezählt und erwähnt? Nicht darum, weil sie so viele Familien repräsentierten? Der Bericht scheint diesen Schluß nahezulegen.

Diese Folgerung wird durch die Betrachtung verschiedener Ereignisse gestützt, die ausführlicher dargestellt sind. Als Petrus auf eine Einladung hin nach Cäsarea kam, fand er Kornelius, der auf ihn gewartet hatte. Er war jedoch nicht allein, um nur für sich göttliche Leitung und Erlösung zu suchen. Kornelius hatte seine Verwandten und seine Freunde eingeladen. Die 'Großfamilie' kam zusammen, um durch Petrus eine Botschaft Gottes zu hören. Petrus sprach vor dieser 'Großfamilie', dem Kreis der Verwandten und Freunde. Während der Botschaft fiel der Heilige Geist auf sie, und später ließen sie sich taufen. Diese Erfahrung der Familienbekehrung war vollständig, weil Kornelius sie erhofft hatte.

Paulus predigte in Philippi das Evangelium am Flußufer, wo man gewöhnlich zum Gebet zusammenkam (ein Hinweis darauf, daß es in Philippi keine reguläre Synagoge gab). Eine Purpurkrämerin aus der Stadt Thyatira, die Gott anbetete, hörte dort Paulus predigen. Der Herr tat ihr das Herz auf, daß sie der Botschaft glaubte. Nach weiterer Unterweisung (Apg. 16,14) wurde sie und ihr Haus getauft.

Später kamen Paulus und Silas in das Gefängnis der Stadt. Als sie Loblieder sangen, griff Gott auf übernatürliche Art und Weise ein; daraus entstand ein Gespräch mit dem Kerkermeister. Die Frage des Kerkermeisters kommt unerwartet, aber die Antwort von Paulus ist noch erstaunlicher.

Die Frage lautete: „Was muß ich tun, daß ich errettet werde?" „Glaube an den Herrn Jesus, und du wirst errettet werden", war der erste Teil der Antwort. Damit wäre die Frage des bestürzten Mannes vollständig beantwortet gewesen. Paulus aber fuhr bezeichnenderweise fort: „du und dein Haus" (Apg. 16,31.32).

Der Kerkermeister glaubte dieser Zusage wirklich, er nahm Paulus und Silas in sein Haus auf, damit sie dem ganzen 'Haus' das Evangelium erläutern konnten. Und es geschah tatsächlich, daß seine ganze Familie glaubte. So wurde der Kerkermeister mit seiner ganzen Familie gerettet und getauft.

Dr. Harry R. Boer schreibt: „Das Bestreben, die Bekehrung und Taufe ganzer Familien zu erreichen, war ein fester Bestandteil der Missionsmethoden der Apostel. Die Bestätigung für diese Tatsache finden wir im Bericht von der Bekehrung des Kerkermeisters von Philippi, in dem wiederholt auf sein 'Haus' Bezug genommen wird."[1] Es lohnt sich, in Apostelgeschichte 16,29–34 die Ausdrücke 'Haus', 'alle', 'alle die Seinen' usw. zu unterstreichen.

Diese Familienbekehrung finden wir auch in Apostelgeschichte 18,8, wo sich Krispus, der Vorsteher der Synagoge von Korinth, Jesus zuwendet. Dann war dort auch Stephanas, den Paulus in Korinth getauft hatte (1. Kor. 1,16). Ähnliche Stellen finden wir für Onesiphorus und Philemon (2. Tim. 1,16; Philem. 2). Wir finden solche Hausgemeinden in Jerusalem und Cäsarea, in Asien und in Griechenland, unter Juden, Römern, Samaritern und Griechen. Sie waren weder auf ein Volk, einen Ort noch auf eine Kultur beschränkt. Sie waren so universal wie es auch die Familie ist. Die Gegner des Evangeliums arbeiteten ähnlich und kehrten ganze Häuser um (Tit. 1,11).

Die Familienevangelisation und die Bekehrung von Familien sind im Neuen Testament kein Ausnahmefall. Sie sind in der ganzen Schrift das Ideal Gottes und daher auch die Norm der Apostel. Die Familienevangelisation ist biblisch und gesellschaftlich relevant. Nur dem westlichen Individualismus erscheint dieses Phänomen seltsam und eigenartig.

3. *Die neutestamentliche Gemeinde bestand aus gesellschaftlichen Grundeinheiten.* Dr. Boer schreibt: „Die Gemeinde (des Neuen Testaments) setzte sich nicht aus einer bestimmten Anzahl einzelner Christen zusammen, sondern bestand aus gesellschaftlichen Grundeinheiten, organischen Gesamtheiten, und diese Einheiten waren die Grundbausteine der Gesellschaft, nämlich Familien."[2]

Weiter unten schreibt er: „Die Gemeinden, die durch das Zeugnis der Apostel entstanden, wurden eindeutig um diese von Gott gestiftete soziale Einheit herum aufgebaut. Familien kamen als Ganzes zur Gemeinde hinzu, und das deutliche Interesse der Apostel bewahrte ihre Integrität. Die Familie als von Gott gestiftete soziale Einheit und die große Aufmerksamkeit, die sie als die einzige 'natürliche Einheit' in der Gemeinde erfährt, verbieten uns, sie aus unserer eigentlichen theologischen und missionarischen Reflexion auszuschließen."[3]

Es erscheint ganz natürlich, daß die Gemeinden aus Familienverbänden anstatt aus einzelnen Gläubigen bestehen sollten. Trotzdem ist diese Tatsache von den Missionen und Gemeindegründern des Westens außer acht gelassen worden, vor allem auch von den fundamentalistischen Missionen.

Unser eigener Individualismus wurde zum Ideal und zur Norm. Zugleich hat er unsere Theologie der Evangelisation, Missionsstrategie und sogar unsere Ekklesiologie beherrscht. Vor größeren Einheiten als der Einzelperson haben wir Angst und zögern, uns mit solchen zu befassen. Drei Gründe scheinen für diese Angst vorzuliegen.

Erstens gibt es eine extreme Interpretation der Lehre von der Erwählung, die so stark auf den einzelnen eingeschränkt wurde, daß es schwierig wird, in größeren Einheiten zu denken. Zweitens liegt oft ein enger Gemeindebegriff vor, der die Gemeinde als Versammlung persönlich 'herausgerufener' Menschen faßt. Es muß zugegeben werden, daß beide Vorstellungen zum Teil richtig sind. Die Frage ist nur, wie entscheidend und bestimmend sie in unserem Dienst werden. Es besteht jedoch noch ein dritter Grund für unser Zaudern. Christentum und Volkskirche haben uns eingeschüchtert. Wir wollen um keinen Preis den Fehler begehen, dem unsere Vorfahren erlegen sind. Deshalb zögern wir und versagen in einer wesentlichen, grundlegenden Frage.

Das Neue Testament bestätigt unsere Behauptung hinsichtlich der Hausgemeinden. Paulus drückte sich hierüber nicht unklar aus. In seinem Brief an die Römer grüßt er Priscilla und Aquila und die Gemeinde in ihrem Hause (Röm. 16,3—5).

Damals lebte dieses Ehepaar in Rom, wo sie für ihren Herrn tätig waren. Es war ihnen gelungen, in ihrem Haus eine Gemeinde zu gründen. Vor dieser Zeit hatte Paulus in seinem Brief an die Korinther Grüße übermittelt von den Gemeinden in Asien, einschließlich der Gemeinde im Hause Priscillas und Aquilas (1. Kor. 16,19). Auch in Asien hatten sie eine Gemeinde in ihrem Haus gehabt. Dies war ihre Methode, Mission zu treiben und Gemeinden zu gründen.

Nymphas leitete eine Gemeinde in seinem Haus in Kolossä (Kol. 4,15). Auch im Haus von Philemon kam eine Gemeinde zusammen (Philem. 2). Diese Tatsache verleiht den Ausdrücken, die die Praxis der ersten Gläubigen in der Apostelgeschichte beschreiben, eine konkrete Bedeutung. Die Jünger brachen das Brot in den Häusern und lehrten im Tempel und zu Hause. Auch Paulus lehrte in den Häusern (Apg. 2,46;

5,42; 20,20). Dies sind keine Berichte von Hausbesuchen oder 'Privatstunden'. Dies sind Berichte von Hausgemeinden.

H. L. Ellison schreibt in dem Büchlein *Household Church* zu diesem Thema:

> Man nimmt im allgemeinen an, daß die von Paulus erwähnten Hausgemeinden bloß gelegentliche Ausnahmen im Blick auf das Gesamtbild sind. Faktisch können sie aber den Anspruch erheben, daß sie die Norm für eine Gemeinde in der apostolischen Zeit — sobald sie einmal eingerichtet war — darstellen.
> Die Erwähnung der „Schule des Tyrannus" (Apg. 19,9) ist an sich ein Hinweis, daß Paulus in Ephesus außergewöhnliche Einrichtungen zur Verfügung standen — wenn Paulus solche Vorlesungssäle häufig hätte benutzen können, hätte Lukas diese 'Schule' wohl kaum in Verbindung mit Ephesus erwähnt. Normalerweise war es so, daß jede festgesetzte Versammlung der Christen, sowohl die Verkündigung des Wortes als auch Anbetung und Gebet, in Privathäusern stattgefunden haben mußte, sobald die örtliche Synagoge sich der Predigt des Evangeliums gegenüber verschloß. Gebäude, die eigens für die Gemeinde errichtet wurden, lassen sich nicht weiter als bis zum Ende des zweiten Jahrhunderts zurückverfolgen, und es scheint, daß sie bis Severus (222—235) offiziell nicht toleriert wurden... Überall da, wo die Evangeliumsbotschaft eine größere Aufnahme erfuhr, teilte sich die lokale Gemeinde notgedrungen in eine Anzahl kleiner Hausgemeinden, die allgemein viel gebräuchlicher gewesen sein müssen, als es die wenigen Stellen im Neuen Testament vielleicht ahnen lassen.[4]

Gustav Warneck und Adolf von Harnack kommen in ihren Studien zur Geschichte der apostolischen und nachapostolischen Kirche zu ähnlichen Ergebnissen.

Dieses Vorgehen bei der Gemeindegründung und der Vervielfachung der Gemeinden wird in der Missionsarbeit fast vollständig übersehen, die Plymouth Brethren sind eine der wenigen Ausnahmen. Doch die Tatsache bleibt bestehen, daß die Bibel von allen sozialen Einrichtungen die Familie als grundlegende soziale Einheit der Menschheit in den Mittelpunkt stellt.

Deshalb sollte die Bekehrung von Familien im Vordergrund stehen und betont werden, und die Familie als soziale Einheit sollte die Grundeinheit der lokalen Gemeinde bilden, die Steine, mit denen die Gemeinde gebaut wird. Wenn die Evangelisation Erfolg haben und die Gemeinde Jesu Christi gedeihen und wachsen soll, müssen wir zu diesem Ideal zurückkehren. Über Gründung, Wachstum und Vermehrung der Gemeinde wird viel geredet und viel geschrieben. Wir bemühen uns um paulinische Prinzipien und Methoden für den Aufbau einheimischer Gemeinden.

Aber doch lassen wir im größten Teil unserer Missionstätigkeit die Grundeinheit Gottes zum Aufbau wachsender, einheimischer Gemeinden — die Familie — außer acht. Nur solche Gemeinden, die aus grundlegenden gesellschaftlichen Verbänden bestehen, sind wirklich gesund und schließen die Möglichkeit eines schnellen Wachstums und einer stetigen Ausbreitung in sich. Die entscheidende Frage bei der Gründung einer Gemeinde ist nicht die nach der Anzahl der interessierten Leute, sondern die Frage nach der Zahl der Familien, die die Grundlage der Gemeinde bilden. Gemeinden, die von Familien gegründet werden, tragen das Potential in sich, sich voll zu entfalten.

WEITERE VORTEILE

Außer den drei eben ausgeführten grundlegenden Perspektiven des Neuen Testaments gibt es weitere bedeutsame Aspekte und Vorteile der Familienevangelisation.

1. *Sie respektiert die von Gott geschaffene soziale Einheit.* Wir haben einer von Gott eingesetzten Ordnung Beachtung zu schenken, und unser Dienst sollte diese Ordnung steigern und verstärken. Das Evangelium ist Gottes heilende und wiederherstellende Kraft, die der zerstörenden Macht der Sünde entgegenwirkt. Die Evangelisation ist die Einführung dieser heilenden und wiederherstellenden Kraft in die Familie. Deshalb sollte sie die Familie stärken und aufbauen. Dies ist die Absicht Gottes.

Häufig rufen jedoch evangelistische Vorstöße und Taktiken, nicht notwendigerweise das Evangelium, in der Familie Spaltungen hervor, die anstatt Frieden Disharmonie erzeugen. Einzelne Glieder der Familie kommen außerhalb des Hauses mit dem Evangelium in Kontakt und werden dann aus ihren Familienbeziehungen gelöst und von der sozialen Einheit getrennt, die Gott verfügt hat und zu der sie von Natur aus gehören. Die Familie fürchtet die Einmischung, leistet energischen, ungewöhnlichen, manchmal sogar gewaltsamen Widerstand und wird so zum Feind des Neubekehrten. Die Familie bietet das Bild eines 'Kriegsschauplatzes'.

In diesen Fällen ist es nicht möglich, daß der Bekehrte die Familie dem Evangelium zugänglich macht; er bildet ein Hindernis, das den Zugang für das Evangelium versperrt — die Familie bleibt verschlossen. Dieser Vorgang ist äußerst verhängnisvoll und läuft dem Plan Gottes zuwider.

Ich gebe zu, daß in einigen Fällen der Groll gegen das Evangelium so tief sitzt, daß es menschlich gesprochen unmöglich wird, die Kluft zu überbrücken und den Widerstand zu brechen. In vielen Fällen ist jedoch nicht das Evangelium als solches der wirkliche Grund für die feindselige Gesinnung, sondern eher das Vorgehen in der Evangelisation.

Ich verurteile hiermit nicht den Boten Jesu. Ich weiß, daß man in gutem Glauben handelt. Weder die Motivation noch die Absicht ist falsch. Das Problem liegt in der Methodologie, der Art und Weise des Vorgehens, nicht im angestrebten Ziel.

Unser Herr hat klar und deutlich vorausgesagt, daß schwierige Situationen entstehen werden: „Es wird aber der Bruder den Bruder zum Tode überliefern, und der Vater das Kind; und Kinder werden sich erheben gegen die Eltern und sie zum Tode bringen ... Meinet nicht, daß ich gekommen sei, Frieden auf die Erde zu bringen; denn ich bin gekommen, den Menschen zu entzweien mit seinem Vater und die Tochter mit ihrer Mutter und die Schwiegertochter mit ihrer Schwiegermutter; und des Menschen Feinde werden seine eigenen Hausgenossen sein" (Matth. 10,21.34–36). Paulus spricht in 1. Korinther 7,13–15 ähnliche Wahrheiten aus. Die Ursache für die Spaltungen der Familie ist der Unglaube.

Dies sind nicht leere Worte. Sie können eine schreckliche Realität bedeuten. Das Evangelium des Friedens kann zum Anlaß eines bitteren Konfliktes werden, und die heilende Kraft des Evangeliums kann durch den sündigen Menschen in eine zermalmende Macht verwandelt werden. Der Widerstand gegen das Evangelium kann so stark, die Feinschaft gegen Gott so tief, die Liebe zur Sünde und Finsternis so leidenschaftlich und die Versklavung unter die Sünde so vollständig sein, daß der Mensch gegen alles, was ihn an Gott, das Göttliche und die Ewigkeit erinnert, heftig, ja wütend reagiert. Möge doch niemand die Sündigkeit des Menschen unterschätzen!

Der Christ hat deshalb nicht überrascht oder niedergedrückt zu sein, wenn seine Familie und die Öffentlichkeit seine Feinde werden. Unsere Beziehung zu Jesus kann uns ungeheuer teuer zu stehen kommen und uns viel Schmerzen bereiten. Wir müssen immer bereit sein, den Preis zu bezahlen. Tausende von Märtyrern sind durch die Hände von Männern und Frauen gestorben, die noch kurz zuvor als ihre Freunde und Anhänger gegolten, ja sogar zu ihrer Familie gezählt hatten. Die Treue zu Jesus und die völlige Liebe zu unserem Herrn können zu schweren, dunklen und schmerzlichen Erfahrungen führen.

Aber solche Erfahrungen dürfen in unserem Dienst nicht die Regel und in bezug auf unsere Erwartung nicht die Norm bilden. Wenn wir solche Erfahrungen machen, werden wir nicht von ihnen überrascht. Wir sehnen sie aber nicht herbei und erwarten auch nicht, daß sie eintreffen. Wir lassen es nicht zu, daß die Prinzipien und Strukturen unserer Arbeit durch sie bestimmt werden. Sie sind auch keine Entschuldigung für ein blindes und unvernünftiges Vorgehen in der Evangelisation. Wenn wir uns bewußt sind, daß wir nicht nur einen Menschen, sondern eine ganze Familie für Jesus gewinnen müssen, werden wir nicht weniger kühn, aber umso umsichtiger und taktvoller in unseren Maßnahmen sein. Jedes erste Glied einer Familie sollte als eine von

Gott geschenkte Gelegenheit betrachtet werden, die ganze Familie für den Herrn zu gewinnen, auch wenn der Weg zur Erreichung dieses Ziels schwer erscheinen mag.

Ich erinnere mich an eine Begegnung mit Daisaku Ikeda, dem Präsidenten von Soka Gakkai, im Hauptquartier dieser Bewegung in Tokio. Meine Frage nach der Mitgliederzahl der Bewegung beantwortete er mit der Angabe einer bestimmten Anzahl von Familien. Als ich mich erkundigte, ab wann sie eine Familie als Mitglied von Soka Gakkai rechneten, antwortete er: „Sobald wir ein Glied der Familie haben. Denn wir werden diese Familie niemals in Ruhe lassen, bis wir sie ganz für unsere Bewegung und für unsere Sache gewonnen haben. Das erste Glied ist nur die Tür. Das Haus ist unser Ziel. Unser Auftrag ist so lange nicht erfüllt, bis wir die ganze Familie haben. Das ist die japanische Lebensweise." Sollten sich die Christen ein niedrigeres Ziel stecken und mit weniger zufrieden sein?

Natürlich ist es für den Abendländer ziemlich natürlich und normal, eine Gruppe zu 'überfallen', um soviel wie möglich herauszuholen. Mut, Eifer, Mitleid und ein Gefühl der Verantwortung und Dringlichkeit ergeben zusammen eine starke Motivation. Wir müssen uns aber stets die ernüchternde Frage stellen: Bringt es dem Herrn am meisten Ehre? Leisten wir das Beste? Haben wir im Blick auf die Zukunft und den Aufbau einer starken, einheimischen Gemeinde das klügste Verfahren? Was befiehlt die Weisheit Gottes?

Diese Fragen müssen immer wieder erwogen und im Lichte des Wortes Gottes und des guten Willens Gottes bewertet werden. Gibt es einen besseren Weg, eine effektivere, befriedigendere Methode? Es muß einen solchen Weg geben, da Gott die ganze Familie retten und sie nicht auseinanderreißen will. Wir wollen in der Evangelisation die soziale Einheit, die Gott geschaffen hat, respektieren. Wir wollen die Niederlage nicht hinnehmen, sondern Gott vertrauen, daß er uns einen Weg in die Familie zeigt. Ernstliches, vereintes Gebet und eine unerschütterliche Hoffnung werden uns viele Überraschungen erleben lassen. Auf keinen Fall werden wir uns ein niedrigeres Ziel setzen als Gott wünscht.

2. *Familienevangelisation und die Bekehrung von Familien dienen in großem Maße zur Stärkung und Bewahrung der Gläubigen.* Die Familienevangelisation darf man sich nicht allzu einfach vorstellen. Sie ist schwer, kompliziert, und erfordert viel Weisheit, Geduld und Ausdauer. Die Familienevangelisation wird auch nicht immer zu dem Erfolg führen, daß alle Glieder der Familie sofort oder zur gleichen Zeit zum Glauben kommen. Wenn dies auch der Fall sein kann — der Autor hat es wiederholt unter den Polen und den Deutschen im Norden Kanadas erlebt, und die Bibel setzt solche Fälle in einigen Berichten offenbar voraus —, so ist es doch nicht immer so.

Wenn die Familienevangelisation zur Bekehrung der Familie führt, wird es für den einzelnen natürlich viel einfacher sein, den Druck auszuhalten, den die Gesellschaft auf ihn ausübt, da er in seiner Familie geistliche und moralische Unterstützung findet. Wenn die Familienevangelisation die Familie erreicht hat, jedoch nicht zur Bekehrung der ganzen Familie führte, kann das zum Glauben gekommene Glied in seiner Familie vielleicht Toleranz, zumindest teilweise Verständnis und wenigstens eine gewisse moralische Unterstützung in seiner Erfahrung und Stellung erwarten. In einer Welt voller Versuchungen, Spannungen und Feindseligkeiten ist dies von ungeheurer Bedeutung.

Die enormen Verlustziffern in der Evangelisationsarbeit von heute sollten uns ernüchtern und zu einer gründlichen Überprüfung unserer Evangelisationsmethoden treiben. Wir sind auf der Suche nach effektiven Methoden für die Nacharbeit unter den Neubekehrten, und wir müssen diese Suche fortsetzen. Ich bin überzeugt, daß die wirksamste Methode zur Erhaltung der Neubekehrten und ihrer Weiterführung zur Heilsgewißheit und einem stabilen Jüngerleben die Familienevangelisation ist. Auf diesem Gebiet sollten wir noch mehr arbeiten.

3. *Familienevangelisation und die Bekehrung von Familien begünstigen stark die Evangelisierung der Gesellschaft.* Eine gläubige Familie hat einen viel größeren Einfluß auf die Gesellschaft, als ihn eine Gruppe von Einzelpersonen je haben kann; auch wird sie zur Errettung anderer Familien eher beitragen als einzelne. Gläubige Familien bringen somit das größte 'Evangelisationspotential' in die Gesellschaft. Das Vorhandensein einer christlichen Familie in der Gesellschaft macht viel aus.

In Abwandlung des Sprichwortes 'gleich und gleich gesellt sich gern' könnte man sagen 'Familie und Familie gesellt sich gern'; aber nicht nur das − das Netz der Beziehungen ist weit ausgedehnt und geht in viele Richtungen, daß man geradezu von einem lebendigen 'Kanalsystem' sprechen kann, das geöffnet wurde und nun das 'Heilwasser' in viele Richtungen dirigieren kann.

Man ist sich dessen selten bewußt und wendet es noch seltener in der Evangelisation an. Die Dynamik lebendiger Beziehungen wird leider ignoriert, und so gehen zahlreiche Möglichkeiten verloren, weil wir so wenig über Blutsverwandtschaft und deren Potential für die Evangelisation und das Gemeindewachstum nachdenken. Eine Gemeinde, die keinen Dienst an der Familie als Familie anstrebt, versagt auf einem der entscheidendsten Gebiete. Wir müssen erkennen, daß die Familie in der göttlichen Ordnung weit, sehr weit vor der Gemeinde kommt.

Ich erinnere mich an eine Gemeinde in Kolumbien. Sie begann mit einem einzigen Familienvater. Er hörte das Evangelium von einem Kolporteur und bekehrte sich durch die Lektüre des Neuen Testaments. Dann bekehrte sich seine Frau, dann seine Mutter und einige Geschwister. Sein Vater war bereits gestorben. Das Evangelium breitete sich über die Verwandtschaft in der Stadt und weit über die Stadt hinaus aus. Im Jahre 1966 hatte diese junge Landgemeinde drei Taufgottesdienste, wo sich junge Menschen der 'zweiten Generation' wie auch einige Menschen aus der Stadt taufen ließen. Dies war die wörtliche Erfüllung der Verheißung: „Glaube an den Herrn Jesus, so wirst du errettet werden, du und dein Haus." Hier war nun eine 'Großfamilie', die einen Großteil der Stadtbevölkerung umschloß.

Ich erinnere mich an ein Erlebnis, das ich im Norden Albertas (Kanada) hatte. Ich hatte das Vorrecht, bei Herrn und Frau Wells und ihrer Tochter wohnen zu dürfen; sie waren die einzige gläubige Familie in einer großen Stadt. Obwohl sie einfache Laien waren, hatten sie ein bequemes Haus und eine gute berufliche Stellung in Edmonton aufgegeben. Sie waren mit anderen zusammen dort seßhaft geworden und wollten diesen Menschen das Licht des Evangeliums bringen. Sie machten es sich zur Aufgabe, viele Freunde in der Gesellschaft zu gewinnen. Herr Wells hatte viele Freunde, Frau Wells viele Freundinnen, und die siebzehnjährige Tochter kannte viele Jugendliche. Drei Monate lang durfte ich ihnen in einer Evangelisation helfen, die in einem kleinen Schulhaus, einer Blockhütte, stattfand. Viele Menschen kamen zu den Gottesdiensten, da sie mit den Wells befreundet waren. Der Herr gab reichen Segen — es entstand eine evangelikale Gemeinde.

Familienevangelisation und die Bekehrung von Familien sind deshalb für die Gemeinschaftsevangelisation, den Aufbau lokaler Gemeinden und für das Reich Gottes auf der Erde von unschätzbarem Wert.

Kapitel 26

DIE PRINZIPIEN DER FAMILIENEVANGELISATION

Bei solchen biblischen Weisungen, dieser Unterstützung und der außergewöhnlichen Vorteile, die aus der Familienevangelisation und der Bekehrung von Familien erwachsen, müssen wir die Fragen stellen: Wie kann die Familienevangelisation Realität werden? Was ist zu tun? Wann können wir die Bekehrung einer Familie erwarten?

Um diese Fragen richtig beantworten zu können, ist darauf hinzuweisen, daß die Bekehrung von Familien genauso viel mit persönlicher und biblischer Erkenntnis und Überzeugung zu tun hat wie mit Methodologie und Verhaltensweise. Nicht nur die Methodologie, auch die Theologie spielt eine Rolle. Wir wollen nun einige Standpunkte, Bedingungen und Hinweise für die Familienevangelisation betrachten.

1. *Die allererste Bedingung ist die klare Realisierung der Tatsache, daß die Familienevangelisation und die Bekehrung von Familien das biblische Ideal und die biblische Norm für die Evangelisation und die Errettung von Menschen sind.* Gott will, daß die Familie eins ist, daß sie eine feste, friedliche Einheit bleibt, daß sie als Familie evangelisiert und als Familie gerettet wird.

Über diese Sätze wird man sich kaum streiten können. Nur insofern dieses biblische Ideal unser Ideal und unsere Norm wird, nur insofern diese Wahrheit uns ganz durchdringt und unsere Einstellung bestimmt und regiert, werden wir bereit sein, den Preis zu bezahlen, sich abzumühen, zu beten und zu erwarten, daß Gott ganze Familien errettet.

Wir haben dieses Ideal oft genug erwähnt. Im Alten und im Neuen Testament wie in allen Ordnungen Gottes war es ein grundlegendes Prinzip. Wollen wir doch darauf vertrauen, es für uns in Anspruch nehmen und entsprechend handeln! Wenn Gott will, daß ganze Familien mit dem Evangelium bekannt gemacht werden und als Familien das Heil in Jesus finden, dann ist es auch möglich und muß es unser Ziel sein. Wir wollen das Ideal Gottes nicht preisgeben und mit weniger zufrieden sein, das vielleicht müheloser ist, uns attraktiver erscheint und in der Öffentlichkeit dramatische Wirkungen erzielt. Wir dürfen uns nicht erdreisten, geringeres als Familien für Gott zu fordern. Die Familienevangelisation ist nicht die einzige, sicher aber eine der wichtigsten Evangelisationsarten.

2. *Wir müssen unsere Missionstätigkeit sowie unsere Gemeinden auf Familien konzentrieren und eine Familienatmosphäre schaffen.* Eine 'Familiengemeinde' hat etwas an sich, das sich nicht erklären läßt, das man aber spüren kann. Unsere Missionen und Gemeinden sind oft Predigtzentren oder Gemeinschaftszentren, anstatt Zentren der Familie Gottes — Zusammenkünfte, wo man Gott den Vater anbetet, seine Weisungen befolgt und die einzelnen Glieder Familienbeziehungen erleben. Wir haben einen 'Muttertag', einen 'Vatertag', aber wo ist der 'Tag der Familie'? Unser Dienst gilt jedem einzelnen Glied der Familie, aber wo ist unser Dienst an der Familie als solcher? Wo ist unsere 'Familiengemeinde', unsere Hausgemeinde? Inwiefern baut unsere Gemeinde unsere Familie? Dieser Aspekt der Arbeit muß die Hauptsorge der Gemeinde werden. Die Wortverkündigung darf nie vernachlässigt werden, aber es ist ein Unterschied, ob eine Gemeinde sich als Familienverband trifft, um im Worte Gottes unterrichtet zu werden, oder ob eine Gemeinde zusammenkommt, um angepredigt zu werden. Nur die Gemeinde, in der eine Familienatmosphäre, Harmonie und gegenseitiges Verstehen vorherrschend ist, wird Familien anziehen. Vielleicht ist es notwendig, daß wir unsere Gemeindekonzeption neu durchdenken.

3. *Die Familienevangelisation ist in den Häusern am erfolgreichsten, dem Ort, wo die Familie zusammenkommt, wo sich die einzelnen zwanglos benehmen und ungeniert Fragen stellen und reagieren.* Kleine, personenbezogene Hausbibelkreise, die sich aus einzelnen Familien zusammensetzen, eignen sich für die Familienevangelisation besser als große, öffentliche Versammlungen. Es ist wohl psychologisch vorteilhafter und sozial zweckmäßiger, wenn man selbst in die Häuser der Menschen geht, anstatt sie in unsere Häuser einzuladen, damit sie da das Evangelium hören. Sie werden sich bei uns mehr zurückhalten und eher auf 'Abwehr' eingestellt sein als in ihren eigenen Häusern.

Jesus ist uns hier ein ausgezeichnetes Vorbild. Es ist gut, einmal die Evangelien durchzugehen und festzustellen, wie oft Jesus in Häuser ging, wie oft er sich in Familien aufhielt und wie viele Wunder er in Häusern vollbrachte. Für das Haus gibt es einfach keinen Ersatz, nicht einmal das Kirchengebäude.

Es ist eine Tragödie, daß das abendländische Christentum aus den Häusern entfernt worden ist und sich gegenwärtig fast ausschließlich auf das Kirchengebäude beschränkt. Das Christentum wurde von den Häusern heraus in die Kirchen 'hineinprogrammiert'. Wir brauchen eine Erweckung, die diese allgemeine Richtung umkehrt. Das Christentum spricht in allererster Linie die Familie an und ist am besten im Familienkreis in den Häusern zu propagieren. Hier muß unsere Hauptbetonung liegen.

4. *Die Familienevangelisation sollte bei den Eltern beginnen, vor allem bei dem Familienvater, falls dies möglich ist.* Auch wenn dies nicht absolut notwendig oder immer möglich ist, so ist es doch sehr zu wünschen. Natürlich kann jedes Glied der Familie, sehr oft auch ein Kind, den Weg in die Familie bahnen. Väter und Mütter wurden oft dadurch interessiert, daß die Gemeinde durch irgendeinen Dienst ihren Kindern nützlich war. Aber auch das Gegenteil kann der Fall sein. Sie können einen solchen Dienst als 'Hintertüre' ansehen, durch die schließlich Spaltungen in die Familie kommen.

Wie unser Dienst auch aussehen mag, ob Kinderevangelisation, Jugendevangelisation oder Frauenevangelisation, unser Ziel ist die Familie und nicht nur der einzelne. Wir schulden der Familie den Respekt und die Ehrerbietung, die sie nach der Schrift verdient, und sollten sie so weit wie möglich über das informieren, was vor sich geht. Ihre Zustimmung, Erlaubnis und Kooperation sind wünschenswert und sollten ernsthaft erstrebt werden. Wir sollten ihr Wohlwollen und ihre Freundschaft suchen und ihr ehrlich dienen.

Ein Beispiel: Ich erinnere mich an ein Ereignis, das in Japan stattfand. Ein junger Mann entschied sich in einem Gottesdienst für Jesus. Er war der erste in seiner Familie, der sich bekehrte. Da der Missionar die japanischen Familienbeziehungen und die Folgen kannte, die sich aus der Pietät der Kinder ihren Eltern gegenüber ergaben, bat er den jungen Mann nach dem Gottesdienst, zu warten, damit er ihn nach Hause begleiten könnte. Der Missionar machte der Familie seine Aufwartung und erklärte den Eltern die Grundüberzeugungen des Christentums. Er teilte ihnen die Entscheidung ihres Sohnes mit und bat sie demütig um ihr Wohlwollen. Obwohl die Eltern überrascht waren und die störenden Auswirkungen abwogen, die dieser Entschluß mit sich bringen könnte, widersetzten sie sich dem Religionswechsel ihres Sohnes nicht und hielten sogar ihr Versprechen, das sie dem Missionar gegeben hatten, und begleiteten ihren Sohn zum Gottesdienst am Sonntagmorgen. Durch die Gnade Gottes und die Weisheit und das taktvolle Vorgehen des Missionars blieb die Tür zu dieser Familie offen, und bald übergaben sich alle anderen Glieder der Familie dem Herrn. So wurde eine ganze Familie für den Herrn und für die Gemeinde gewonnen.

Es war nicht nur menschliche Klugheit, die den Missionar zu diesem Verhalten veranlaßte. Indem er die Eltern respektierte, folgte er der Schrift, und Gott belohnte seine Demut und Treue reich. Die Familienevangelisation kann die Eltern nicht übergehen. Wenn sie nicht bei ihnen einsetzen kann, sucht sie beständig ihr Wohlwollen und hat schließlich in ihrer Bekehrung ihren Höhepunkt.

PRAKTISCHE PLÄNE FÜR DIE FAMILIENEVANGELISATION

Auch wenn die Bedeutung und die Durchführbarkeit der Familienevangelisation im allgemeinen nicht erkannt wurde, wurden doch einige praktische Pläne entwickelt. Ich stelle zwei dieser Pläne im Umriß vor, einen aus Afrika und einen aus Indien.

Erster Plan

Charles Ross von der presbyterianischen Kirche im Kongo beschreibt in einem Artikel im *Church Growth Bulletin* die Einrichtung von 'besonderen' Gemeinden, unabhängigen, auf sich gestellten Zellen, die mit dem örtlichen Presbyterium und der Generalsynode in einer festen Beziehung stehen würden. Er schreibt:

> Die presbyterianische Predigerschule von Luebo, Demokratische Republik Kongo, hat ein einfaches Programm für das Gemeindewachstum aufgestellt, das an Wochenenden in kirchlichen und kirchlich ungebundenen Dörfern durchgeführt wird. Das Programm besteht aus vier Teilen:
> 1. Drei Teams, die aus je zwei Studenten bestehen, besuchen jedes Haus im Dorf. Der Evangelist arbeitet in einem dieser Teams mit. Wenn die Leute Christen sind, versuchen wir herauszubekommen, *wie* sie Christen wurden; wenn sie keine Christen sind, versuchen wir herauszufinden, was sie glauben, was sie abhielt, Christ zu werden, wer in der Familie Christ ist, und ob dieser von Familiengliedern positiv oder negativ beeinflußt worden ist.
> 2. Später rufen die Studenten die Menschen an einen bestimmten Platz im Dorf zusammen (nicht immer die Kirche), wo ein kurzer Gottesdienst stattfindet. Die Predigt, die vorher im Unterricht besprochen wurde, enthält Elemente aus den örtlichen religiösen Überzeugungen und ihren Folgen im Leben der Menschen; auf diese Überzeugungen werden dann passende Bibelstellen angewandt und die Folgen aufgezählt, die aus einem neuen, andersartigen Leben in Jesus Christus erwachsen. Der Student, der die Predigt hält, fragt, ob jemand seine Überzeugungen, die sich ja nur auf Angst gründen und von der Angst leben, gerne aufgeben und an den tapferen Herrn Jesus glauben würde. Normalerweise melden sich bis zu 30 Personen.
> 3. Die, die sich gemeldet haben, werden in zwei Gruppen aufgeteilt; alle, die freiwillig oder irgendwie sonst der Kirche den Rücken gekehrt hatten und nun zurückkehren, bilden eine Gruppe, die zweite Gruppe besteht aus den Neubekehrten. Die Studenten, die sich jetzt in zwei Teams aufteilen, sprechen jeden einzelnen an und unterhalten sich mit ihm über seine persönlichen Überzeugungen, über sein Verhältnis zu Jesus, und erklären, wie das neue Leben in Jesus aussieht. Wir rufen dann, falls dies möglich ist, die Familie des Betreffenden herbei und sprechen mit ihr. Sind sie

einverstanden, daß ein Glied ihres Klans oder ihrer Familie den Ahnenkult aufgibt und den christlichen Glauben annimmt? Welche Wirkung wird diese Bekehrung auf sie haben? Werden sich ihre herkömmlichen Überzeugungen ändern? Wenn in der Familie schon Christen sind, wie haben sie den christlichen Glauben anderen Gliedern des Familienklans oder anderen Dorfbewohnern erklärt? Wenn sie 'stumme' Christen waren, zeigen wir die Notwendigkeit, daß die Treue des ganzen Familienklans auf Jesus Christus konzentriert sein muß. Wir besprechen alle Einwände freimütig und ernsthaft.
4. Der Evangelist war bei dem Gespräch der Studenten mit den Bekehrten zugegen. Am Spätnachmittag, wenn die Gespräche normalerweise beendet sind, nehmen sich die Studenten und der Evangelist Zeit zum Essen. Während der Mahlzeit sprechen sie über Methoden des Gemeindebaus und über die Notwendigkeit, sich nicht allein auf den einzelnen, sondern viel mehr auf die Familie und den Klan zu konzentrieren. Da es keinen Pastor gibt, laden wir einige Christen ein und sprechen mit ihnen über das Gemeindewachstum durch die Evangelisierung der Familie. Dieser Teil des Programms ist der schwierigste, da Evangelisten für die Evangelisierung von Einzelpersonen ausgebildet wurden und heute, im Gegensatz zu früher, wo sie in ihrem Klan erzogen wurden, nicht mehr die Sicherheit und Geborgenheit ihrer Ahnengruppe haben. Daher weichen die Evangelisten gern dem Grundsatz aus, in der Familienstruktur zu arbeiten, und betonen Einzelbekehrungen.
Einige Monate später kehren wir in diese Dörfer zurück. Die Ergebnisse, die wir in der Gemeinde vorfinden, sind positiv oder negativ, je nach der Art der Nacharbeit, die der Evangelist unter den Bekehrten und ihren Familien durchführt. In einigen Dörfern nahmen die Christen so stark zu, daß neue Gemeinden gegründet werden mußten.
Wir brauchen heute ein Programm, um der Kirche das Potential verständlich zu machen, das die Familien- und Klanevangelisation für das Gemeindewachstum darstellt. Die Erfahrung zeigte, daß dies für die Dorfevangelisation eine wirksame Methode ist und auch in Städten von Nutzen sein kann. Es liegt nun an der Kirche und ihrer Generalsynode, diese Methode und ihre Ergebnisse gutzuheißen, zu übernehmen und in dem Gebiet, in dem sie besteht, durchzuführen.
Ich könnte noch hinzufügen, daß die unabhängigen afrikanischen Kirchen, vor allem die 'Apostel', schon seit einigen Jahren durch Familien und Klans evangelisieren und einen phänomenalen Zuwachs haben.[1]

Zweiter Plan

Ein zweiter, sehr außergewöhnlicher Plan der Familienevangelisation wird von einem Bibelinstitut in Madras, Indien, praktiziert.

Das Institut stellte eine Serie von zehn Lektionen bereit, die in zehn kleinen Broschüren einzeln gedruckt wurden. Diese Lektionen sind so angelegt, daß sie nacheinander entfaltet werden sollen; sie zeigen in zehn Schritten die geistlichen Bedürfnisse des Menschen und den Weg Gottes zur Erlösung der Menschheit.

Um die einzelnen Familien mit dem Evangelium zu erreichen, geht man in die Häuser. Man will die ganze Familie mit der Evangeliumsbotschaft durchdringen, damit die Familie als Einheit für den Herrn und für die Gemeinde gewonnen wird.

Nach diesem Plan bekommt jeder Student einen Häuserblock zugewiesen, in dem er ein Familienevangelisationsprogramm systematisch und gründlich durchführen soll.

Der Student muß als erstes in dem ihm zugewiesenen Gebiet mehrere Familien finden, die offen sind, Interesse am Evangelium zeigen oder bereit sind, zuzuhören. Er spricht mit der Familie nach Möglichkeit ein wöchentliches Treffen ab, um weiter miteinander reden und beraten zu können.

Bei dem ersten Treffen bespricht der Student die erste Lektion mit der Familie, indem er den Stoff vorliest und erklärt. Nachdem er anstehende Fragen beantwortet und sich vergewissert hat, daß die Lektion zumindest teilweise verstanden wurde, läßt er die erste Broschüre bei der Familie und ermutigt sie, diese sorgfältig zu studieren. Bevor er geht, vereinbart er das nächste Treffen, wann immer es der Familie recht ist, nach Möglichkeit innerhalb der nächsten Woche.

Bei seinem zweiten Besuch geht der Student mit der Familie noch einmal die erste Lektion durch, bittet Fragen zu stellen, bespricht eventuelle Einwände und verwickelt die Familie in ein freundliches Gespräch über den Inhalt der Lektion.

Wenn er die erste Lektion abgeschlossen hat, beginnt er mit der zweiten Broschüre. Er bespricht in groben Umrissen den Inhalt der Lektion und beantwortet Fragen, die vielleicht entstehen. Er läßt die Broschüre wieder bei der Familie zurück und ermutigt sie, die Lektion gründlich durchzusehen und sich Themen für die Diskussion, oder Schwierigkeiten, auf die sie stoßen, zu notieren, oder Einwände aufzuschreiben, die sie vielleicht erheben wollen. Nachdem der Zeitpunkt für das nächste Treffen abgemacht ist, beendet er seinen Besuch mit einem Gebet für die Familie.

So geht man in zehn Wochen bei zehn Besuchen alle zehn Lektionen durch.

Die Studenten werden im Unterricht auf diese Hausbibelkreise vorbereitet; jede Lektion wird sorgfältig für jede Woche besprochen.

Obwohl der einzelne Student nur eine begrenzte Anzahl von Familien (drei bis fünf) übernehmen kann und nicht alle Familien das Programm fortsetzen (ungefähr 25 bis 30 Prozent scheiden aus), hat sich diese Methode als ungewöhnlich fruchtbar erwiesen, indem ganze Familien für den Herrn gewonnen und in die Gemeinden geführt wurden. Die große Mehrzahl der Familien, die solche Lehrkurse mitmachten, bekehrte sich und arbeitet aktiv in verschiedenen örtlichen Gemeinden mit.

Beide Methoden und Verfahren, die eben in groben Zügen dargestellt wurden, haben ihre einmaligen Vorteile und verdienen, sorgfältig untersucht und mit einigen Anpassungen in der ganzen Welt nachgeahmt zu werden. Die Familienevangelisation könnte sich als wichtiger Faktor in der Umkehrung des Laufs der Evangelisation und in dem Aufbau stärkerer und gesünderer lokaler Gemeinden erweisen.

EINE BIBLISCHE MAHNUNG

Erinnern wir uns an die wunderbaren Segnungen und Vorteile, wenn Familienväter für Jesus gewonnen werden. Gehen wir an den Anfang der Heiligen Schrift zurück.

Noah war es, der Vater, und nicht seine Frau, der die Arche zur Rettung seiner Familie baute und die Gerechtigkeit Gottes seiner Generation und seiner Gesellschaft verkündigte. Noah empfing die Warnung, den Befehl, den Bundesschluß und die Verheißungen.

Abraham, nicht Sarah, baute Altäre zur Anbetung Gottes, schloß mit Gott einen Bund, erhielt die Verheißungen, ererbte den Segen und führte seine Familie in den Bund mit dem Allmächtigen. In ihm sollten alle Geschlechter der Erde gesegnet sein.

Gott wandte sich in Ägypten an die Väter. Die Familienväter wurden angewiesen, das Passahlamm zum Schutz und zur Rettung der Familie vorzubereiten. Die Verantwortung lastete auf ihnen allein, Gott schlug keinen Ersatz oder irgendeinen anderen Weg zur Rettung vor. Nur insofern sie ihre Verantwortung wahrnahmen, waren die Familien sicher und geschützt.

Es war Kaleb, der Vater, dem ein Erbteil verheißen wurde, das er später dann auch für sich in Anspruch nahm und mit dem er seine Familie segnete.

Es war wieder ein Vater, ein königlicher Beamter, der zu Jesus kam und um die Rettung seines todkranken Sohnes bat. Und wieder war es ein von Sorgen beladener Vater, der seinen besessenen Sohn zu den Jüngern brachte, damit sie den bösen Geist austreiben und seinen Sohn heilen sollten.

Die Väter des Volkes Israel waren in Übereinstimmung mit der alttestamentlichen Ordnung angesprochen, als Gott durch Mose diese feierlichen Worte an sie richtete: „Und du sollst den Herrn, deinen Gott, lieben mit deinem ganzen Herzen und mit deiner ganzen Seele und mit deiner ganzen Kraft. Und diese Worte, die ich dir heute gebiete, sollen auf deinem Herzen sein. Und du sollst sie deinen Kindern einschärfen und davon reden, wenn du in deinem Hause sitzest, und wenn du auf dem Wege gehst, und wenn du dich niederlegst, und wenn du aufstehst. Und du sollst sie zum Zeichen auf deine Hand binden, und sie sollen zu Stirnbändern sein zwischen deinen Augen; und du sollst sie auf die Pfosten deines Hauses und an deine Tore schreiben" (5. Mose 6,5–9).

Den Vätern galt die Ermahnung von Paulus: „Und ihr Väter, reizt eure Kinder nicht zum Zorn, sondern zieht sie auf in der Zucht und Ermahnung des Herrn" (Eph. 6,4).

Diese Worte schmälern weder die Privilegien noch setzen sie den Einfluß und die Verantwortung der Mutter und anderer Familienglieder herab. Aber sie konzentrieren sich auf den Vater und betonen die Tatsache, daß der Vater in der ganzen Schrift die Schlüsselstellung in der Familie innehat. Der Ehemann und Vater ist die rechtmäßige Tür zur Familie und für die Familienevangelisation. So sollten wir vorgehen, auch wenn es mühsam und der Preis hoch ist. Gottes Weg ist der sicherste und ungefährlichste Weg. Und auf die Dauer ist es der schnellste und fruchtbarste Weg der Evangelisation.

Wir wollen die Familienväter erreichen, damit wir den Weg Gottes respektieren, die von Gott angeordnete soziale Einheit bewahren, die Familien evangelisieren und das Ideal Gottes in der Bekehrung von Familien verwirklichen.

UMWEGE DER EVANGELISATION

Die Missionsarbeit von heute stellt ein interessantes Mosaik aus den verschiedensten Aktivitäten und Organisationen dar. Die Frage ist nur, ob wir uns dabei in Übereinstimmung mit dem Willen Gottes befinden. Aus einer Untersuchung der Missionsprogramme und -aktivitäten wird deutlich, wie weit wir uns vom biblischen Verfahren und dem Ideal Gottes entfernt haben. Wir arbeiten unter Frauen, Studenten, Jugendlichen, Jungen, Mädchen, Kindern, usw. Wir haben weltweite Bewegungen wie z. B. die Kinderevangelisationsbewegung, Jugend für Christus und die Christlichen Geschäftsleute. Auf allen diesen Gebieten haben wir Experten und führen Konferenzen und Seminare durch, um unsere Methodologie und unsere Verfahren in diesen Bereichen zu vervollkommnen. Und ich bin gewiß der letzte, der diese Anstrengungen kritisiert. Sie sind gut und sollten fortgesetzt und noch verstärkt werden. Sie werden dringend benötigt.

Aber wo sind die Experten für die Familienevangelisation? Wo sind die Organisationen, die ihren Schwerpunkt auf die Familienevangelisation legen? Wer kennt aus eigener Erfahrung die wahre Bedeutung, den Segen und die Wichtigkeit der Bekehrung von Familien? Wer gewinnt ganze Familien als von Gott verfügte Einheiten für Gottes Reich und baut Gemeinden aus Familienverbänden auf?

Wo sind die Befürworter der Familienevangelisation und der Bekehrung von Familien, wie sie die Bibel unterstützt und darstellt? Wo sind die Konferenzen und Seminare, die die Prinzipien für eine erfolgreiche Familienevangelisation und Methoden entdecken, die Familien für Jesus gewinnen, die zur Bekehrung der ganzen Familie führen? Entfernen wir uns nicht in unseren Methoden und Verfahrensweisen von dem göttlichen Ideal und der apostolischen Norm?

Wer hat uns für die göttliche Ordnung so blind gemacht, daß wir sie völlig vernachlässigen? Wer hat unsere 'Operationsbasis' verschoben? Ich bin mir der Veränderungen in der Kultur durchaus bewußt und versuche nicht, das Rad der Zeit zurückzudrehen. Wollen wir aber sagen, daß das Ideal Gottes und die Norm der Apostel für unsere Zeit nicht mehr gelten? Sind sie überholt? Wer ist in der Evangelisation und im Gemeindebau erfolgreicher als Paulus es war? Ist es möglich, daß wir uns von dem göttlichen Ideal und der apostolischen Norm fortbewegt und entfernt haben ohne es zu merken? Haben unsere zusätzlichen Methoden, die gut und berechtigt sind, etwa einen Schatten auf Gottes Segensströme geworfen?

Kapitel 27

GRUPPENEVANGELISATION

EINLEITUNG

Die Gesellschaft ist zweifellos keine homogene Einheit. Sie ist ein Mosaik aus Menschen, die getrennte Einheiten mit eigenen charakteristischen Kennzeichen, Interessen, Bedürfnissen, Beziehungen sowie eigener Denk- und Verhaltensweise bilden. Die Bevölkerung fast eines jeden Landes in der Welt gliedert sich in verschiedene Rassen, Stämme, Sippen und Familien mit unterschiedlichem kulturellem, linguistischem und religiösem Hintergrund. Vom wirtschaftlichen und sozialen Standpunkt aus bezeichnen wir sie als Herrschende und Beherrschte, als Profis und Laien, als Arbeitnehmer und Arbeitgeber, als progressiv und nicht progressiv, als liberal und konservativ, als Stadt- und Landbevölkerung, als Gebildete und Ungebildete, als primitiv und zivilisiert.

Die Gesellschaft besteht aus Vereinigungen von Menschen, Gruppen, die bestimmte Grundelemente der Kultur, des Lebens und der Mentalität gemeinsam haben und sich seltsam stark verbunden fühlen. Sie stellen innerhalb der Bevölkerung sozio-kulturelle Einheiten dar. Sie bilden ein Volk, das seinesgleichen nicht kennt. Deshalb definiert Webster 'Volk' folgendermaßen: „Alle Glieder einer Gruppe, die gemeinsame traditionelle, historische oder kulturelle Verbindungen besitzen; unterschieden von rassischer und politischer Einheit, wie z. B. das jüdische *Volk*; auch die Personen, die einem gewissen Ort, einer Gemeinschaft oder einer Klasse angehören, wie: das *englische* Volk." Zahlreiche Faktoren zusammen machen ein Volk aus.

Wir können uns diesen Tatbestand durch die Bevölkerung Lateinamerikas veranschaulichen. Die Bevölkerung Lateinamerikas besteht aus Indianern, Kaukasiern, Negern, Mongolen, Mestizen (Abkömmlinge von Kaukasiern und Indianern) und Mulatten (Abkömmlinge von Kaukasiern und Negern). Jedes dieser Völker gliedert sich wieder nach kulturellem Hintergrund, geographischer Lage, sozialen Beziehungen, wirtschaftlicher Situation, Berufsstand, Stammes- und Sippenherkunft, Religionsverbänden, usw. Sie bilden verschiedene Gruppen mit verschiedenen Beziehungen, und die Kluft zwischen einigen dieser Gruppen ist größer als die Kluft zwischen Nordamerika oder Europa und vielen lateinamerikanischen Gruppen. Der soziale und kulturelle Unterschied zwischen Buenos Aires und La Paz ist größer als derjenige zwischen Buenos Aires und New York oder London. Deshalb kann der Ausdruck 'Volk' sehr allgemein verstanden werden.

Er kann aber auch eine eingeschränkte Bedeutung annehmen und auf eine spezielle Gruppe von Personen hinweisen, die durch ein starkes Zusammengehörigkeits- und Solidaritätsgefühl miteinander verbunden sind, und zwar in biologischer, kultureller und geographischer Hinsicht. In dieser eingeschränkten Bedeutung sind die Hauptcharakteristika eines Volkes ein Gefühl der Gemeinschaftlichkeit, der Solidarität, der Verwandtschaft sowie ein Volksbewußtsein. Meistens wird nur innerhalb dieses Volkes geheiratet; auf Ehen, die mit Partnern anderer Volkszugehörigkeit geschlossen werden, blickt man mit Mißfallen.

Ein Volk wird, auch wenn das Maß oft sehr verschieden ist, von einer Gruppenmentalität und einem Wir-Gefühl regiert, wo sich die Autorität und das Interesse der Gruppe sowie die Loyalität gegenüber derselben gegen den Eigennutz behaupten und sich der einzelne nur bis zu einem gewissen Grade als unabhängige, verantwortliche Einheit weiß. Er sieht sich als mit einer Gemeinschaft, einem Volk verbunden, das *sein* Volk ist und zu dem er gehört. Hier lebt er in dynamischen, bedeutungsvollen Beziehungen.

Wir beschäftigen uns hier mit dem Volk im engeren Sinn, also einer Gruppe von Personen mit dynamischen, lebendigen Beziehungen, die wir einfach als Gruppe, Volk, Gemeinschaft oder Gesellschaft bezeichnen. Das Volk ist eine Gemeinschaft und nicht nur eine Ansammlung von Individuen. Wenn wir deshalb von Gruppenevangelisation reden, denken wir nicht an ein verschiedenartiges Evangelium, sondern meinen damit ein anderes Verfahren, als es in Nordamerika oder Europa üblich ist, wo der Individualismus vermutlich das Übergewicht hat. In der Gruppenevangelisation sprechen wir die Gemeinschaft von Personen an, die verwandte Gruppe, das Volk, das sich in gegenseitiger Beziehung stehend weiß und in wechselseitiger Verantwortung und Lebensgemeinschaft lebt.

Bei unserer Untersuchung des Phänomens der Gruppenevangelisation und der Gruppenbekehrung werden wir uns zuerst um eine Definition des Ausdrucks 'Gruppenbekehrung' bemühen und uns dann mit den Voraussetzungen der Gruppenevangelisation, den bestimmenden Gesichtspunkten und den bestimmenden Praktiken beschäftigen, die auf die Gruppenevangelisation und die nachfolgende Bekehrung von vielen hinführen. Zuletzt werden wir uns mit den Gefahren und Vorteilen dieses Unternehmens befassen.

DEFINITION DER GRUPPENEVANGELISATION UND DER GRUPPENBEKEHRUNG

Die Gruppenevangelisation sollte man sich nicht als das Gegenteil der individuellen Evangelisation vorstellen. Beiden geht es um die Kommunikation und die Erfahrung des Evangeliums. Beide sind personal und betonen das persönliche Glaubensverhältnis zu Jesus Christus, dem Erlöser von Sünde und Verdammnis. Beide zielen auf die Auferbauung des einzelnen Menschen in seinem persönlichen Glauben, seinem persönlichem Gehorsam und seiner persönlichen Verantwortung.

Der Unterschied zeigt sich im Nahziel, im Verhalten, in der Methodologie und im Vorgehen. Das Nahziel der Gruppenevangelisation sind mehrfache, gleichzeitige, persönliche Bekehrungen durch ein allmähliches, sorgsam bedachtes Vorgehen. Dieses Nahziel bezeichnen wir mit dem Ausdruck 'Gruppenbekehrung'.

Gruppenevangelisation und Gruppenbekehrung sind nicht mit einer sozialen Evangelisation gleichzusetzen oder zu verwechseln. Die soziale Evangelisation will die sozialen Herrschaftssysteme und Organisationen, die sozialen Institutionen und die kulturellen Strukturen 'evangelisieren', um die Gesellschaft und den einzelnen zu 'retten'. Nach meinem Verständnis kehrt dies die biblische Reihenfolge und die Reihenfolge der Gruppenevangelisation um. Bei der Gruppenevangelisation steht der Mensch im Mittelpunkt. Sie trachtet nach der Bekehrung und Wiedergeburt von Menschen und erst in zweiter Linie nach der Umgestaltung der sozialen Ordnung und der kulturellen Strukturen. Im Zusammenhang mit der Gruppenevangelisation und der Gruppenbekehrung gilt es klar zu erkennen, daß die geistliche persönliche Erneuerung die Grundlage für Gesellschaft und Kultur bedeutet und nicht umgekehrt. Soziale und kulturelle Veränderungen haben nur dann wirklich einen Sinn, wenn vorher eine religiöse Umwandlung der Menschen stattgefunden hat.

Das sorgsam bedachte, gleichzeitige Bekenntnis und die Übernahme des Christentums von Gruppen, die sich aus Einzelpersonen oder aus Menschen zusammensetzen, die aus biologisch untereinander zusammenhängenden oder soziologisch homogenen Einheiten bestehen, kann als 'Gruppenbekehrung', 'Gemeinschaftsbekehrung' oder als 'Bekehrung von Vielen' bezeichnet werden. Es ist klar, daß nicht alle diese 'Glaubensbekenntnisse' Bekehrungen im biblischen Sinn des Wortes sind. Nur Gott kennt das Herz und weiß, ob durch die Verkündigung des Evangeliums ein wirklicher persönlicher Glaube entstanden ist. Das abgelegte Bekenntnis zeigt aber immerhin die Bereitschaft, im Glauben weiterzugehen, sobald sie zusätzliches Licht bekommen. Es gilt auch zu erkennen, daß der Gläubige keinen Widerstand erdulden muß oder gar geächtet wird, sondern daß die Gruppe ihn unterstützt. Einheiten, die sich als solche bekehren, können Familien, soziale Verbände, Berufsverbände, fest verwachsene Gemeinschaften, Stämme, Klassen oder sonst eine homogene oder geographische Einheit sein. Gemeint ist also ein 'Volk' mit einem Zugehörigkeits- und Verwandtschaftsgefühl, sozialem Zusammenhang und gegenseitiger Anziehung. Wenn sich der christliche Glaube sehr schnell von Person zu Person, von Familie zu Familie, von Gruppe zu Gruppe durch natürliche, soziale oder kulturelle Verbindungen (das Netz der Beziehungen) ausbreitet, kann man dieses Phänomen als Bewegung eines Volkes oder einer Gemeinschaft bezeichnen.

„Wo sich eine christozentrische Bewegung in einer Art und Weise von Person zu Person ausbreitet, daß sich verwandte oder sonst miteinander verbundene Menschen unter Rücksprache mit den anderen für Jesus entscheiden und dann die Wahrheit an andere in ihrem Netz von Beziehungen weitergeben, bewegt sich ein Volk auf Jesus zu. Dieser Tatbestand schließt individuelle wie auch multi-individuelle Bekehrungen im Zusammenhang von Familien- und Stammesbeziehungen mit ein."[1]

VORAUSSETZUNGEN DER GRUPPENEVANGELISATION

Das Programm der Gruppenevangelisation und der Gruppenbekehrungen stützt sich auf bestimmte Voraussetzungen.

1. *Es setzt voraus, daß der Evangelist die Psychologie, Soziologie und Kultur des Volkes ernst nimmt.* Er anerkennt das Netz der biologischen oder sozialen Beziehungen, innerhalb derer jeder einzelne lebt. Er zieht die traditionellen und anerkannten kulturellen Beziehungsanlagen, Kommunikationswege, Rollenfunktionen und Autoritätsstrukturen für die Förderung des Evangeliums heran. Auch wenn wir die technischen und mechanischen Kommunikationsmittel zur Ausbreitung des Evangeliums verwenden wollen, wie Radio, Fernsehen, Zeitungen, Schallplatten usw., sollten wir das kulturelle Geflecht der Beziehungen für das Evangelium nutzbar machen.

2. *Es setzt voraus, daß der Evangelisation durch Konfrontation zum Zwecke persönlicher Entscheidungen eine gründliche, geduldige, allmähliche und ausdauernde Durchdringung mit dem Evangelium vorausgeht, ein Prozeß der 'Sättigung' der ganzen Gruppe oder zumindest der organisatorischen und funktionalen Herrschaftsstrukturen des jeweiligen Stammes, der Gesellschaft oder der Gemeinschaft.* Die Beratung und Entscheidung der Gruppe kann nur dann eine Möglichkeit oder zur Wirklichkeit werden, wenn eine derartige Durchdringung stattfindet. Es ist gut, wenn wir uns den Prozeß und die Reihenfolge noch einmal vor Augen führen – Präsentation, Durchdringung, Vertiefung, Konfrontation. So können echte Entscheidungen getroffen werden.

Eine Durchsicht der Evangelien zeigt schnell, daß unser Herr dieses Verfahren und diese Methode äußerst umfassend anwandte. Er 'sättigte' Galiläa durch die Verkündigung des Evangeliums vom Reich Gottes extensiv, von Dorf zu Dorf. Aber er sammelte keine große Jüngerschar um sich oder gründete Gruppen von Anhängern. Durch seinen ausgedehnten Verkündigungsdienst durchtränkte er den 'Boden' mit dem Evangelium und bereitete das Volk für die auf Entscheidung drängende Verkündigung der Apostel nach Pfingsten vor. Bald waren über ganz Judäa, Samaria und Galiläa hin zahlreiche Gemeinden verstreut (Apg. 9,31).

3. *Gruppenevangelisation und Gruppenbekehrungen sind nicht nur in primitiven Kulturen, sondern auch in fortgeschrittenen, komplexen Gesellschaften möglich.* Der Mensch ist ein gesellschaftliches Wesen und ein Geschöpf von Beziehungen. Sein Leben wird bewußt oder unbewußt in großem Ausmaß von seinem Streben nach sozialer Geltung und Anerkennung bestimmt. Selbst der unbeugsamste Individualist fürchtet das 'gesellschaftliche Vakuum' und das Alleinsein. Der Mensch handelt immer und überall freier, wenn er in einer Gruppe ist. In der Gruppe riskiert er mehr, in der Gruppe beweist er mehr Mut, in der Gruppe ist er mehr 'Mensch' als wenn er allein ist. Bekehrungen in der Gruppe brauchen vielleicht etwas länger, gehen dann aber auch tiefer, sind dauerhafter und entschiedener.

Die umfassenden und gründlichen Untersuchungen über Massenbewegungen in Indien, die Bischof J. W. Pickett durchführte, bestätigen diesen Tatbestand. Gruppenevangelisation und Gruppenbekehrungen haben große Vorteile. Sie sind zu jeder Zeit, in jedem Landstrich und in jeder Kultur möglich. Der Mensch ist kein mechanisches Wesen, wurde auch nicht für die Einsamkeit erschaffen. Er ist ein gesellschaftliches Wesen, ein Organismus mit den verschiedenartigsten Beziehungen. Der Individualismus ist nicht seine 'natürliche' Umgebung, er ist künstlich und deshalb oberflächlich. Er gehört nicht zur Wesenheit des Menschen und ist für sein Wohlergehen nicht erforderlich. In seinem Unterbewußtsein ist der Mensch ein Gemeinschaftswesen; in Krisenzeiten reagiert er in der Gruppe am besten und intensivsten.

Gruppenevangelisation und Gruppenbekehrungen stehen in engem Zusammenhang und sollten als Einheit betrachtet werden. Gruppenevangelisation ist die Ursache, Gruppenbekehrungen die Wirkung.

BESTIMMENDE GESICHTSPUNKTE

Wir betonen nachdrücklich, daß letztlich alle Bewegungen zu Jesus Christus hin die Folge des souveränen und gnädigen Wirkens des Heiligen Geistes sind. Der Mensch hat von Natur aus kein Interesse an Jesus als seinem Erlöser. Er befindet sich in Feindschaft mit Gott, ist der Gemeinschaft mit seinem Schöpfer entfremdet. Aus diesem Grund sind wir vom Heiligen Geist abhängig. Wir lesen in Sacharja 4,6: „Es soll nicht durch Heer oder Kraft, sondern durch meinen Geist geschehen, spricht der Herr Zebaoth." Aber der Heilige Geist handelt durch Menschen, gebraucht Mittel und wirkt nach bestimmten Prinzipien. Es gibt einige Faktoren, die für den Reichsgottesarbeiter bestimmende Gesichtspunkte sein müssen, wenn er vom Heiligen Geist als Werkzeug gebraucht werden will. Nur dann kann in einer Gruppe ein solches Phänomen entstehen, stimuliert werden und sich zu einer ständig ausbreitenden Bewegung entwickeln.

Wir sehen vier solcher Gesichtspunkte:

1. *Es muß eine vollkommene Überzeugung von der Schriftgemäßheit, der Möglichkeit und der Echtheit von Gruppenbekehrungen vorliegen, der Wert solcher Bekehrungen anerkannt werden und eine gesunde Einstellung diesem Phänomen gegenüber bestehen.* Dies ist nicht einfach ein 'weiteres' Verfahren zur Vermehrung der Gläubigen. Es ist ein grundlegendes, biblisches Verfahren.

Biblische Konzepte sind Geschlechter, Nationen, Gemeinden und Familien, nicht so sehr Einzelpersonen. Man kann sagen, daß Gottes Botschaft nicht individuell oder privat, sondern persönlich ist. Sie ruft zu persönlicher Teilnahme, nicht zu individueller und unabhängiger Teilnahme auf (der Unterschied zwischen persönlich und individuell wird später erklärt). Das Urteil Gottes: „Es ist nicht gut, daß der Mensch allein sei", betrifft alle Lebensbereiche und alle Beziehungen. Es steht im Gegensatz zum abendländischen Individualismus, der sich als Fluch über die ganze Erde ausbreitet. Die Gedanken Gottes, die uns in der Bibel aufgezeichnet sind, werden hauptsächlich in soziologischen Einheiten und soziologischen Begriffen ausgedrückt, die in verschiedenen Kulturen unterschiedlich aussehen. Die kleinste Einheit ist jedoch, auch nach der Heiligen Schrift, die Familie. Dies kann die erweiterte Familie (Verwandtschaftsgruppen) sein oder die Großfamilie (die patriarchalische und matriarchalische Familie).

Es ist sehr hilfreich, die großen Erweckungen des Alten Testaments zu studieren, die zu unserer Belehrung überliefert wurden (1. Mose 35,1–15; 2. Chron. 15,1–15; 23; 24; 29–31; 34; 35; Esra 5; 6; vgl. mit Hag. 1,1–15, Esra 8–10; Neh. 8,1–10,39).

Auch sollte man das Buch Jona sorgfältig durchgehen, ebenso die Berichte von der Erweckung, die durch die Verkündigung von Johannes dem Täufer ausbrach. Wie Gottes Gerichte die Völker treffen, so können sie auch von Gott gesegnet werden. Wenn solche Erfahrungen auch nie eine universale Erlösung herbeiführen, ja nicht einmal eine allgemeine Bekehrung, so können sie doch einen Wendepunkt darstellen und eine Atmosphäre schaffen, welche die Segnungen Gottes ermöglicht. Dieser Segen bringt für zahllose Einzelpersonen in der großen Menschenmenge Zeiten der Erfrischung und des Heils.

Nun könnte man einwenden, daß das alttestamentliche Prinzip der Gruppen- oder Volkssolidarität im Neuen Testament keine Fortsetzung findet. Im Neuen Testament, so sagt man, steht nicht die Gruppe, das Volk oder die Nation vor Gott im Gericht und/oder in der Gnade, sondern der einzelne. Dies klingt ganz logisch und ist zum Teil auch richtig. Es ist aber weder die ganze Wahrheit, noch der wichtigste Aspekt der Wahrheit.

Auch im Alten Testament standen oft einzelne vor Gott. Wir brauchen nur an Mose, Aaron, David und viele andere zu denken. Auch im Alten Testament haben wir den persönlichen Aspekt. Der Schreiber des Hebräerbriefes beweist dies im elften Kapitel eindrücklich. Wir sehen dort eine ganze Reihe von Glaubenshelden, die alle eine persönliche Beziehung zu ihrem Herrn haben. Der Glaube ist immer persönlich. Wir können das Alte Testament unmöglich rein kollektivistisch verstehen. Der persönliche Aspekt fehlt im Alten Testament nicht.

Und dann finden wir auch im Neuen Testament den Aspekt der Gruppensolidarität. Jesus evangelisierte und predigte in Dörfern und Städten (Mark. 1,38.39). Seine Weherufe galten Dörfern und Städten: „Wehe dir, Chorazin! Wehe dir, Bethsaida! . . . Und du, Kapernaum . . ." (Matth. 11,20; Luk. 19,41—44).

Jesus befahl seinen Jüngern, alle Nationen zu Jüngern zu machen (Matth. 28,19) und Buße und Vergebung der Sünden allen Nationen zu verkündigen (Luk. 24,47).

Paulus spricht von seinem Auftrag, den ihm Jesus vor Damaskus gab. Nach diesem Auftrag war er zu dem *Volk* und zu den *Nationen* gesandt, deren Augen er auftun sollte, damit *sie* sich bekehren von der Finsternis zum Licht und von der Gewalt Satans zu Gott, daß *sie* Vergebung der Sünde empfangen. Er machte den Menschen in Damaskus, in Jerusalem, in ganz Judäa und dann den Nationen klar, daß sie Buße tun und sich bekehren sollten. „ . . . stehe ich da bis auf diesen Tag und gebe Zeugnis . . . daß der Christus sollte leiden und der erste sein aus der Auferstehung von den Toten und verkündigen das Licht dem Volk und den Heiden" (Apg. 26,17—23).

Höchstwahrscheinlich umschließt die Evangelisation einen viel breiteren Bereich als viele von uns ihn sich vorstellen. Es gibt ein Vorgehen in der Evangelisation, das die ethnischen Gruppen oder die Völker im Blickfeld hat. Diese Verfahrensweisen wurden von uns Abendländern entweder übersehen oder einfach ignoriert. Daran war nicht die fehlende Information in der Bibel schuld, sondern unsere individualistische

Mentalität, die unsere Handlungsweise zum größten Teil bestimmt, unsere Haltung einseitig färbt, unsere Gefühle beeinflußt und unsere Handlungen lenkt.

Das Prinzip der Gruppensolidarität in der Evangelisation wird im Neuen Testament durch die Berichte von zahlreichen 'Familienbekehrungen' und 'Hausgemeinden' gut illustriert (Luk. 19,9; Apg. 10,2.44. 47.48; 11,14; 16,31−34; 18,8; Röm. 16,5.10.11; 1. Kor. 1,16; 16,19; Philem. 2). Diese Liste zeigt uns Familien, die sich als solche bekehrten. Auch in den Bewegungen in den Städten wird dieses Prinzip deutlich.

Petrus bezeugt, daß „*alle*, die zu Lydda und Saron wohnten", sich zum Herrn bekehrten und *viele* in Joppe glaubten (Apg. 9,35.42). Ganze Städte wandten sich Jesus zu. Von dem Dienst des Apostels Paulus kann man auf ähnliche Erfahrungen schließen (Apg. 13,49; 14,31; 16,5; 19,10.17−20.26.27). Sowohl Juden als Heiden erschraken über die Ausmaße der Bewegungen, die man in ganz Jerusalem, Palästina und Kleinasien beobachten konnte (Apg. 5,28; 19,26.27; 21,28; 24,5; 28,22).

Eine gründliche Untersuchung dieser Bewegungen im Volk zur Zeit der Apostel führt zu einem weiteren Gesichtspunkt. Der Bericht des Apostels Paulus über den gewaltigen Erfolg des Evangeliums unter den Nationen erfreute die Brüder. Aber auch diese konnten von *vielen Zehntausenden von Juden* (so wörtlich) berichten, die gläubig geworden waren (Apg. 21,19.20). Hier haben wir eine der erstaunlichsten und lehrreichsten Stellen über die wunderbaren Bewegungen in dieser Zeit. Man konnte sie nur mit Zahlen beschreiben, die in die Zehntausende gingen.

Lukas berichtete an einer früheren Stelle über die Ausbreitung des Wortes Gottes in Jerusalem: „Die Zahl der Jünger ward sehr groß. Es wurden auch viele Priester dem Glauben gehorsam" (Apg. 6,7). Die Formulierung ist hier sehr interessant. Lukas war sorgsam darauf bedacht, das Konzept der Gruppensolidarität durch die Anwendung des Singulars zu bewahren ('eine große Menge'), die Priester werden im Plural hinzugefügt. Die Priester kamen als Einheiten und bewahrten ihre soziale und berufsbedingte Zusammengehörigkeit. Sie handelten als eine Gruppe von Menschen. In den Evangelien finden sich ähnliche Aussagen. Die Schriftgelehrten und Pharisäer machten (kollektiv) den Ratschluß Gottes für sich selbst wirkungslos (Luk. 7,30), während die Soldaten und Zöllner (Plural!) zu Johannes kamen, zweifellos in Gruppen, um sich taufen zu lassen (Luk. 3,12−14). In ähnlicher Weise sammelten sich die Zöllner und Sünder (als Gruppen) um Jesus, ihn zu hören (Luk. 15,1−2).

Der Begriff der Gruppensolidarität ist im Neuen Testament fest verankert − wir haben die Familie, wir haben gesellschaftlich, religiös oder durch ihren Beruf verbundene Menschen, wir haben die Gesellschaft und wir haben die Ortsgemeinde. Nach diesem 'Leitstern' sollten wir unser Evangelisationsprogramm ausrichten. Wenn wir dieses Konzept der Gruppensolidarität außer acht lassen, verwerfen wir ein wichtiges und wirkungsvolles Verfahren in der Evangelisation und umgehen Gruppenbekehrungen, durch die viele Menschen zu Jesus geführt werden könnten, die als Einzelpersonen kaum reagieren würden.

Die Ausbreitung des Evangeliums macht eine radikale Neubewertung und Neubeurteilung unserer Evangelisationsmethoden, die wir in der nicht-abendländischen Welt zur Anwendung bringen, dringend notwendig. Wenn wir dem Auftrag und Plan Gottes weiter nachkommen und dabei Erfolg haben wollen, müssen wir in unseren Evangelisationsprogrammen zu den als der Schrift gemäß erkannten sozialen Verbänden — Familien, Gemeinschaften, Völker — zurückkehren.

Die soziologischen Folgen des Christseins lassen sich anhand einer Untersuchung des stärksten soziologischen Begriffes des Neuen Testaments, dem Begriff der *koinonia* ('Gemeinschaft') eindrucksvoll darlegen. Auf drei Tatsachen bin ich dabei gestoßen.

Koinonia ist zuallererst ein grundlegender Faktor des Christentums. Ohne sie ist die Bekehrung unvollständig und das Leben als Christ unmöglich.

Zweitens ist koinonia ein Begriff der Beziehung. Er verbindet das Subjekt mit dem Objekt. An sich ist er ein soziologischer Begriff, der sich auf Gruppen bezieht. Auf soziologischer Ebene kann man nicht in Abgeschiedenheit leben und zugleich koinonia erleben wollen.

Koinonia kommt drittens im griechischen Sprachgebrauch häufiger vor und hat viele Bedeutungen. Koinonia bedeutet Verbindung, Teilhaberschaft, Gemeinschaft. Koinonia bedeutet großzügiges Mitteilen im Gegensatz zu selbstsüchtiger Habgier, der *pleonexia*. Koinonia kann auch Partnerschaft im Beruf, Partnerschaft in der Ehe heißen oder für die Beziehung des Menschen zu seinen Göttern stehen.

Es ist von großer Bedeutung, daß der Heilige Geist diesen sozialen Begriff gebrauchte und entsprechend anpaßte, um damit eine der kostbarsten Erfahrungen des Christen und eine der tiefsten und innigsten Beziehungen des Lebens als Christ zu bezeichnen. Er verleiht der Erfahrung der persönlichen Erlösung einen theologischen sowie einen sozialen Inhalt und macht den Individualismus im Christentum unmöglich. Wenn man nun die Fülle des Christseins am geeignetsten in den sozialen Beziehungen (koinonia) erlebt, kann man dann nicht auch den Beginn dieses neuen Lebens in einer ähnlichen Beziehung erleben? Das Christentum ist nicht gesellschaftsfeindlich. Es ist nicht individualistisch. Christsein bedeutet Partnerschaft, Verwandtschaft, Gemeinschaft.

Das Christentum ist vertikal und horizontal orientiert und kann auf keine dieser beiden Dimensionen ohne Schaden verzichten. Inhalt, Erfahrung und Dimension des Christentums sind göttlich, personal und sozial. Die starke personale Komponente ist kein Gegensatz zu der starken sozialen Komponente, sie ergänzen sich vielmehr.

Hier müssen wir nun zwischen persönlich und individuell unterscheiden. Diese beiden Ausdrücke sind nicht gleichbedeutend. *Persönlich* ist ein psychologischer, *individuell* ein soziologischer Ausdruck. Dies ist ein riesiger Unterschied.

Ein Beispiel. Wir schätzen alle starke Persönlichkeiten, haben aber starke Individualisten nicht so gerne. Der erste zeigt an, daß er als Person integriert und auf ein Ideal konzentriert ist, ein Ziel erreichen und eine Beziehung erleben will. Der Individualist hingegen ist eine auf sich selbst konzentrierte Person. Das Ich ist die Nabe, um die sich alle Speichen drehen. Die Nabe wurde aber aus dem Zentrum gedrückt und stimmt mit der gewohnten Lebensweise nicht recht überein.

Noch ein weiteres Beispiel zur Veranschaulichung. Ein Chor besteht aus hundert begeisterten Sängern. Der Dirigent stimmt die Stimmen aufeinander ab und macht sie zu einer harmonischen Einheit. Die Musik füllt den Konzertsaal, der von den Tönen widerhallt. Bei einer vollkommenen Harmonie fallen zwei Dinge auf: die Stimmen sind so miteinander verschmolzen, daß man keine Stimme heraushören kann. Jeglicher Individualismus muß ausgeschaltet werden. Und zweitens müssen alle ihren Beitrag leisten.

Ist der Gesang weniger persönlich, weil ein Chor singt? Hat das Singen für den Sänger deshalb eine geringere Bedeutung, weil es nicht individuell ist? Wir sehen hier ein dynamisches Prinzip. Um wirklich persönlich sein zu können, braucht eine Erfahrung nicht individuell zu sein. Die Handlung einer Gruppe braucht mit dem Personalen nicht in Konflikt zu geraten, in den meisten Fällen steigert und verstärkt sie das Personale sogar. Im Zusammenhang mit der Gruppenevangelisation und der Gruppenbekehrung sollten wir diese Tatsache im Auge behalten. Eine solche Erfahrung schwächt das persönliche Element bei der Bekehrung in keiner Weise, im Gegenteil, sie hebt, verstärkt und bereichert es. Die Gruppenevangelisation bringt das persönliche Element zu seiner höchsten Erfüllung.

2. *Die Einmaligkeit der Psychologie der verschiedenen Völker muß anerkannt werden.* Alle Menschen sind ihrem Wesen nach gleich, weil sie alle nach dem Bilde Gottes geschaffen wurden und alle dasselbe qualitative psychologische Potential besitzen. Aber weder die Form noch die Gestalt der menschlichen Seele sind dieselben. Sie gehören nicht zum Wesen des Menschen, sondern sind die Folge des kulturellen 'Stempels'. Die Mentalität eines Volkes kann genauso gut auf eine Diktatur ausge-

richtet werden wie auf eine Demokratie. Die Menschen können für persönliche Verantwortung geformt werden, und sie können für soziale, wirtschaftliche und religiöse Unabhängigkeit eingerichtet werden. Sie können zu Individualisten gemacht werden, die nur eine geringe Abhängigkeit auf sozialem Gebiet anerkennen und soziale Beziehungen kaum schätzen. Sie können auch zu einer Einheit verschmolzen werden, die von einer Gruppenpsychologie zusammengehalten wird und die deshalb die Individualität nur in einem beschränkten Maß zu würdigen wissen.

Das gleiche Prinzip trifft auf die Sinngebung, die Werte, den Geschmack, die Empfänglichkeit und auf alle anderen Beziehungen und Bereiche des Lebens zu. Das Denken der Menschen orientiert sich nicht immer nach Absoluta, nach Zweck und Ziel, nach Fortschritt und Erfüllung. Nicht alle Menschen denken gemäß den Prinzipien der aristotelischen Logik, da sie sich nach Mentalität und emotionalen Erfahrungen unterscheiden.

Es ist eine Tatsache, daß die meisten Völker, die nicht zum abendländischen Kulturkreis gehören, von einer Gruppenpsychologie bestimmt sind. Sie halten sich weniger für individualisierte Einheiten, die von anderen getrennt sind. Sie funktionieren als eine stark untereinander verflochtene und zusammenhängende Gruppe. Alle Entscheidungen sind daher Entscheidungen der Gruppe. Individuelle Entscheidungen können sogar als Verrat angesehen werden. In vielen primitiven Stämmen kann ein Mörder durch die Bezahlung einer Geldbuße Genugtuung leisten. Für Treulosigkeit gegenüber dem Klan oder Stamm, die als Verrat gilt, gibt es keine Genugtuung, und so muß die Strafe notwendigerweise auf Verbannung oder Tod lauten. Die Gruppenmentalität ist allumfassend und beherrscht jeden Aspekt des Lebens, jede Beziehung und jede Entscheidung. Wir können eine positive Reaktion von ihrer Seite nur insofern erwarten, als wir diese Menschen verstehen. Und nur insofern wir sie innerhalb dieses psychologischen Rahmens ansprechen, können wir erwarten, daß die Gruppenevangelisation und Gruppenbekehrungen Realität werden.

Es ist gut, wenn man sich mindestens *drei Mentalitätstypen* vorstellt. Sie schließen sich gegenseitig nicht völlig aus, sind also keine absoluten Unterteilungen. Sie sind grundlegende Kennzeichen.

Es gibt eine *kausative Mentalität*. Ihre erste Frage ist stets die nach dem Warum. Die abendländische Mentalität gehört zu diesem Typ. Sie ist unser großes Erbe von Aristoteles, leistete die großen, auf dem Prinzip von Ursache und Wirkung aufgebauten wissenschaftlichen Erfindungen und führte zur Erforschung der Erde.

Dann gibt es die *intuitive Mentalität*. Sie ist das Hauptcharakteristikum des Ostens und liegt den großen religiösen Bewegungen Asiens zugrunde. Man vergißt oft, daß alle lebenden Religionen der Welt von Asien ausgingen. Die starke intuitive Mentalität des Ostens ist für religiöse Aktionen ein fruchtbarer Boden.

Schließlich gibt es die *phantasiereiche Mentalität*. Irgendwie besteht eine lebendige und dynamische Verbindung zwischen Phantasie und Mentalität. Nicht die Logik gibt den zündenden Funken, der den Denkprozeß anregt, sondern die Phantasie. Die reiche, noch wenig erforschte Mythologie, die Legenden, die Volkssagen und die natürliche schauspielerische Befähigung in der afrikanischen Kultur und unter den Indianern Lateinamerikas sind das beste Beispiel für diese Mentalität.

Die Unterschiede in der Mentalität spielen für die Kommunikation eine ungeheuer wichtige Rolle. Jeder grundlegende Typ braucht seine eigene Literatur.

Man hat sich stets der Tatsache bewußt zu sein, daß sich die nichtabendländische Mentalität von der abendländischen in wichtigen Merkmalen unterscheidet.

(a) Sie ist passiv, anstatt dynamisch und erfinderisch. Sie weicht dem Neuen aus, hält am Alten fest und übernimmt das Fremde nur langsam. Ihr Kennzeichen ist ein kultureller und religiöser Konservativismus.

(b) Sie ist introspektiv und mystisch und kümmert sich deshalb weniger um das Faktische und Logische. Der historische Aspekt ist weniger wichtig als der mystische, furchteinflößende, verschwiegene und intuitive. Das Spektakuläre wirkt anziehend und fesselnd.

(c) Sie ist kommunal oder kollektiv. So sieht sich der einzelne nur in sehr geringem Maße als eine unabhängige, verantwortliche Einheit. Er denkt in den Beziehungen der Familie, des Klans, des Stammes, des Volkes und heute sogar in den Bezügen der Nation. Die Autorität der Gruppe, die Loyalität und das Interesse für die Gruppe behaupten sich gegen den Eigennutz. Kennzeichnend sind Gruppenneutralität und Wir-Gefühl.

(d) Sie ist traditionell, anstatt prophetisch. Das Goldene Zeitalter ist bereits vorüber. Sie ist mit ihren Vorfahren und ihrer Geschichte untrennbar verknüpft. Veränderung und Fortschritt gelten als Feinde. Die Vergangenheit wird durch die göttlichen Vorfahren heilig und durch die Ahnenverehrung verherrlicht.

(e) Sie ist exklusiv und leistet einem starken Gefühl gegenüber dem 'Insider' Vorschub. Sie hält ihr Volk für heilig, es ist 'das' Volk.

(f) Ihr fehlt Gleichgewicht und Harmonie in den dreifachen psychologischen Funktionen Emotion, Erkenntnis und Wille. Oft ist die erste Funktion stark entwickelt und beherrschend.

(g) Sie ist eine Mentalität der Kontinuität. Man lebt in einer inneren Symbiose mit der Natur. Götter, Mensch, Tiere und Natur bilden ein einziges, ununterbrochenes Kontinuum. Sie repräsentieren eine völlige

Einheit des Zeitlichen und Ewigen, des Menschlichen und Göttlichen und des Geistlichen und Materiellen in sakralen, sozialen Strukturen. Alle Ordnungen des status quo besitzen göttliche Autorität und können deshalb nicht angezweifelt werden.

Im Gegensatz zu diesen Kennzeichen gilt die abendländische Mentalität als dynamisch, faktisch, kausativ, erfinderisch, individualistisch, universalistisch, anpassungsfähig und flexibel.

Diese Kennzeichen sind natürlich nicht als absolut anzusehen, nicht alle treffen überall zu. Sie zeigen aber immerhin bestimmte grundlegende Unterscheidungsmerkmale und Unterschiede auf, die in unsere Erwägungen mit einbezogen werden müssen, wenn eine Botschaft wirkungsvoll mitgeteilt und ein Volk richtig verstanden werden soll.

3. *Das kulturelle Netz der Beziehungen, in dem der Mensch ist und lebt, muß respektiert werden.* Die Kultur ist sein Schutz und sein Problem, seine Stärke und seine Unterjochung. Die Kultur gehört nicht nur so zur Umgebung des Menschen, daß er sich nach Belieben von ihr trennen könnte. Sie gehört zu seiner ganzen Persönlichkeit, und ohne sie kann er Individualität nicht erhalten. Der Mensch hat ein bestimmtes biologisches und kulturelles Erbe, dem er nicht davonlaufen kann. Der Mensch hat eine Vergangenheit, eine Geschichte in sich und von sich, deren er sich nicht vollständig entledigen kann.

Der Mensch ist weder neutral in sich (er ist ein Sünder), noch wird er in eine kulturell neutrale Welt hineingeboren. Er ist nicht in der Lage, einigen selbst aufgestellten Idealen entsprechend sein eigenes Schicksal zu gestalten. Er kommt in eine kulturell schon geprägte Atmosphäre und Gesellschaft, die er weder geschaffen noch sich ausgesucht hat, die ihn aber schonungslos ihren Strukturen und Idealen anpassen werden. Er wird in eine kulturelle, soziale und psychologische Form 'gegossen', die er niemals abwerfen kann, ohne ernsten Schaden zu erleiden. Als 'kulturelles Wesen' ist der Mensch in der Tat einem Gefangenen in einem Gefängnis zu vergleichen.

J. H. Bavinck schreibt mit Recht: „Die größten Hindernisse für die Bekehrung von unzähligen Menschen sind nicht solche Sünden, für die sie selbst ganz oder hauptsächlich die Verantwortung tragen. Es sind vielmehr die Sünden der Gruppe, der sie angehören, oder der Gesellschaft, in die sie verstrickt sind."[2]

Andererseits sind die Entscheidungen des Menschen, seine Stärke, seine Weiterentwicklung, seine gesunde Persönlichkeit und die Wirksamkeit seines Lebens und seiner Arbeit zum großen Teil von diesem Netz kultureller und sozialer Beziehungen bestimmt. Er kann das, was ein Teil seines Lebens und seiner Persönlichkeit ausmacht, nicht einfach aufgeben. So ist der Gang des Lebens, dort fühlt er sich zu Hause, dort findet sein Zugehörigkeitsgefühl seine Erfüllung, dort leistet er seinen

Beitrag und dort ist sein Zeugnis von größtem Wert, wo es auch am nötigsten gebraucht wird. Wir müssen den Menschen in dem Netz seiner Beziehungen finden und, ohne diese Beziehungen unnötigerweise zu stören, ihn dort für Jesus gewinnen.

Die einzelne Person soll nicht nur gerettet, durch sie soll auch der Zugang zu ihrer Familie und Gesellschaft erreicht werden. Niemand lebt für sich selbst. In ganz besonderer Weise gilt dies für den Christen. Er muß in diesem Netz von Beziehungen bleiben. Als Evangelisten sollten wir immer wieder daran denken, daß Jesus seine Jünger in ihrer gesellschaftlichen und kulturellen Umgebung gewann und sie so lange 'ernährte', bis sie in dieser Umgebung wirklich stark waren. Auch die Samaritaner beließ er in ihrer Kultur. Die frühe jüdische Gemeinde wuchs und gedieh in der Atmosphäre des Tempels.

Unser Vorgehen und unsere Methoden müssen kulturbedingt werden, obschon die Evangeliumsbotschaft über der Kultur steht und absolut ist (vgl. Kapitel 30).

4. *Unsere missionarischen Unternehmungen und unsere Evangelisationsprogramme müssen bewußt und absichtlich neu auf das Zentrum konzentriert werden.* Die missionarischen Aktivitäten haben vielfältige Formen angenommen und die Evangelisationsprogramme wurden stark modifiziert wie auch vermehrt. Wir wollen im Blick auf ehrliche Versuche und ernsthafte Anstrengungen nicht allzu kritisch sein. Wir wollen auch nicht den Eindruck erwecken, als ob wir einen Entwurf und ein Modell für effektive Aktionen erstellen könnten, die alle Fälle berücksichtigen. „Die dauernde Versuchung aller 'Bewegungen' ist der Versuch, den Heiligen Geist an eine Methode und an eine Botschaft zu binden, die er zu einem bestimmten Augenblick in der Geschichte gebraucht und gesegnet hat."[3] Wichtig ist nicht nur der besondere geschichtliche Augenblick, sondern auch der besondere Ort und die besondere Kultur.

Dies wäre zu verallgemeinernd. Da die Persönlichkeiten, die Psychologien und die Kulturen verschieden sind, muß es Unterschiede und Abweichungen geben. Eine evangelistische Methode, die in einem bestimmten Gebiet und unter einem bestimmten Volk große Leistungen hervorruft, ist nicht notwendigerweise die beste Methode für ein anderes Gebiet und unter einem Volk, um gleiche Resultate zu erzielen. Der christlichen Missionstätigkeit wird immer ein gewisses Maß des Experimentierens und der Flexibilität eigen sein. Es wird immer einige Variablen und das Element einer gewissen Unvorhersehbarkeit geben. Wir müssen diese Fakten einkalkulieren. Sie dürfen unsere Überlegungen jedoch nicht beherrschen oder uns von der Planung, Taxierung und Umbildung unserer Arbeit fernhalten. Wenn wir unser Ziel nicht klar definieren, wird unsere Einstellung nicht klar, noch unser Verfahren kontinuierlich oder progressiv sein, selbst wenn wir vielleicht vorankommen und große Wirkungen ausüben.

Nur ein geringer Teil der evangelikalen Arbeit erfährt strenge wissenschaftliche Bewertungen und Überprüfungen, die die tatsächlichen Ergebnisse und Leistungen der investierten Anstrengungen und Opfer mißt. Bewertungen sieht man meistens nicht gerne, und noch viel weniger schätzt man die Resultate. Anscheinend haben wir vor Veränderungen Angst, auch wenn wir bestreiten, daß wir an starren und unbeweglichen Positionen festhalten. Die ausgetretenen Pfade, die bekannten Pläne und die gewöhnlichen Verfahrensweisen werden meistens völlig unkritisch Jahr für Jahr wiederholt. Viele weisen die Missions- und Evangelisationswissenschaft, strenge jährliche Bewertungen, umfassende Planung und eine genaue Koordination aller Mittel auf ein klar definiertes Ziel hin ab. Diese Faktoren entsprechen nicht ihrem Verständnis von Geistlichkeit, einem Leben unter der Führung des Heiligen Geistes und einem Dienst unter seiner Leitung.

Vom theologischen Standpunkt aus ist eine solche Position vollkommen unhaltbar, auch wenn sie ehrlich motiviert und aufrichtig eingenommen wurde. Diese Position hält, theologisch ausgedrückt, das unerklärliche, momentane, individualistische Wirken des Heiligen Geistes dem rationalen (nicht rationalistischen!), auf weite Sicht richtunggebenden Handeln des Heiligen Geistes für überlegen. Die geistlich gesinnten Männer, die unter Gebet eine Strategie entwerfen wollen, welche die Arbeit auf einem äußerst wirkungsvollen Weg zu einem vorher definierten Ziel führen soll, gelten deshalb oft als untergeordnet, tieferstehend.

Sehen wir, wie der Apostel Paulus verfuhr. Er folgte in seinem Dienst deutlich einem Plan. Er traf mit Petrus eine Absprache über ihre Arbeitsgebiete. Er schickte Mitarbeiter voraus, die seinen Dienst in einigen Städten vorbereiteten. Er gab den Gemeinden bekannt, wann er sie wieder besuchen wolle. Ganz gewiß sah Paulus die Möglichkeit göttlicher Eingriffe und neuer Weisungen vor. Aber er hatte einen Plan und eine Strategie. Er wollte seinen 'Lauf' vollenden – als dies geschehen war, war er sich dieser Tatsache auch bewußt (Apg. 20,24; 2. Tim. 4,7).

Der Mensch erreicht selten mehr als das, was er erstrebt. Er leistet nicht viel mehr als seine Ausrüstung es zuläßt. Die evangelikalen Missionen und Evangelisationsprogramme brachten bis jetzt wenig Bewegungen von Völkern und Bekehrungen von Gemeinschaften zustande. Die Ursache liegt darin, daß ihr missionarisches Denken diese Konzepte nicht kannte, ihre Arbeit nicht auf solche Leistungen konzentrierte, ihre Programme solche Bewegungen nicht vorsahen und ihre Mitarbeiter nicht vorbereitet waren, solche Erfahrungen zu leiten oder in Gang zu setzen.

Wir brauchen eine bewußte, wohlerwogene neue Einstellung, wenn wir mehr Früchte tragen wollen. Unser Ziel muß die Gewinnung eines Volkes, die Bekehrung von Familien, Gemeinschaften, Stämmen, sozialen Verbänden, Berufsschichten, Klassen, religiösen Verbänden oder homogenen Einheiten sein, also einer Gruppe von Menschen, die praktisch als Einheit funktioniert, ein starkes Zugehörigkeitsgefühl in sich trägt, sozialen Zusammenhalt praktiziert und eine gegenseitige Anziehung erlebt.

Wir müssen auch gewillt sein, die geistlichen, psychologischen, soziologischen und kulturellen Wege, Mittel und Methoden für das Erreichen des Ziels zu erlangen und ohne zu zögern und zu schwanken dieses Ziel beharrlich verfolgen. Es ist möglich, weil es dem Plan und der Absicht Gottes entspricht, ganze Gruppen von Menschen für ihn zu gewinnen.

Kapitel 28

BESTIMMENDE PRINZIPIEN

Gruppenbekehrungen 'passieren' nicht einfach, auch wenn dies dem unbeteiligten Zuschauer gelegentlich so vorkommen mag. Sie sind durch klare Prinzipien und geregelte Verfahren bedingt und stehen in einem ganz bestimmten Verhältnis zueinander. Diese Tatsache legt den Reichsgottesarbeitern eine schwere Verantwortung auf — sie können leicht selbst das Haupthindernis für große Bewegungen werden, die viele Menschen in das Reich Gottes bringen könnten.

Eine Bewegung im Anfangsstadium kann ohne weiteres lahmgelegt und gestoppt werden. Die Ursache ist nicht nur die grundsätzliche Einstellung, sondern kann auch das menschliche Werkzeug selbst sein, das einige bestimmende, dynamische Prinzipien verletzt oder außer acht läßt. Wir brauchen viel Weisheit und große Behutsamkeit, aber auch großen Weitblick, Glauben und ein wagemutiges Handeln, wenn wir große Menschenmengen in das Reich Gottes bringen wollen. Wir müssen lernen, auf den Heiligen Geist zu vertrauen, daß er uns ausrüstet und als seine Werkzeuge gebraucht, die Menschen und Gemeinschaften leitet und veranlaßt, geschlossen in die Gemeinde Gottes zu kommen.

Für Gott ist nichts unmöglich. Wie früher ist er auch heute noch in der Lage, große Menschenmengen zu motivieren und kräftig zu sich zu ziehen. Wir wollen es nicht zulassen, daß der abendländische Individualismus uns mit Vorurteilen erfüllt und den Tatbestand der Apostelgeschichte abschwächt oder als geringfügig darstellt. Dies sind Berichte von wirklichen Ereignissen. Viele kamen zum Glauben, ganze Gruppen kamen zur Gemeinde hinzu. Die Gemeinden nahmen täglich an Zahl zu. Diese Fakten sind zu unserer Ermutigung und Belehrung aufgezeichnet. Sie sollten unseren Glauben anfachen und unsere Erwartungen verstärken.

Wir können die dynamischen Faktoren, die größere und kleinere Gruppen von Menschen an- und vorwärtstreiben, hier nicht erschöpfend behandeln. Sie bilden einen Komplex, der umfassende Untersuchungen notwendig macht und in einem kurzen Kapitel nicht abgehandelt werden kann (der Autor ist gerade dabei, ein Buch zu schreiben, das sich ausführlich mit diesen Faktoren befaßt). Um jedoch der Gruppenevangelisation und Gruppenbekehrung zu Hilfe zu kommen, stelle ich vier grundlegende Prinzipien vor, die, wenn sie sorgfältig beachtet werden,

für dieses komplexe, aber fruchtbare Evangelisationsverfahren sehr hilfreich sind. Diese vier Prinzipien lauten:
1. Die Relevanz der Botschaft und Gruppenevangelisation
2. Durchdringung mit dem Evangelium und Gruppenevangelisation
3. Kulturelle Anpassung und Gruppenevangelisation
4. Mobilisierung und Schulung der Gläubigen und Gruppenevangelisation

DIE RELEVANZ DER BOTSCHAFT UND GRUPPENEVANGELISATION

Man ist sich im allgemeinen einig, daß die christliche Botschaft zumindest teilweise von den Menschen verstanden werden muß, von denen man eine Reaktion erwartet. Dies ist der Grund, weshalb die Missionare die Sprache der Menschen lernen, zu denen sie gehen. Und dies ist auch der Grund, weshalb man die Bibel in die vielen und manchmal schwierigen Sprachen der Menschen übersetzt.

Das Evangelium spricht stark das Gewissen, aber nicht weniger stark den Verstand des Menschen an. Man beachte Ausdrücke im Neuen Testament wie 'überzeugen', 'überreden', 'wir wissen'. Die Botschaft muß für die Menschen einen Sinn geben. Sie muß für den Verstand faßlich, wenn auch nicht notwendigerweise begreifbar sein. Ohne dieses Verstehen bleibt sie ein Geheimnis, das von irgendeinem Medium 'verwaltet' wird. Dies ist dann nichts anderes als Magie unter christlichen Vorzeichen.

Das Evangelium wird immer auch 'überrational' sein, wie eben die christliche Botschaft übernatürlich ist. Es wird auch stets ein intuitives Element eine Rolle spielen, das mehr die Emotionen als das Erkenntnisvermögen anspricht. Auch der Wille des Menschen bleibt nicht unberührt, unangefochten und unbeteiligt. Aber wenn das Evangelium seinen Zweck erreichen soll, muß es für die Menschen einen Sinn geben. Die Botschaft muß relevant sein, muß bewußte Wünsche ansprechen und muß bestimmten Bedürfnissen entsprechen.

Die Menschen wollen gute Gründe hören, weshalb sie ihre Religion wechseln oder das Christentum annehmen sollen. Bevor das Christentum eine Bedeutung erlangen wird, muß es somit die Bereiche entdecken, in denen die Menschen schwere Enttäuschungen im Blick auf ihre Sehnsüchte und deren Erfüllung erlebt haben, in denen Bedürfnisse nicht befriedigt wurden und in denen Spannungen zwischen den Idealen und ihrer Realisierung bestehen. In den primitiven Gesellschaften betreffen solche inneren Spannungen meistens die täglichen Lebensbedürfnisse (Essen, Jagen, Fischen, usw.) oder Sehnsüchte, die durch die Beobachtung von Menschen, die außerhalb ihrer eigenen Gemeinschaft leben, entstanden sind und von ihrer Kultur und Religion nicht befriedigt werden können (Lesen und Schreiben lernen, um eine bestimmte Stellung zu erreichen oder Bürger 'ersten Ranges' zu werden).

In differenzierteren Kulturen nehmen die Frustrationen und Spannungen zu, da die Ideale und Sehnsüchte der Menschen ihrer Realisierung immer voraus sind. Leider sind die meisten dieser Ideale materialistischer Natur. Es ist eine ernste Frage, wie man das Evangelium für eine solche Mentalität relevant machen kann. Wenn wir aber die Aufmerksamkeit der Menschen fesseln und von der Masse gehört werden sollen, müssen wir irgend etwas Anziehendes finden.

Die erste Aufgabe ist also die Suche nach einem Anknüpfungspunkt, die Enthüllung von Sehnsüchten, Erwartungen, Frustrationen, Unausgewogenheiten und Spannungen. Dann muß sich der Reichsgottesarbeiter systematisch an die Arbeit machen, um durch die Verkündigung und sein Vorbild spezifische, erwünschte geistliche Bedürfnisse im Denken und in den Herzen der Menschen, denen er dient, zu wecken. Wenn er ein wirklicher Missionar ist, wünscht er nichts sehnlicher, als daß er bei den Menschen ein Verlangen weckt nach der Botschaft des Kreuzes und dem auferstandenen Herrn. Dieses Verlangen ist den Menschen nicht unbedingt bewußt oder in seinem Ausmaß klar. Der Missionar kann aber zuversichtlich auf gewissen unbestimmten, vagen Gefühlen, einem Bewußtsein eines Gottes, eines höheren Geistes oder von Sünde und Erlösung aufbauen. Diese Vorstellungen sind nicht klar definiert. Nur das Rohmaterial für ihre biblische Füllung ist vorhanden. Dieses Bewußtsein geht auf die Tatsache zurück, daß der Mensch im Bilde Gottes geschaffen wurde, gefallen ist und eine Bestimmung nach dem Willen Gottes, seine Erlösung eingeschlossen, hat. Im Wesen des Menschen und im Untergrund seines Bewußtseins liegen Gefühle begraben, die durch die Verkündigung des Wortes Gottes zu vollem Bewußtsein und zu dynamischer Kraft erweckt werden können.

Der Mensch trägt ein schwaches Bewußtsein von Schuld und Furcht vor dem Übernatürlichen, vor einer letzten Macht in sich, sei dies eine Person oder irgendein Objekt. Diese unbewußten, schwachen und unbestimmten Bedürfnisse bestehen in der Seele des Menschen fort und manifestieren sich in den Opfersystemen, Beschwörungen, Gebeten und anderen Riten in der Welt. Sie sind im wesentlichen ein Versuch, die Götter und die Geister zu besänftigen. Wir haben hier eine plumpe Form der Versöhnung. Man gibt nicht immer an, warum diese Besänftigung notwendig ist. Oft projizierte der Mensch seine Schuld und seine Angst, so daß er nun in den Charakter der Götter Böswilligkeit und Launenhaftigkeit hineinliest.

Bei der Verkündigung des Evangeliums in einer solchen Umgebung ist stets daran zu denken, daß das Kreuz seine Bedeutung vom Sinai her gewinnt und die Gnade ihre Herrlichkeit und Dringlichkeit vom Gesetz her erhält, das den Charakter und die Forderungen Gottes zum Teil offenbart. Das Kreuz wirkt nur dort die Erlösung, wo das Gesetz das Bewußtsein eines ethischen Gottes geschaffen hat, vor dem sich der Mensch schuldig und verloren weiß. Die Grundlage der Erlösung des Neuen Testaments ist der ethische Monotheismus des Alten Testaments.

Oft sprechen wir zu schnell von der frohen Botschaft des Evangeliums von Jesus Christus, ohne zu merken, daß die Bibel das Evangelium unter einem ganz bestimmten Gesichtspunkt sieht. Während im Neuen Testament die Frohbotschaft Gottes dominierend ist, die von dem Gott der Liebe, des Lichts und der Gerechtigkeit stammt, ist das Leitmotiv des Alten Testaments der ethische Monotheismus. Gott ist gut und heilig, so heilig, daß er die Ungerechtigkeit nicht sehen kann. Sünde ist persönliche Übertretung, Schuld und Befleckung, trennt Gott und den Menschen und verbannt den sündigen Menschen aus der Gegenwart Gottes. Der ethische Monotheismus läßt die Sünde mehr sein als menschliche Schwäche oder von der Umwelt verschuldeten Makel. Die Sünde verdient mit Recht den Tod. Der ethische Monotheismus macht das Kreuz notwendig und gibt diesem soteriologische Bedeutung. Ein rechtes Verständnis des ethischen Monotheismus ist deshalb die unabdingbare Voraussetzung für die Überzeugung, daß man das Evangelium braucht.

Wir vergessen zu oft, daß eine rechte, tiefgehende Vorstellung von Sünde nicht aus dem Herumhämmern auf der Sünde entsteht, sondern aus einer richtigen Vorstellung von Gott. Der Nachdruck unserer Verkündigung liegt deshalb nicht in erster Linie auf den Sünden der Menschen, sondern auf ihrer Gottesvorstellung.

Die Gottesvorstellung des Menschen bestimmt alles. Sie beherrscht und bedingt den Verlauf, die Einstellung und die Neigungen seines Lebens. Sie macht ihn zum Sünder oder zum Heiligen. Sie wird die Ursache für seine Flucht vor oder für seine Annäherung an Gott sein. Die Verkündigung des Kreuzes wird wenig bedeuten, wenn kein Gefühl der Schuld und der Verlorenheit vorhanden ist. Eine relevante Verkündigung des Evangeliums setzt ein Sündenbewußtsein voraus, das aus einem biblischen Gottesbild entsteht.

Die Botschaft des Evangeliums ist von allergrößter Bedeutung. Das Evangelium ist der himmlische Schatz, der uns anvertraut ist, damit wir ihn verständlich in der ganzen Welt bekannt machen. Wenn wir es in verständlicher Weise präsentieren wollen, muß es für den Menschen mit seinen Nöten und Bedürfnissen faßlich und auf ihn zugeschnitten sein. Es braucht Zeit und viel Weisheit, jene Spannungsfelder als Anknüpfungspunkte zu entdecken und ein Verlangen nach dem Evangelium Christi zu wecken. Wir brauchen Geduld und Ausdauer, müssen den

Menschen zuhören, eifrig und systematisch verkündigen und lehren, damit wir schließlich gehört werden. Die Botschaft muß 'kratzen wo es juckt', wenn sie für den einzelnen von Nutzen sein soll. Christliche und nichtchristliche Bewegungen bestätigen die Nützlichkeit und die praktische Anwendbarkeit einer relevanten Botschaft. Ich wies bereits auf die Botschaft von New Life For All in Nigeria hin.

Dr. Emilio Willems schreibt bezeichnenderweise: „Wenn wir die religiösen Bewegungen im Nordosten (von Brasilien) mit dem Auftreten der protestantischen Kirchen als Konfessionen vergleichen, scheinen ihnen zwei Merkmale gemeinsam zu sein. Die Anhänger bilden den Teil einer unterprivilegierten Masse von Menschen, deren sozioökonomische Situation sie für *die Botschaft* eines religiösen Führers empfänglich gemacht hat. *Die Botschaft* enthält beständig die Verheißung eines besseren Lebens. Diese Verbesserung verlangt beständig unmittelbare Veränderungen, deren wesentlicher Bestandteil eine enthaltsame Lebensweise ist."[1] (Hervorhebungen durch den Autor.)

Relevanz der Botschaft meint keine allgemeine Verkündigung der Bibel. Wir beginnen mit Akzenten, die das Evangelium setzt und die besonderen Eindruck machen, damit die Wahrheit, die am Anfang gepredigt wird, gewissermaßen als 'Keil' dient, um das Herz für die ganze Wahrheit Gottes zu öffnen. Kein Herz, keine Gesellschaft, keine Kultur ist so vollständig verschlossen, daß es unmöglich wird, einen Keil in sie hineinzutreiben. Wir müssen nur die Öffnung, die Spannungen, Frustrationen, Hoffnungen und Sehnsüchte in der jeweiligen Gesellschaft und Kultur entdecken.

Die Kultur eines Volkes ist eine unteilbare Einheit: sie ist ein System von Dogmen, Prinzipien und Gebräuchen, die alle miteinander zusammenhängen. Dies ist richtig, allerdings nicht absolut richtig. Die Kultur eines Volkes versucht, zu einer unteilbaren Einheit zu werden, erreicht es aber nie. Irgendwo hat ihre Struktur einen *verborgenen* Riß. Die Kultur eines Volkes ist ein Produkt menschlicher Arbeit, steht aber unter einem auf nichts zurückführbaren Einfluß, der nicht nachgeprüft werden kann, da er auf die Gnade Gottes zurückgeht ... Dieser geheimnisvolle Einfluß kann nicht der Tugendhaftigkeit des Menschen zugeschrieben werden, der Mensch ist für ihn nicht verantwortlich. Es ist nicht die Begabung, auch nicht die Würde des Menschen, es ist durch die Gnade Gottes.[2] (Hervorhebung durch den Autor.)

Wir haben die ernste Verantwortung, diesen 'Riß' zu finden und die Dynamik Gottes, das Evangelium, in ihm 'anzusiedeln'. Dann dürfen wir beten und zuversichtlich hoffen, daß diese Dynamik durch eine plötzliche Explosion oder durch eine allmähliche Ausbreitung schließlich die Herzen der Menschen für die Botschaft Gottes, das Evangelium von seiner Erlösung, öffnet.

Viele Erfahrungen und eingehende Untersuchungen bewiesen diese Tatsachen nachdrücklich. Ich sprach mit John Beekman von den Wycliff-Bibelübersetzern über die größeren Bewegungen unter verschiedenen Stämmen, die sie erlebt hatten. Ich bat Beekman, einige dynamische Faktoren solcher Bewegungen zu nennen. Ohne zu zögern, erwiderte er, daß der zentralste Faktor immer eine relevante Botschaft war, die Botschaft von einem Herrn, der von allen bösen Geistern befreien kann. An erster Stelle stand in den Herzen dieser Menschen nicht ein Schuldbewußtsein, sondern die Angst vor bösen Geistern. Sie sehnten sich nach einem Befreier. Ihn fanden sie in Jesus Christus, dem Herrn. Er zählte dann einige dieser Bewegungen in Mexiko und Peru auf, wo dies der Fall gewesen war.

Ähnliches gilt für die Menschen Lateinamerikas, auf die die Autorität Jesu Christi oder die Macht des Heiligen Geistes am stärksten wirkt. Vor allem gilt dies für die unteren Schichten, die noch an einem halben Animismus und am Spiritismus festhalten und von der Angst vor bösen Geistern gepackt sind. Diese Botschaft macht die große Anziehungskraft der Pfingstgemeinden in Lateinamerika aus. Diese Botschaft befreit den Menschen hier und jetzt von der Angst vor bösen Mächten.

Der Faktor der relevanten Botschaft wurde in den evangelistischen Bewegungen und den Untersuchungen über das Gemeindewachstum zu einem großen Teil unbeachtet gelassen. Wir schreiben diesen Tatbestand nicht einer Gleichgültigkeit gegenüber der Botschaft des Evangeliums zu. Man betrachtet es einfach als selbstverständlich, daß die Evangelikalen im allgemeinen und die Evangelisten im besonderen immer eine relevante Botschaft verkündigen, weil die Bibel ihre Grundlage ist. Nur selten sieht man, daß sie sich im Blick auf ihre Verkündigung nicht um die Menschen in ihrer psychologischen Verfassung, ihrem sozialen Streben, kulturellen Milieu und ihren religiösen Sehnsüchten kümmern. Deshalb ist ihre Botschaft für die Menschen, die sie erreichen wollen, relevant oder auch nicht. Eine fehlende Reaktion auf die Evangelisation ist nicht immer ein Anzeichen dafür, daß die Menschen Widerstand leisten und nicht ansprechbar sind. Es kann auch sein, daß die Menschen die Botschaft für nicht bedeutungsvoll halten, weil sie entweder in einer ungewohnten, fremden Weise präsentiert wird oder nicht 'sitzt', nicht ins Ziel trifft.

Kapitel 29

DURCHDRINGUNG MIT DEM EVANGELIUM

Wir sprachen von der relevanten Botschaft und ihrer verständlichen Präsentation. Der Mensch muß die Botschaft zumindest teilweise verstehen und sie für bedeutungsvoll erachten, wenn er sie annehmen soll.

Die Gruppenevangelisation hat aber noch eine Dimension. Wir können uns kaum vorstellen, wie lange der Mensch braucht, um den Wert des Evangeliums zu erkennen. Die Beschränktheit des menschlichen Herzens und die Unklarheit des menschlichen Verstandes in geistlichen Dingen sind schwer zu begreifen. Aber dies ist nun einmal so. Paulus nennt es geistliche Blindheit. Er erklärt: „Wenn aber unser Evangelium doch verdeckt ist, so ist es nur bei denen verdeckt, die verlorengehen, den Ungläubigen, bei denen der Gott dieser Welt den Sinn verblendet hat, damit sie den Lichtglanz des Evangeliums von der Herrlichkeit Christi, der ein Abbild Gottes ist, nicht sehen" (2. Kor. 4,3.4).

Wenige bekehren sich, wenn sie das Evangelium zum ersten Mal hören. In der Missionsgeschichte rechnet man im allgemeinen mit Jahren geduldiger und harter Arbeit unter Tränen und unter Gebet, bis sichtbare Ergebnisse verzeichnet werden können. Noch nicht lange zurückliegende Unterredungen mit zirka achtzig Mohammedanern, die sich bekehrt hatten, zeigten, daß der Mohammedaner im Durchschnitt das Evangelium ungefähr 240 Mal gehört hatte, ehe sein Herz und sein Gewissen so ergriffen waren, daß er sich Jesus zuwandte. Auch wenn die Reaktion auf das Evangelium sehr verschieden ist, ist es doch eine Illusion, zu meinen, daß die Menschheit erwartungsvoll auf den Boten des Evangeliums wartet, der ihnen die Frohbotschaft bringt. Im allgemeinen hat man mit Widerstand zu rechnen. Zumindest müssen wir uns auf solche Situationen einstellen.

Ich bin mir sehr wohl der Tatsache bewußt, daß die heutigen Missionsgebiete und Völker unterschiedlich sind. Wir sind von großen Menschenmengen umgeben, die für das Evangelium relativ offen sind und ein hohes Potential darstellen. Diese Gebiete sollten in Besitz genommen und angriffslustig evangelisiert werden. Sie werden nicht ewig auf das Evangelium warten. Sie werden sich entweder verhärten oder von irgendeiner anderen Philosophie oder Bewegung in Beschlag genommen werden. Die rasche Ausbreitung des Kommunismus geht in der Tat zum Teil auf die Schwerfälligkeit der Gemeinde Jesu zurück, die oft allzu langsam mit dem Evangelium in solche potentiellen Gebiete ging. Auf der anderen Seite sind Völker, die großen Widerstand leisten. Es ist äußerst tragisch, daß die Missionen heute so institutionalisiert sind, daß sie den Vorteil der offenen, zur 'Ernte' reifen Arbeitsgebiete in der Welt nicht ausnützen können. Aber die Betonung der potentiellen Gebiete sollte uns nicht von der 'Besitzergreifung' der Widerstand leistenden Gebiete abhalten. Die Verschiebung in die 'Erntefelder' darf nicht auf die Kosten der anderen Arbeitsgebiete gehen, auch wenn sie absolut notwendig ist. Sie sollte vielmehr auf Kosten der großen Reserven zu Hause und der vielen ungenutzten Laien in den verschiedenen Feldern gehen. Wir dürfen nie vergessen, daß der heutigen 'Erntesituation' ein langer, ermüdender Arbeitseinsatz vorausging. Es gibt eine Zeit des Säens und es gibt eine Zeit des Erntens. Unser Herr lehrte dies ausdrücklich, der ja die natürlichen und geistlichen Gesetze kennt und dem die Situation auf den Arbeitsfeldern der Erde gut bekannt ist (Joh. 4,35—38). Nicht jedes Feld ist sofort ein Erntefeld.

Aus diesem Grund ist es ratsam, sich einen planmäßigen, progressiven Prozeß der Durchdringung mit dem Evangelium auszudenken, bevor man mit der aggressiven Konfrontation in der Evangelisation beginnt. Dies trifft besonders dann zu, wenn wir Gruppenevangelisation und Gruppenbekehrungen anstreben.

Wir können die Evangelisierung noch unerreichter Gebiete in vier aufeinanderfolgende Schritte zerlegen: (1) Präsentation, (2) Durchdringung, (3) Durchsetzung und (4) Konfrontation.

Die verständliche Mitteilung der Botschaft Gottes ist notwendig, wenn sie hinreichend verstanden und für die Menschen bedeutungsvoll werden soll. Langsam beginnt sie in die Herzen der Menschen, die Gesellschaft und die Kultur einzudringen. Die Durchdringung, die durch häufige Wiederholung derselben Wahrheiten zunimmt, führt schließlich zur Durchsetzung mit dem Evangelium.

Dieser Prozeß der 'Sättigung' läßt sich kaum beschleunigen. Es braucht Zeit, bis die Botschaft aufgenommen, verdaut und erwogen ist. Sie ist für die Menschen ja so neu, so anders. Einzelne, Familien und andere soziale Gruppierungen müssen vom Evangelium durchsetzt sein, ehe Aussprachen stattfinden und Entschlüsse gefaßt werden können. Eine Beschleunigung des Prozesses kann die Bewegung aufhalten und das Ziel der Gruppenbekehrung zunichte machen. Die Konfrontation sollte eigentlich erst dann beginnen, wenn die Durchsetzung einen bestimmten Grad erreicht hat, Erwägungen angestellt wurden und Aussprachen stattgefunden haben. Die 'Sättigung' ist für eine bedeutungsvolle Konfrontation und für echte Entscheidungen unabdingbare Voraussetzung.

Die Evangelisation beschränkt sich heute zum großen Teil auf die Konfrontation. Dies ist in Gebieten und bei Menschen angebracht, wo das Fundament gelegt ist und der Ratschluß Gottes schon gelehrt wurde.

Aber Konfrontation ohne die notwendige 'Sättigung' ist vergeblich. Man hat vielleicht zahlreiche Reaktionen und 'Bekehrungen', aber wenig echte Wiedergeburt und bleibende Resultate. Dieses Versagen ist nicht einer unaufrichtigen Motivation derer zuzuschreiben, die wieder aufgeben, sondern geht ganz einfach darauf zurück, daß der Same der Wiedergeburt fehlt und die Neugeburt nicht stattfindet.

Über erfolgreiche Nacharbeit wurde viel gesagt. Wir wiesen auf die Tatsache hin, daß viele Bekehrungen nicht unbedingt mit ebenso vielen potentiellen Anwärtern für die Mitgliedschaft in der Gemeinde gleichzusetzen sind. Diese Betonung der Nacharbeit ist gut und angebracht. Die Nacharbeit kann nicht stark genug betont werden. Sie ist aber nicht die ganze Lösung, vielleicht nicht einmal, wenigstens auf den sogenannten Missionsfeldern, die wichtigste.

Eine sorgfältige Vorbereitung mit der Durchdringung und Durchsetzung sowie die Entwicklung neuer, biblischer Vorstellungen von Gott, Sünde und moralischer Verantwortlichkeit vor der Konfrontation sind mindestens ebenso wichtig wie ein gutes Nacharbeitsprogramm nach der Konfrontation. Die 'Urbarmachung' der einzelnen Herzen sowie der gesamten Gesellschaft durch sorgfältige Kommunikation, tiefe Durchdringung und gründliche Durchsetzung ist absolut notwendig, wenn eine echte Konfrontation und wohlüberlegte Entscheidungen stattfinden sollen.

Das Ausbleiben der Konfrontation nach erfolgter 'Sättigung' kann aber der Gesellschaft und dem einzelnen psychologisch schaden. Es kann eine psychologische Anpassung an die Forderungen des Evangeliums stattfinden. Dieser Vorgang macht die Botschaft schließlich bedeutungslos und kraftlos. Diese Gefahr ist genauso vorhanden wie die vorschnelle Konfrontation. Sie ist besonders dort vorhanden, wo man stark die christliche Erziehung betont und nicht richtig und rechtzeitig zur Entscheidung ruft. Diese Gefahr hängt wie eine dunkle Wolke über vielen christlichen Institutionen auf den Missionsfeldern, wo der 'Religionsunterricht' oft nur noch ein weiteres Fach auf dem Stundenplan ist. Wir brauchen viel Weisheit und tiefe geistliche Erkenntnis und Leitung, den richtigen Zeitpunkt zu erkennen, wo wir die Menschen sehr bestimmt mit dem Anspruch Christi konfrontieren und sie zu einer klaren Entscheidung für Jesus führen sollen und können.

Wir wiesen bereits darauf hin, daß das Kreuz nur dort relevant und für den einzelnen bedeutsam wird, wo der ethische Monotheismus das Denken und Gewissen des Menschen gepackt hat. Im Durchsetzungsprozeß sollte man sich auf den ethischen Monotheismus konzentrieren, um den Menschen ein wahres und biblisches Gottesbild zu vermitteln. Wenn der Mensch die Sünde als solche erkennen und das Bewußtsein der eigenen Verantwortlichkeit im Menschen wirksam werden soll, ist dies absolut notwendig. Diese Grundbegriffe sollten von der Bibel her deutlich veranschaulicht und von verschiedenen Standpunkten aus dargelegt werden, damit sie dem moralischen Gewissen und Bewußtsein des Menschen und der Gesellschaft unauslöschlich eingeprägt werden. Erst wenn diese Begriffe klar sind, wird der Mensch sehen, daß er einen Retter braucht, und bußfertig und gläubig seinen Namen anrufen.

Ein großer Teil des Ringens auf moralischem Gebiet in den Gemeinden, die einen heidnischen Hintergrund haben, ist das Ergebnis einer ungenügenden und verzerrten Vorstellung von dem Gott der Heiligkeit und Gerechtigkeit. Bei vielen Menschen fehlt diese Vorstellung völlig. Weil wir es unterlassen haben, das biblische Gottesbild dem Verstand und dem Gewissen des Menschen einzuprägen, hat der Mensch eine oberflächliche Auffassung von Gott als Liebe, eine Liebe, die mehr mit Sentimentalität zu tun hat als mit Heiligkeit. Daraus entstand folgerichtig eine oberflächliche Auffassung von Sünde und moralischer Verantwortlichkeit. In der Gottesvorstellung entscheidet sich der Kampf um Erneuerung, Heiligung und Hingabe. Eine klare Vorstellung und eine tiefe Durchdringung mit dem Gott der Heiligkeit und Gerechtigkeit wird zu einem tiefen Verständnis von Versöhnung und Gnade und zu einer tiefen Reue über die Sünde führen. So bekommen wir eine echte Motivation für die persönliche Heiligung und Hingabe. Wir wollen uns vergewissern, ob die Fundamente unserer Evangelisationsprogramme tief und dauerhaft sind und die Konfrontation auf einer rechten 'Sättigung' aufbaut.

Das Prinzip der 'Sättigung' mit dem Evangelium durch verständliche Kommunikation, Durchdringung und Durchsetzung kann am besten anhand des Dienstes unseres Herrn in Galiläa und Judäa erläutert werden. Drei Jahre lang streute er treu die Saat aus. Es fand relativ wenig direkte Konfrontation statt, obwohl seine Forderungen klar und deutlich waren und die Bedingungen der Jüngerschaft fest umrissen und genau bezeichnet waren. Auch Beispiele für direkte Konfrontation fehlen nicht. Sein wiederholter Befehl „Folge mir nach" war direkt und präzise.

Aber im allgemeinen strebte Jesus anscheinend nicht so sehr eine direkte Konfrontation an. Die Juden warfen ihm sogar vor, er sei nicht entschlossen genug und würde sie hinhalten (Joh. 10,24). Es ist ernsthaft zu bezweifeln, ob diese Vorwürfe berechtigt waren. Ihr Problem scheint eher auf die Beschränkung ihrer geistlichen Unterscheidungsfähigkeit zurückzugehen als auf die Unbestimmtheit des Anspruches und der Forderungen Jesu. Trotzdem scheint dieser Vorfall darauf hinzudeuten, daß Jesus mehr die 'Sättigung' als die Konfrontation anstrebte. Er verschob die Konfrontation und machte sie zum Auftrag der Verkündigung der Apostel und der Evangelisationsarbeit der Laien nach Pfingsten. Diese kamen in ein „Feld, weiß zur Ernte", und aus den Berichten des Lukas, die von einer großen Vermehrung der Gemeinden in Judäa, Samaria und Galiläa sprechen, geht hervor, daß sie in der Konfrontation nicht versagten (Apg. 9,31). Bald nach Pfingsten entstand eine beträchtliche Anzahl neuer Gemeinden. Sie waren in der Tat in ein Erntefeld gekommen, in dem nicht sie selbst, sondern andere vor ihnen gesät hatten.

Heute ist Lateinamerika eine Veranschaulichung dieses Prinzips. Auf keinem anderen Missionsgebiet der Erde haben Bibelkolporteure treuer und umfassender gearbeitet als in Lateinamerika. Kein Missionsfeld hat heute so viele Radiomissionsstationen (zirka 28) und über öffentliche und private Stationen ausgestrahlte Radioprogramme wie Lateinamerika. Die Botschaft Gottes wird über diesen Kontinent ausgegossen wie über keinen anderen Kontinent der Welt, Nordamerika ausgeschlossen. Täglich erleben zahllose Menschen, Dörfer und soziale Gruppierungen die Kommunikation und Durchdringung mit dem Ziel der Durchsetzung. Lateinamerika, zumindest die unteren Schichten der Gesellschaft, ruft heute nach einer taktvollen Konfrontation, die der Psychologie und Soziologie Lateinamerikas kulturell angepaßt ist. Lateinamerika ruft nach einer relevanten Botschaft und einem funktionalen Dynamismus, damit eine riesige Anzahl von Menschen, die für das Evangelium äußerst empfänglich sind, 'abgeerntet' wird.

Japan und einige Gebiete Afrikas entwickeln sich rapide zu einer ähnlichen Situation. In diesen Teilen der Welt erwarten große Dinge die Gemeinde Gottes. Es sollte möglich werden, ganze Familien, Gemeinschaften und ganze soziale Gruppierungen und Berufsstände in die Herde Christi zu führen, wenn sich die evangelikalen Kräfte nur bereitmachen, die Prinzipien der Gruppenevangelisation zu erfassen, diese Prinzipien und Methoden sorgfältig anzuwenden, sich kulturell anzupassen und Wege und Mittel zu finden, das Evangelium im Rahmen ihrer eigenen Kultur und in Übereinstimmung mit ihrer Psychologie und Soziologie verständlich weiterzugeben.

Für eine bedeutungsvolle Konfrontation ist die 'Sättigung' von großer Bedeutung. Für die Gruppenevangelisation und für Gruppenbekehrungen wird sie absolut zwingend. Ohne eine 'Sättigung' mit dem Evangelium ist die Gruppenbekehrung unmöglich. Wir drängen deshalb auf eine sorgfältige 'Sättigungsarbeit', ohne dabei die bedeutungsvolle Konfrontation zu versäumen.

Die verlängerten Good News Kreuzzüge der Assemblies of God verdienen im Licht des Prozesses Präsentation, Durchdringung, Durchsetzung und Konfrontation eine besondere Beachtung und Untersuchung. Sie scheinen in einzigartiger Weise von Gott gesegnet zu sein, indem sie größere Prozentsätze von Bekehrungen aufweisen als die meisten Kreuzzüge überhaupt erreichen.

Kapitel 30

KULTURELLE ANPASSUNG

Die Kultur ist eine harte Realität. Sie erstreckt sich so weit wie der Mensch sich ausbreitet und ist so umfassend wie seine Lebensweise, seine Gedanken, Gefühle und Beziehungen. Sie ist die alles einschließende, nicht-biologische Atmosphäre seines Seins und beinhaltet Richtlinien, die sein Leben erträglich machen und sein tatsächliches Wesen formen. Ohne die Kultur ist der Mensch nicht wirklich Mensch, und trotzdem gehört sie nicht zum Wesen seines Seins. Aber sie ist ein Teil von uns, ist in uns. Wir sind uns ihrer Anwesenheit nicht voll bewußt und können sie nicht völlig ausmessen. Sie ist das allgegenwärtige Meer, in dem wir uns befinden und das uns so lange formt, bis sie unser Lebensstil geworden ist. Wir verwirklichen die Kultur im Leben. Der Mensch ist ein Kind und ein Gefangener seiner Kultur, die er im allgemeinen schätzt.

Die Kultur ist nicht leicht zu definieren. Am einfachsten kann man sie als das nicht-biologische Erbe des Menschen bezeichnen. Grundsätzlich setzt sie sich zusammen aus
1. einem System von Überzeugungen,
2. Verhaltensweisen und Verhaltensmustern, die in direkter Beziehung zu diesem System von Überzeugungen stehen,
3. einem daraus resultierenden Lebensstil, sozialen Beziehungen, psychologischer Verfassung, Einstellung und Geschmack, Gefühle, Wertsystem, Denkweisen, Anlage und Inhalt des Lebens und Weltanschauung.

Wir können uns diesen Sachverhalt in dem Diagramm auf der folgenden Seite veranschaulichen.
Um das Netz unserer Beziehungen zu verstehen, teilen wir die Kultur nach Gruppen ein und erklären dann ihr Grundprinzip.

KULTURTYPEN

Vom Standpunkt der gesellschaftlichen Beziehungen aus kann man die Kulturen in *vier verschiedene Typen* einteilen:

Erstens: *Die Kultur des Individualisten.* In dieser Kultur ist jede Person in hohem Maße durch ihre individuelle Moral und ihre soziale Verpflichtung charakterisiert, die größeren Entscheidungen des Lebens selbst zu treffen, sich seiner eigenen Verantwortlichkeit bewußt zu sein, seinen eigenen Weg zu gehen und seine eigenen Ziele zu verfolgen.

Daraus resultierender
Lebensstil,
unsere Kultur,
unsere Gesellschaft

Leben und
Weltanschauung

Verhaltensweisen und
Verhaltensmuster,
die in direkter
Beziehung zu
diesen Über-
zeugungen
stehen

System von
Überzeugungen

Sozialer Determinismus ist minimal (im wesentlichen im Abendland).

Zweitens: *Die Kultur der Familie.* Hier ist die Familie eine äußerst stark verbundene Einheit; der Vater (oder die Mutter) trifft die Entscheidungen und hat die bestimmende Autorität. Hauptkennzeichen dieser Kultur sind Ehrfurcht der Kinder vor den Eltern und Zusammenhalt der Familie (im wesentlichen im Osten).

Drittens: *Die Kultur der Gemeinschaft.* Hier ist die Gemeinschaft oder das Dorf die entscheidende Einheit. Selbst wenn die Gesellschaft vielschichtig ist, muß jede Schicht ihre Funktion in der Gemeinschaft ausüben, damit eine richtige Erfüllung der kommunalen Pflichten, Fortschritt und Sicherheit gewährleistet sind. Die Gemeinschaft kann geographischer oder gesellschaftlicher Art sein (im wesentlichen mohammedanisch).

Viertens: *Die Kultur des Stammes.* Hier wird die Gesellschaft durch ein Geflecht realer oder imaginärer Beziehungen zusammengehalten. Der einzelne geht in der Gruppe fast völlig unter. Der Stamm ist ein Volk (im wesentlichen afrikanisch).

Die Kultur ist bei allen diesen Typen von den folgenden Eigenschaften gekennzeichnet:

Die Kultur ist die pragmatische Einstellung des Menschen zum Leben. Sie ist ein anpassungsfähiger Mechanismus und als solcher ein System gebrauchsfertiger Lösungen für die Spannungen und Probleme, die der Gruppe und dem einzelnen entgegentreten.

Die Kultur ist die moralische Einstellung des Menschen zum Leben. Sie ist eine Verkörperung der Gesamtsumme der Werte und Werturteile einer Gruppe, die in der Einstellung gipfeln, daß meine Kultur die richtige und die beste ist. Sie ist ein Ausdruck der sich steigernden Weisheit der Zeiten.

Die Kultur ist die rationale Einstellung des Menschen zum Leben. Sie ist ein auf einer Reihe von Voraussetzungen errichtetes Gebilde. Jede Kultur ist die Verkörperung einer Weltanschauung und Lebensauffassung. Sie hat eine subjektive Bedeutung und Absicht. Sie ist rational, natürlich und für die Menschen meistens heilig.

Die Kultur ist die soziale Einstellung des Menschen zum Leben. Das gemeinsame gesellschaftliche Erbe fördert den Zusammenhalt und die Solidarität, die Sicherheit, Harmonie und den Bestand des Lebens der Gruppe verbürgen.

Die Kultur ist die institutionelle Einstellung des Menschen zum Leben. Sie ist institutionalisierter, funktionaler Lebensstil, der stabil, aber auch dynamisch ist und in der ständigen Spannung zwischen Anpassung und Erhaltung steht.

Die Kultur ist die organische oder funktionale Einstellung des Menschen zum Leben. Sie ist ein organisches Ganzes, dessen Bestandteile

man ohne Beachtung ihres gesellschaftlichen und kulturellen Kontextes nicht richtig verstehen kann. Jede Tradition oder Gesetzmäßigkeit kann nur im Lichte ihrer Beziehungen zu anderen Elementen der Kultur richtig beurteilt werden. In der Kultur bringt der Mensch sein Verlangen nach Reichhaltigkeit, Vollständigkeit und Vollkommenheit zum Ausdruck.
Die Kultur ist die religiöse Einstellung des Menschen zum Leben. Sie ist ein Entwurf des Lebens, der den Menschen in Beziehung setzt zu dem Geheimnisvollen und den Kräften der Natur, um diese zum Nutzen des Menschen zu beherrschen und die Bedrohung einer unsichtbaren, aber doch wahrnehmbaren Welt abzuwehren. Sie ist der Entwurf des Menschen, der ihn in einen bedeutungsvollen Zusammenhang mit dem bringen soll, das für ihn das Letzte ist.

Die Kultur darf nicht geringschätzig geachtet werden. Sie macht das Leben möglich, erträglich und lohnend. Sie verleiht ihm einen Sinn und einen Zweck. Sie ist die gesellschaftliche, moralische, rationale und heilige Grundlage des Lebens und verbürgt die Regelmäßigkeit und Kontinuität des Lebens der Gruppe, so wie die Zeugung die biologische Kontinuität eines Volkes garantiert. Bei animistischen Völkern ist sie doppelt wichtig, die sich gesellschaftlich und kulturell mit ihren verstorbenen Vorfahren verbunden glauben, deren Lebensgewohnheiten im Jenseits unveränderlich seien. Sie werden deshalb jeder durchgreifenden Veränderung Widerstand entgegenbringen.

Angesichts des eben Ausgeführten ist es fast unsinnig, von einem Volk zu erwarten, daß es sozusagen aus seiner Kultur heraustritt und unserer Botschaft zuhört, die im Rahmen und im Wertsystem unserer eigenen Kultur vorgetragen wird, auch wenn wir ihren Wortschatz verwenden. Wenn wir die Menschen mitnehmen und in den Bereich des Christentums bringen wollen, daß sie schließlich Jesus Christus als ihren Herrn anerkennen, müssen wir uns zuerst unter diese Menschen begeben. Der Reichsgottesarbeiter muß kulturelle Anpassungen, gesellschaftliche Identifikation und religiöses Einfühlungsvermögen so weit wie möglich anstreben, ohne dabei seine eigene Identität zu verlieren. Alle Methoden, Arbeitsweisen sowie die Kanäle und Anlagen der Kommunikation sind der Kultur anzupassen. Alles Fremdartige muß soweit wie möglich entfernt werden, ohne dadurch die Botschaft des Evangeliums zu gefährden. Wenn das Christentum die Menschen anziehen soll, müssen sie sich wie zu Hause fühlen.

Das Prinzip der kulturellen Anpassung, der gesellschaftlichen Identifikation und des religiösen Einfühlungsvermögens erhielt in Jesus Christus, wie er unter den Menschen lebte, wie er lehrte und wie er seine Wunder vollbrachte, eine konkrete Form. Er war für sein Volk in kultureller, gesellschaftlicher oder religiöser Hinsicht kein Fremder. Er lebte und wirkte unter den Menschen, aber doch auch über ihnen, um sowohl ihr fesselnder Lehrer als auch ihr Retter zu sein. Jesus sagt seinen Möchtegernjüngern: „Einem Fremden aber folgen sie (die Schafe) nicht nach, sondern fliehen vor ihm; denn sie kennen der Fremden Stimme nicht" (Joh. 10,5).

Diese Aussage bezieht sich nicht nur auf eine falsche Theologie oder auf falsche religiöse Führer. Sie kann sich auch auf ehrliche Missionare beziehen, die kulturell und gesellschaftlich, oft sogar auch im Herzen, für das Volk Fremde bleiben, dem sie eigentlich dienen wollten. Wir müssen unsere Fremdartigkeit, so weit wie es menschlich möglich ist, ablegen und mit dem Volk eins werden, bis wir mit Paulus sagen können: „Ich bin allen alles geworden, damit ich auf alle Weise etliche rette."

Die kulturelle Anpassung ist von größter Bedeutung. Der Grad ihrer Durchführung wird in großem Maße den Grad der in einer Bewegung vorhandenen Dynamik und der Leichtigkeit des Kommunikationsflusses bestimmen. Kulturelle 'Straßensperren' und gesellschaftliche Verteidigungsmechanismen können sehr große Hindernisse für das Evangelium sein. Durch kulturelle Anpassung und gesellschaftliche Identifikation können diese verkleinert werden.

Wir sollten uns jedoch nicht der Täuschung hingeben, als ob solche Methoden die dem Menschen angeborene Feindschaft gegen Gott vollständig beseitigen und das Kreuz von Natur aus erstrebenswert machen würden. Das wird nie der Fall sein. Das Herz des Menschen ist verfinstert, böse und Gott feindlich gesinnt. Nur das gnädige, übernatürliche Wirken des Heiligen Geistes kann diese Gegenwehr durchbrechen. Aber die kulturelle Anpassung und gesellschaftliche Identifikation sollten uns den Zugang zu den Menschen erleichtern und uns Gehör verschaffen.

Dann müssen wir auch daran denken, daß keine Kultur absolut neutral oder ein geeignetes Gefäß für das Christentum ist. Das Evangelium beinhaltet das Gericht über alle Kulturen. Das Kreuz Jesu offenbart sich überall. Keine Kultur bleibt unversehrt, wenn Jesus einzieht. Er ist der große Umgestalter. Überall, wo Jesus lebt und regiert, findet eine Erneuerung des Herzens und der Kultur statt.

KULTURELLE ANPASSUNG UND GEMEINDESTRUKTUR

Wie die kulturelle Anpassung das Leben des Missionars und die Mitteilung des Evangeliums beeinflußt, berührt sie auch die Organisation der Gemeinde. Dieser Aspekt ist wichtiger als man sich oft bewußt ist. Er ist tatsächlich mit ein Grund für die rasche Ausbreitung der Pfingstgemeinden in vielen Teilen der Welt. Deshalb befassen wir uns mit dem Verhältnis zwischen Gemeindestruktur und bestehender Kultur.

Die Gemeinde Jesu Christi ist ein lebendiger, dynamischer und funktionaler Organismus. Als Leib Jesu empfängt er sein Leben, seine Einheit, seine Funktion, seinen Zweck und seine Dynamik von Jesus Christus durch seinen innewohnenden Geist. Sein Leben manifestiert sich mehr in den Beziehungen als in der Struktur. Natürlich sind die Organismen auch alle organisiert und haben eine strukturierte Form. Deshalb muß jede Struktur in der Gemeinde dem zielgerichteten Funktionalismus untergeordnet sein. Die Bibel ist an der Gemeindestruktur als solcher nicht interessiert. Die Struktur muß die Funktion steigern, fördern, stärken, vervollkommnen und kanalisieren, nie hemmen.

Damit die Organisation in dieser Weise fungieren kann, ist es von größter Bedeutung, daß man mindestens in beschränktem Maße die Eigenart und die Funktion der Gemeinde erkennt. Obwohl sie schwer zu definieren oder zu beschreiben sind, werden wir es doch kurz versuchen.

Die Gemeinde ist, einfach ausgedrückt, *eine mehr oder weniger permanente, relativ beständige Gemeinschaft von Gläubigen,* (1) die gemeinsam Gott anbeten; (2) die durch eine geltende Ordnung und durch gemeinsame Erfahrungen, Überzeugungen, Bräuche, Absichten, Werte und Ziele verbunden sind; (3) die in Übereinstimmung mit dem Worte Gottes, wie es von ihnen verstanden wird, leben; (4) die mit Gott durch Jesus Christus im Heiligen Geist in rechter Weise miteinander verbunden sind; (5) und die miteinander als Glieder ein- und derselben Gemeinschaft in rechter Weise verbunden sind.

Auch wenn es das Vorrecht einer solchen Gruppe ist, ihre verschiedenen Funktionen selbst im einzelnen zu bestimmen, dürfen bestimmte grundlegende Aspekte nicht fehlen, wenn es eine neutestamentliche Gemeinde sein soll. Diese Minimalfunktionen sind: (1) Gemeinschaft (*koinonia*) zur Anbetung Gottes und zur Auferbauung der Glieder des Leibes Christi. Dieser Prozeß umfaßt die Unterrichtung im Wort Gottes sowie die Lebensgestaltung gemäß dem Wort Gottes. (2) Zeugnis (*martyrion*). Dieser Begriff kommt im Neuen Testament in seinen verschiedenen Formen 173mal vor. Oft bezieht er sich auf die Bekanntmachung der Bedeutung und der Botschaft des Evangeliums Jesu Christi im Leben des einzelnen Gläubigen und im kollektiven Leben der Gemeinde als erfahrungsmäßigem Bereich. Das Zeugnis spielte im Leben der frühen Kirche eine bedeutende Rolle. Jesus machte seine Jünger vor allem zu Zeugen. (3) Verkündigung (*kerygma*). Dies ist die Proklamation des Wortes Gottes zur Erbauung der Gläubigen sowie die Auslegung des Evangeliums zur Bekehrung der Sünder. (4) Dienst (*diakonia*). Dieser bedeutungsvolle und dynamische Begriff kommt über 100mal im Neuen Testament vor. Die Gemeindestruktur muß diese funktionalen und dynamischen Konzepte — Gemeinschaft, Zeugnis, Verkündigung,

Evangelisation und Dienst — intensivieren. Sie muß ihre Entfaltung, Durchführung und Weiterentwicklung fördern und beschleunigen.

Die Struktur, die mehr dienen als beherrschen soll, wird deshalb einige bezeichnende Merkmale aufweisen. Wir fassen sie in drei Abschnitte zusammen.

Sie muß funktional sein. Als solche ist sie flexibel, anpassungsfähig und zweckdienlich. Die Organisation hat keinen Selbstzweck, sie ist nicht für sich selbst da. Sie will nur dienen und hat kein Verlangen, sich selbst zu verewigen. Sie strebt keine Beständigkeit an — außer der Beständigkeit ihrer Funktionalität und ihrer Nützlichkeit für den Organismus, dem sie dient.

Sie muß minimal sein. So vermeidet sie das Problem, daß die Menschen verwirrt und von dem Wesentlichen, der Funktion der Gemeinde, abgelenkt werden. Dieses Prinzip zeigt sich im Dienst des Apostels Paulus und im Wirken der von ihm gegründeten Gemeinden sehr deutlich. Es ist bemerkenswert, daß Paulus im Blick auf einige Gemeinden nur ein einziges Amt erwähnt, während wir bei anderen Gemeinden zwei Ämter finden. Manche kommen sogar auf drei Ämter.

Lukas berichtet, daß Paulus anläßlich seines Besuches der ersten Gemeinden, die er in Pisidien gegründet hatte, in jeder Gemeinde Älteste einsetzte. Von Diakonen wird nichts erwähnt. Auch Titus erhielt den Auftrag, in jeder Stadt Älteste zu bestimmen. Die Gemeinden waren noch nicht so weit, daß sie zwei Arten von Dienern brauchten. In den Gemeinden, in denen Timotheus arbeitete, war die Situation anders; dort finden wir neben den Ältesten auch Diakone. Das Minimum war für Paulus anscheinend die Norm und das Ideal.

Sie muß natürlich (einheimisch) sein. Wir müssen uns bewußt sein, daß an einem bestimmten Strukturplan nichts heilig ist. Dies gilt für die freien Gemeinden wie für die hierarchischen Landeskirchen. Nicht die Quantität oder die Form, sondern die Qualität ist entscheidend.

Die Struktur ist kulturbezogen und muß, wenn sie wirkungsvoll sein soll, der Kultur eines Volkes angepaßt sein. Man kann in einer Bischofskirche, aber genauso gut in einer freien Gemeinde Bruder sein. Und man kann in beiden Systemen gleich diktatorisch sein. Es ist möglich, in jeder beliebigen Form der Gemeindestruktur das allgemeine Priestertum der Gläubigen zu praktizieren. Dies ist eine Sache der geistlichen Einstellung und der Dynamik, nicht der Anlage der Struktur. Die Qualität wird von der Herzenseinstellung des Menschen bestimmt, nicht notwendigerweise von der Anlage der Struktur. In diesem Bereich wird die Struktur wichtig.

In bezug auf die Funktion ist dies anders. Sie hängt mit der Offenbarung zusammen und ist festgelegt. Sie ist absolut und bleibend. Die entscheidende Frage im Blick auf die Struktur ist, welches Modell für eine gegebene Kultur am besten paßt und Übergriffe auf die Funktion der Gemeinde vermeidet. Welche Struktur schafft eine Atmosphäre der Geborgenheit und Natürlichkeit? Welche Struktur macht am sichersten und schnellsten die Selbstverwaltung möglich?

Die Strukturtypen der abendländischen Kirchen haben wie sonst vielleicht kein anderer Faktor zu dem Vorurteil gegen die Ausbreitung des Evangeliums unter den denkenden Menschen außerhalb des Abendlandes geführt, die Fremdheit der Gemeinde Jesu in der nicht-abendländischen Welt gefördert und die neuen und noch jungen Kirchen gebunden. Der Zwang der Organisation hat oft den dynamischen Funktionalismus unterdrückt, und viele Kirchen sind Kopien ihrer trägen Mutterkirchen. Der Funktionalismus konnte nur hier und da durchbrechen und eine Dynamik freimachen, die zu einem allgemeinen Vorstoß der Kinder Gottes führte.

Es ist auch darauf hinzuweisen, daß die Betonung der absoluten Selbständigkeit der Lokalgemeinde seitens der Amerikaner sehr viel mehr ursächlich als biblisch bestimmt ist; sie ist theologisch ernstlich umstritten, wie es auch das hierarchische System ist. In der Bibel finden wir ein wunderbares Gleichgewicht von gegenseitiger Abhängigkeit und Unabhängigkeit. Im allgemeinen kommen die verbundenen, voneinander abhängigen Gemeinden auf dem Missionsfeld besser voran als die völlig selbständigen Gemeinden. Es ist noch nicht geklärt, ob dieser Tatbestand auf einen kulturellen Überrest, oder auf ein Minoritätsbewußtsein, das Menschen gleicher Erfahrung miteinander verbindet, oder auf eine gründlichere Verwirklichung des Leibes Christi zurückgeht. Die Tatsache aber bleibt bestehen, daß isolierte Gemeinden sich selten kräftig entwickeln oder schnell ausdehnen. Anscheinend spielt die Struktur eine sehr wichtige Rolle bei der Ausbreitung der Gemeinde, wenn sie in den den Menschen angeborenen Bahnen verläuft.

Anmerkung: Wenn man das Argument anführt, daß die unabhängigen, autonomen Pfingstgemeinden schneller wachsen als alle anderen, erwidere ich nur, daß es eine strukturelle, aber auch eine funktionale gegenseitige Abhängigkeit gibt. Die erste ist meistens eine Falle, die letztere fördert gewöhnlich das Wachstum. Die Pfingstgemeinden praktizieren eben diese.

Die kulturelle Anpassung ist in der Evangelisationsarbeit ein dynamischer Faktor. Die Fähigkeit der Christen, sich die psycho-sozio-kulturellen Kräfte der natürlichen Umgebung nutzbar zu machen und sie ohne Kompromisse im Blick auf die Botschaft und ohne ungelenkte ethische Anpassung zu mobilisieren, ist für die Evangelisierung der riesigen Menschenmassen von großer Bedeutung. Dieser Prozeß erfordert viel Weisheit, bringt aber mit seinen großen Anstrengungen auch eine reiche Belohnung.

Kapitel 31

MOBILISIERUNG UND SCHULUNG DER GLÄUBIGEN

Der Dienst ist ein sehr wesentliches Element des christlichen Glaubens. Jesus ist als der leidende Gottesknecht das Vorbild, und die ganze Eigenart des Christentums legt diese Betonung des Dienstes nahe. Der christliche Glaube besteht aus Anbetung, Gemeinschaft, Proklamation, Zeugnis und Dienst. Ohne diese Bestandteile kann die ganze Fülle des Christentums nicht erfahren und nicht zum Ausdruck gebracht werden.

Es ist deshalb außerordentlich wichtig, daß jeder Gläubige in der Anbetung, der Gemeinschaft, der Proklamation, dem Zeugen und dem Dienen unterwiesen und mit einbezogen wird. Das ist der Weg Gottes, der zur Verwirklichung des Ideals Gottes führt – dem Reichtum des Herzens und der unaussprechlichen Freude. Die Gläubigen dienen nicht, weil sie reife Jünger Jesu sind, sondern weil sie solche werden wollen. Sie dienen nicht, weil sie einen bestimmten Grad der Heiligkeit erreicht haben, sondern weil sie in der Heiligung weiter voranschreiten wollen. Der Dienst ist ein Mittel wie auch eine Absicht Gottes.

Das Dienen ist allerdings nicht als selbstverständlich zu betrachten. Das Leben eines jeden Gläubigen ist von einem großen, störenden kulturellen 'Überrest' und von einer angeborenen Trägheit, Schwerfälligkeit und Sündhaftigkeit gekennzeichnet, die zu geistlicher Lethargie führen. Angesichts der Tatsache, daß viele Menschen aus statischen Kulturen und Kirchen kommen, darf es nicht als selbstverständlich betrachtet werden, daß sie Zeugen und Diener allein aus dem Grund sein werden, weil sie Christen geworden sind. Ihr kultureller 'Überrest' wird sie zurückziehen. Sie werden psychologisch und gesellschaftlich so konditioniert, daß sie auf geistlichem Gebiet nur auf eine äußere Motivation hin reagieren, die ihnen ihr Glaube gelegentlich bereithält.

Hier muß die Gemeinde nachsichtig und geduldig einsetzen. Ein Freiwilligenprogramm wird keine große Wirkung haben – nur ein Mobilisierungsplan wird, mit einer starken Motivation verbunden, zufriedenstellend funktionieren. Die Mobilisierung sollte in einem sehr frühen Stadium im Leben des Gläubigen einsetzen, bevor die 'Glut der Bekehrung', die 'erste Liebe', nachläßt. Eine zielstrebige, zweckdienliche Mobilisation erfordert natürlich einen präzisen Aktionsplan und eine Angriffsstrategie. Ohne Planung und Vorbereitung wird die Mobilisation bedeutungslos, ja kann sogar schädlich sein. Auf jeden Fall ist es schwer,

die Mobilisation durchzuführen. Ich schlage einige Richtlinien vor, die dabei helfen können.
Der Erfolg einer totalen Mobilisation hängt von einer ganzen Anzahl von Faktoren ab.
1. *Information.* Echte geistliche Motivation stützt sich auf genaue Information. Nicht alles Wissen zeitigt Aktivität, aber Aktion ohne Wissen ist wie eine Flamme ohne Brennstoff.
2. *Energische Leitung.* Im allgemeinen respektieren und gehorchen die Menschen einer energischen und verständigen Leitung. In dieser Welt gibt es eine viel größere Anzahl von Nachfolgern als von Leitern, die die Führung übernehmen könnten.
3. *Ein adäquates Programm.* Das Programm muß jedes Glied der Gemeinde mit einbeziehen. Die Anleitung von Gruppen zu besonderen Aufgaben und besonderen Aufträgen ist sehr wichtig. Die Anweisungen dürfen nicht kompliziert sein. Die Anleitung sollte so geschehen, daß die Menschen Zutrauen fassen und merken, daß sie ihren Auftrag ausführen können.
4. *Motivation.* Diese wird durch Teameinsätze vermittelt, die unter der begeisterten Leitung eines Teammitglieds stattfinden. Der Erfolg hängt stark von der Leitung der Gruppe ab. Wenn es dem Leiter gelingt, das Vertrauen seiner Leute zu gewinnen, ist die Sache schon halb gewonnen.
5. *Erfolgsberichte.* Die Leute sollen erzählen und hören, was Gott getan hat. Paulus pflegte die Gemeinden zu Missionsdiensten zu ermutigen (Apg. 14,27; 15,3.4.12; 21,19.20).
6. *Ermutigung.* Die Leute sollten 'Erfolgserlebnisse' haben.
7. *Passende, einfache Literatur.* Sie soll den Leuten helfen und sie leiten. Viel hängt von dem Vertrauen, daß sie die Aufgabe erfüllen können, ab, und das sie durch Anleitung und Unterstützung gewonnen haben. Einfache Richtlinien und passende Literatur sind eine große Hilfe.

Diese Faktoren sind alle wichtig und unterstützen die Mobilisierung der Gläubigen. *Der wichtigste Faktor ist jedoch der eine große Gedanke, der der Bewegung ihre Gestalt verleiht und zu einem beherrschenden, dynamischen, alles absorbierenden und alles verzehrenden Ideal wird. Dieses verkörpert sich dann in einer Person. Gott handelt eher durch Personen als durch Organisationen.*

Für dieses Prinzip gibt es viele Beispiele. Der Gedanke der Weltevangelisation wurde in den Herzen sämtlicher Apostel lebendig. Sie gaben sich ihr ganz hin, sie wurden alle Missionare. Aber bei Paulus wurde dieser Gedanke sozusagen zu einer 'Zwangsvorstellung'. Die Weltevangelisation hatte so stark von ihm Besitz ergriffen, daß er nicht anders konnte, als sich dieser Aufgabe total und rückhaltlos zu weihen. Sie wurde sein einziger Auftrag. Sie machte alles mobil, was er hatte, sein Leben, seine Zeit, sein Hab und Gut. Genau so wie er sich für einen einzigartigen Auftrag mobilisieren ließ, war er in der Lage, andere in demselben Maß zu mobilisieren. So hat Paulus durch die Jahrhunderte hindurch Menschen für die Missionsarbeit mobilisiert.

Die Gedanken einer 'Reformation' bewegten schon lange vor Luther die Gemüter. Männer sind für die Wahrheit in den Tod gegangen. Aber erst Luther faßte die Gedanken (beachte den Plural!) und war selbst die Verkörperung dieser Idee. Dieser eine Gedanke hatte von seiner gesamten Persönlichkeit so sehr Besitz ergriffen, daß er nicht anders konnte, als sich ihm ganz zu unterwerfen und alles für dieses eine Ziel aufs Spiel zu setzen. Dieser Gedanke wurde das dynamische, alles absorbierende und alles verzehrende Ideal seines Lebens. Nur so war er in der Lage, die Kurfürsten, Adligen, Gelehrten, Ritter und gemeinen Leute mobil zu machen, um das Banner der Reformation einem glorreichen Sieg entgegenzuführen.

Ähnliche Erfahrungen liegen bei William Carey, J. Hudson Taylor, Rowland V. Bingham und vielen anderen Männern und Frauen vor, die für eine ganz bestimmte Sache einstanden und sie realisierten. Solche Männer waren selten in allem bewandert. Man hielt sie oft für unausgewogene Leute, die nur von einem Gedanken beherrscht seien und nur eine einzige Aufgabe sehen würden; oft genug haben sie blasierte Organisationen und um 'Gleichgewicht' bemühte Anstalten erzürnt. Die Verkörperung einer einzigen großen Idee und die schonungslose Verfolgung dieses Ziels ließen sie als Sonderlinge erscheinen. Aber sie durchlebten ihre Ideen und Ideale in völliger persönlicher Verwirklichung und mobilisierten andere ebenso.

Dies ist der zentrale Faktor der totalen Mobilisation. Kein Versuch und kein Programm einer totalen Mobilisation werden Erfolg haben, wenn sie nicht in einer ansteckenden, begeisternden Persönlichkeit verkörpert sind. *Im Zentrum jeder dynamischen Bewegung steht ein Mann.*

Trotzdem ist die Mobilisation nur ein Aspekt. Sie wird an sich keine Wirkung haben. *Der Gläubige muß geschult werden, wenn er ein effektives Zeugnis geben und ein folgerichtiges Leben zur Bekräftigung seines Zeugnisses führen und einen brauchbaren Dienst tun soll.* Unser Herr gab uns den Auftrag, die Menschen zu lehren, alle seine Gebote zu halten.

Zum Lehren braucht man einen Lehrstoff und pädagogische Fähigkeiten. Den 'Lehrstoff' haben wir in der Bibel. Aber die Pädagogik ist uns nicht in gleicher Weise durch Offenbarung gegeben. Unser Herr war gewiß ein meisterhafter Lehrer. Aber selbst seine Lehrmethoden waren psychologisch und kulturell bedingt. Lehre und Prinzipien sind immer offenbarungsbezogen, Methoden und Techniken sind hingegen kulturbezogen.

Was den 'Lehrstoff', den *Inhalt der Zurüstung* anbelangt, lehrte Jesus die Dinge, die das Reich Gottes betreffen (Apg. 1,3b). Das waren nicht allgemeine Redensarten oder Themen allgemeinen Interesses. Eine gesunde Pädagogik verlangt, daß Anfänger spezifische Dinge lernen sollen. Klar definierte Begriffe sind mehr wert als allgemeine Prinzipien.

Gott ist uns hier ein Vorbild. Bevor er Israel durch die Propheten die weitreichenden Interpretationen des Sittengesetzes gab, übergab er seinem Volk ein genau umrissenes Gesetz, das jeder Israelit auswendiglernen konnte. Jesus verfuhr genauso, wenn wir nur an die Seligpreisungen und an die Bergpredigt denken.

Nur spezifische Aussagen werden für die Orientierung des Gewissens hilfreich sein. Nur eine konkrete Anleitung wird den Gläubigen im Glauben gründen und ihm die Kühnheit geben, die er braucht, um ein wirksamer Zeuge Jesu Christi zu sein. Heute wird die Mentalität und Gesinnung der Christen durch allgemeine Redensarten abgestumpft, die als Prinzipien gelten.

Ein gutes Beispiel für eine spezifische, konkrete Zurüstung sind die 'Vier geistlichen Gesetze' von Campus für Christus. Vielleicht scheinen sie allzu einfach zu sein. Aber sie vermitteln dem theologisch ungebildeten Laien ein Selbstvertrauen, das er braucht, wenn er von Jesus zeugt und den Menschen den Weg zur Erlösung erklärt. Durch diese einfache, aber direkte und klare Art, das Evangelium darzustellen, wurden schon Tausende von Menschen für Jesus gewonnen. In gleicher Weise stellte New Life For All in Nigeria eine Fünf-Punkte-Botschaft zusammen, die jeder Laie verstehen und seinen Freunden und Nachbarn erklären kann. Es ist einfach, das Evangelium kompliziert und den Weg zum Heil unklar und verworren zu machen.

Jeder Gläubige, der im Dienst für den Herrn und seine Gemeinde erfolgreich sein will, muß mindestens *vier grundlegende biblische Konzepte* klar verstanden haben. *Dies sind die Konzepte der Erlösung, der Gemeinde, der Grundlagen wahrer Jüngerschaft und des Lebens unter der Leitung des Heiligen Geistes.* Diese Konzepte sind grundlegend. Wir sollten auf diesen Gebieten konkret und bestimmt sein und, ohne uns dauernd zu rechtfertigen, die Gläubigen entsprechend der Kenntnis unterweisen, die Gott uns in der Heiligen Schrift gegeben hat.

Was den *Dienst* betrifft, machte Jesus seine Nachfolger zu Jüngern, denen er bestimmte Prinzipien einschärfte, welche sie ihr ganzes Leben hindurch geleitet haben. Folgenden Punkten schenkte unser Herr bei ihrer Zurüstung besondere Beachtung:

(*Anmerkung:* Für die folgenden Ausführungen ist der Autor Alex Rathney Hay und seinem Buch *The New Testament Order for Church and Missionary,* veröffentlicht von der New Testament Missionary Union, zu Dank verpflichtet.)

1. Er widmete ihrer geistlichen Entwicklung und Entfaltung besondere Aufmerksamkeit. Er machte von allen ihren Erfahrungen vollen Gebrauch, sie die ewigen Werte zu lehren. Man denke nur an das Ereignis, als die Mutter von Jakobus und Johannes zu Jesus kam und ihn bat, ihren beiden Söhnen die Ehrenplätze zu geben. Sehr lehrreich ist auch die Art und Weise, wie Jesus sich im Blick auf die Schwierigkeiten von Petrus, Thomas und Philippus verhielt. Wir sehen immer wieder, wie er um ihren geistlichen Zustand und Fortschritt besorgt war. Jesus nahm die alltäglichen Erfahrungen, die Versuchungen, die Fehler und das Versagen der Jünger als Grundlage für seine Unterrichtung.
2. Er unterrichtete sie eingehend in der Kenntnis und dem Gebrauch der Heiligen Schrift. Jesus gebrauchte das Wort Gottes ständig. Seine ganze Lehre stützte sich auf das Alte Testament. Seine ganze Argumentation und Beweisführung leitete er von der Schrift her ab. Er lehrte sie zu lieben, zu ehren, das Wort zu kennen und zu gebrauchen.
3. Er lehrte sie das Leben und den Dienst des Betens im Geist. Die Apostelgeschichte, die von siebzehn Gebetsversammlungen berichtet, zeigt, wie gut sie dies gelernt hatten.
4. Er lehrte sie durch sein Vorbild und seine Weisung, Gott im Blick auf alle materiellen und geistlichen Bedürfnisse zu vertrauen. Jesus hatte alles verlassen, um unter den Menschen zu leben und der Retter der Welt zu werden. Für seine Bedürfnisse hatte er sich ganz seinem Vater anvertraut. Die Jünger mußten die Lektionen lernen, die er ihnen erteilte; sie folgten ihm und erlebten das Eingreifen Gottes, wie er es tat. Sie lernten ein Vierfaches: (1) sich von der Welt zu lösen; (2) ihren Glauben anzuwenden; (3) Gott näherzukommen und (4) lebendige Zeugen für Gottes Macht und Treue zu sein.
5. Er lehrte sie, in völligem Gehorsam gegenüber dem Willen Gottes zu leben und zu wirken, nichts für sich selbst zurückzubehalten, sondern sich ganz auf den Altar zu legen.
6. Er unterrichtete sie in der großen Aufgabe der Evangelisation. Die Evangelien berichten von der Mitarbeit der Jünger bei der Verbreitung der frohen Botschaft in den Städten und Dörfern Galiläas. Kein einziger Apostel wurde Pastor. Wie ihr Meister, so zogen auch seine Jünger von Ort zu Ort.
7. Er lehrte sie, allein in der Kraft des Geistes zu wirken und ihre Zuflucht nicht bei rituellen Handlungen, Zeremonien, Gottesdienstformen, Programmen, bei Gefühlsbetontheit, Gefühlsduselei oder anderen menschlichen Mitteln zu suchen, die Menschen anziehen oder beeinflussen sollen. Die Apostelgeschichte zeigt uns, daß sie ihre Lektionen begriffen hatten.
8. Er lehrte sie, Gott, ihren Herrn, von ganzem Herzen zu lieben und ihre Nächsten wie sich selbst. Diese Liebe war praktischer Natur und

bekundete sich in einem selbstlosen, opferbereiten Dienst, der für die meisten zu einem gewaltsamen Tod führte.

9. Er lehrte sie die Teamarbeit. Wieder ist es die Apostelgeschichte, die von ihrer Einheit im Dienst und Gebet zeugt – keiner wollte dem anderen überlegen sein, sondern einer diente dem anderen.

Im Blick auf das *Zeugnis* lehrte Jesus seine Jünger, auf den Heiligen Geist zu vertrauen, der in ihnen wohnen und ihnen zeigen würde, was sie sagen sollten. Das Zeugen ist deshalb nicht bloß die ständige Aufzählung unserer Erlebnisse. Zeugnis ablegen heißt, mit der Salbung des Heiligen Geistes von der Bedeutung und dem Wert Jesu Christi in unseren eigenen, persönlichen Erfahrungen zu reden. Die Apostel waren in einzigartiger Weise Zeugen von der Auferstehung unseres Herrn. Davon legten sie mit großer Kühnheit und Beständigkeit Zeugnis ab. Indem die Jünger von diesen großen, dynamischen Programmen erfüllt waren, wurden sie zu flammenden Evangelisten.

In seiner *Pädagogik* entfaltete unser Herr eine außergewöhnliche Weisheit. *Er lehrte sie durch praktisches Beispiel genauso viel wie durch theoretische Unterweisung.* Die Jünger beobachteten seinen Dienst und waren gleichzeitig daran beteiligt. Die Erfahrung war das wichtigste 'Klassenzimmer'. Jesus lehrte sie, indem er bestimmte Erklärungen und Wahrheiten so oft wiederholte, bis sie zu einem Bestandteil ihres Lebens geworden, ihnen in Fleisch und Blut übergegangen waren. Es ist sehr nützlich, die Stellen über das Tragen des Kreuzes, über die Nachfolge und den Missionsbefehl in den verschiedenen Evangelien einmal unter diesem Gesichtspunkt zu untersuchen. Wir können sehr wohl annehmen, daß dies nur einige von vielen Beispielen seiner Lehrmethoden sind.

Jesus lehrte die Jünger im Rahmen ihres eigenen kulturellen Milieus. Es fand keine kulturelle 'Verschiebung' statt. So oft wie möglich unterrichtete er sie in der Öffentlichkeit. Er bildete keine geheime oder private, abgeschlossene Gemeinschaft. Seine Nachfolger hörten ihn täglich in öffentlichen Gesprächen und in privaten Unterhaltungen. Seine Jünger blieben Glieder der Gesellschaft und der Öffentlichkeit als solcher. Sie entwickelten sich unter seiner Leitung nicht zu gesellschaftlichen Separatisten. Sie blieben praktisch jüdische Galiläer, Glieder der Synagoge und dem Tempel sowie ihrem Volke treu. Wir sollten über diese Prinzipien nachdenken und sie befolgen.

Das Ziel Jesu war es, seine Nachfolger zu Jüngern zu machen, die ihn in dieser Welt vertreten und in der Lage sein würden, Gemeinschaft zu pflegen, zu verkündigen und zu dienen – in seinem Namen und zu seiner Ehre, damit die Welt durch ihre Evangelisationsarbeit gerettet wird. Die Methode, die dieses Ziel der Weltevangelisation zur Realität machen sollte, war die Mobilisation und die Schulung der Gläubigen. Gott hat weder das Ziel noch die Methode geändert. Wir tun gut daran, sein Prinzip und seine Praxis zu beachten. Nur in dem Maße, wie wir das Ziel beibehalten und seinen Prinzipien Folge leisten, wird sich die Dynamik des Heiligen Geistes in einer Bewegung oder einer Gemeinde kundtun. Stagnation und fehlende Vermehrung der Gemeinde geht oft nicht auf eine dürftige Theologie oder eine schwache Verkündigung des Evangeliums zurück, sondern vielmehr auf das Versagen der Gemeinden in der Mobilisierung und Schulung ihrer Glieder für einen effektiven evangelistischen Zeugendienst.

Die praktische Anwendbarkeit der Methode Jesu wird in der Apostelgeschichte deutlich, wo die verfolgten Gläubigen die wichtigste Evangelisationstruppe wurde, die das Evangelium in die verschiedenen Gebiete der damals bekannten Welt trug. Wie hätten sich sonst Zehntausende von Juden bekehren sollen (Apg. 21,20)? Ihre Anwendbarkeit wird auch von heutigen Bewegungen demonstriert. Sie verkörpert sich in Bewegungen wie Evangelism-in-Depth, New Life For All und ähnlichen Organisationen. In dem 'Strachan-Theorem' findet sie ihre klassische Formulierung: „Die Ausbreitung einer jeden Bewegung ist proportional zu ihrer erfolgreichen Mobilisierung ihrer gesamten Anhängerschaft zu der konstanten Propagierung ihrer Überzeugungen." Die Anwendbarkeit zeigt sich heute am deutlichsten in den Pfingstgemeinden auf der ganzen Welt. Ihre erstaunliche Vermehrung ist ein Beweis für die Wirksamkeit der Methode und ihrer Belohnung.

Kapitel 32

ZEHN STUFEN IN DER GRUPPENEVANGELISATION

Die Einstellung und die Prinzipien sind die persönlichen und verborgenen Kanäle der Dynamik; die Methoden sind die offenen Kanäle der Übermittlung und der Kommunikation. Die 'offenen Kanäle' scheinen viel bedeutsamer als die 'verborgenen' zu sein, sind aber nur ihr Resultat. Trotzdem sind sie wichtig und müssen sorgfältig angewandt werden.

Der Reichsgottesarbeiter, der sich mit der Gemeinschafts- und Gruppenevangelisation und mit Gruppenbekehrungen beschäftigt, hat sich dessen bewußt zu sein, daß das Christentum im wesentlichen die einzige *verkündigende* und evangelisierende Bewegung ist und als Mittelpunkt die Botschaft von einer Person, dem Herrn Jesus Christus, hat. Die anderen Religionen sind grundsätzlich *praktizierende* Religionen und stehen sehr eng mit einer Person als Ausführender, als Vermittler, in Verbindung. Am Anfang wird der Bote des Evangeliums für die Menschen weit stärker im Mittelpunkt stehen als die Botschaft, die er verkündigt. Sie werden ihn sehr viel genauer beobachten, als sie seiner Verkündigung aufmerksam zuhören. Wenn es ihm gelingt, die Menschen für sich zu gewinnen, wird er sie höchstwahrscheinlich auch für seine Botschaft gewinnen. Wenn er in dem ersten Punkt versagt, wird der zweite nicht beachtet werden.

Im Lichte dieser Tatsachen sollten folgende Faktoren die Anweisung von Mitarbeitern und die Methoden auf dem Arbeitsfeld bestimmen:

1. *Weise den Reichsgottesarbeiter einem Stamm, einem Volk oder einer Gemeinschaft mit einer ständigen Verantwortung für dieses Volk und/oder dieser Gemeinschaft zu.* Es handelt sich nicht um eine kurze Zeit oder um ein paar Jahre, sondern um eine Aufgabe, die erfüllt werden muß. Hin und wieder wird eine Versetzung unvermeidlich sein, aber solche Fälle sollten äußerst selten sein und die Ausnahme bilden. Häufige Veränderungen können den Fortgang nicht nur hemmen oder verlangsamen, sondern die Arbeit permanent aufhalten. Man hat sich der Tatsache bewußt zu sein, daß auf ein gutes Verhältnis zu den Menschen niemals Anspruch erhoben werden kann. Dies ist ein Preis, der viel Zeit, anhaltendes Gebet und ernsthafte Anstrengungen kostet. Diese Beziehung geht selten von einer bestimmten Person auf eine andere über, vor allem dann, wenn die neue Person fremd ist. Und doch ist eine Beziehung die absolute Voraussetzung, um sich wirklich Gehör zu ver-

schaffen und verstandesmäßige Überlegung und Beratung in Gang zu setzen, die zu Gruppenbewegungen führen können. Ein gutes Verhältnis, ein einnehmendes Wesen und Identifikation sind viel wichtiger als große Fähigkeiten.

2. *Lerne die Sprache der Menschen gut.* Die Sprache ist die vollkommenste symbolische Verkörperung der Kultur. Sie bedeutet die Enthüllung des Verstandes und des Herzens. Die Sprache ist der Leib der Kulturseele. Ohne sie ist keine vernünftige Kommunikation möglich. Ein gründliches Sprachstudium wird sich später sehr wohl bezahlt machen. Aber es muß die Sprache des Volkes sein, keine klassische Form derselben. Auch eine Verkehrssprache wird nicht genügen.

3. *Studiere gut die Kultur und die Religion des Volkes, die Mythologie eingeschlossen.* Der Mythos stützt sich gewöhnlich auf einen Kern Wahrheit und stellt diese Wahrheit in einer besonderen symbolischen Form dar. Legenden sind Schilderungen von angeblich historischen Ereignissen und großen Führern. Folklore ist die nur in der Phantasie vorhandene Darstellung und dient der Unterhaltung. Folklore ist 'primitives Theater'. Diese Darbietungen sind Rezitationen der Träume und Sehnsüchte, der Hoffnungen und Mißerfolge, der Sorgen und der Freuden, der Tragödien und der Siege, der Ängste und der Enttäuschungen des Volkes. Sie sind eine Enthüllung ihres Lebens: in verbaler Wortsymbolik und oft im Schauspiel. In der Mythologie, den Legenden und der Folklore liegt die 'Seele' des Volkes offen zutage. Hier fühlen wir seinen Herzschlag.

Curtis Cook, ein· Wycliff-Bibelübersetzer und Missionar unter den Zuni-Indianern, kam erst vor einigen Jahren zu diesen Menschen. Als wir ihn dort in New Mexico (USA) besuchten, war er erst seit zwei Jahren in diesem Gebiet. Einige Dinge waren für uns sehr beeindruckend, als wir die Situation der Zunis und die dortige Missionsarbeit besprachen.

Der Missionar war als allererster dorthin gegangen, um einen Dienst zu beginnen und zu vollenden. Er sprach nicht von kurzfristigem oder langfristigem Einsatz. Er hatte einen Auftrag auszuführen, der auf jeden Fall, auch wenn dies viel Zeit erfordern würde, beendet werden sollte.

Er lernte zweitens die Sprache und war entschlossen, sie einmal zu beherrschen. Nur so glaubte er einen möglichst guten Dienst zu tun und in das Herz und das Denken der Menschen eindringen zu können. Mit großem Fleiß mühte er sich ab, trotz der Tatsache, daß viele Zunis zweisprachig waren und eine normale amerikanische Grund- und Mittelschule den Jugendlichen des Stammes gute Dienste leistete.

Drittens hatte er eine erstaunliche Menge an Material über die Geschichte, die Genealogien, Mythologien, Legenden und über die Folklore dieses Volkes gesammelt. Er war entschlossen, die Zunis kennenzulernen. Er sah, daß ihre Vergangenheit in ihrer Gegenwart verkörpert ist und daß sie hauptsächlich ein Produkt dieser verschiedenen kulturellen und religiösen Kräfte sind.

Man fragt sich vielleicht, ob es sich lohnt, so viel Zeit und Energie für solche Untersuchungen zu verwenden. Unser kurzer Aufenthalt bei den Zunis zur Zeit ihres jährlichen Stammesfestes und der Feier des Besuchs der Berggötter im Dorf überzeugten uns, daß Curtis Cook auf dem richtigen Weg ist. Er wurde höflich behandelt und genoß das Vertrauen eines abergläubischen und religiös gehemmten Volkes. Erstaunlicherweise konnte er uns einige Riten dieser Menschen besser und vollständiger erklären, als man es in den Büchern findet. Besonders beeindruckend war die Tatsache, daß dieser Außenseiter und Bibelübersetzer von der örtlichen Schulkommission gebeten wurde, besondere Lektionen in der Zuni-Sprache vorzubereiten, um den Mittelschülern die Zuni-Sprache beizubringen. Er sollte das Material verwenden, das ihm ratsam erschien. So hatte er die einzigartige Möglichkeit, die Evangeliumsbotschaft direkt in die Klassenzimmer zu bringen – bei einem Volk, das starken Widerstand gegen das Evangelium gezeigt hatte. Was wird das Ergebnis dieses beispiellosen Vertrauens sein? Andere Missionen haben ungefähr siebzig Jahre lang ohne großen Erfolg unter diesen Menschen gearbeitet.

4. *Studiere gut die gesellschaftliche Struktur der Menschen und der Gemeinschaft.* Die meisten Gesellschaften werden von einem organisatorischen (eine die Entscheidung fällende Körperschaft) und einem funktionalen (diese Entscheidungen beeinflussende einzelne) Herrschaftssystem geleitet. Diese Strukturen können sich in Spannung zueinander befinden oder sich gegenseitig ergänzen. Der Reichsgottesarbeiter sollte sich der Gunst beider für die Sache Gottes versichern.

5. *Die Kommunikation sollte in den kulturell allgemein anerkannten Bahnen erfolgen; vermeide jeden denkbaren Anstoß und alle bewußte oder absichtliche Mißachtung von Gewohnheiten.* Jedes Volk hat Kommunikationswege, auf denen die 'Nachrichtenübermittlung' ohne große Behinderung und für das Volk annehmbar und verständlich möglich ist. Wenn man diese 'Verkehrsadern' entdeckt, sie respektiert und für das Evangelium nutzbar macht, beherrscht man die Kunst der erfolgreichen Kommunikation.

Herr und Frau Wirsche sind Lehrer in den Schulen von Fresno, Kalifornien. In der Sommerpause hielten sie sich jedoch während einiger Jahre unter den Indianern Panamas im Darian-Gebiet auf. Früher hatten sie unter diesen Völkern im Choco-Gebiet in Kolumbien gearbeitet, später aber ihre Operationsbasis nach Panama verlegt. Als ich das Ehepaar bei seiner Lehrtätigkeit beobachtete, richtete sich mein Interesse auf die drei verschiedenen Klassen, die Herr Wirsche beaufsichtigte und manchmal selbst unterrichtete.

Zwei Klassen bestanden aus je einer Person; eine wurde von Dora Wirsche, die andere von Aureliano Sabujara, einem fortgeschrittenen Gewährsmann von einem Nachbardorf, unterrichtet, der selbst ein Häuptling seines Dorfes war. Die dritte Gruppe bestand aus zwölf bis fünfzehn Personen und wurde von einem weiteren Gewährsmann aus einem nahegelegenen Dorf unterrichtet, dem Pastor F. Glen Prunty manchmal behilflich war.

„Warum dieser Unterschied?", erkundigte ich mich. Ich erfuhr, daß Dora Wirsche die Frau des Häuptlings unterrichtete und ihr besondere Lektionen erteilte, damit sie den anderen Frauen des Dorfes immer etwas voraus war. Dasselbe galt für den Häuptling, dem einzigen Schüler der anderen Klasse, der von dem fortgeschrittenen Gewährsmann unterrichtet wurde. Das Lehrpersonal erzählte mir, daß es äußerst wichtig sei, die Rolle des Häuptlings und seiner Frau nicht durch die Eingriffe, die vorgenommen wurden, herabzusetzen oder gar zu gefährden.

Die Sicherung der Rolle des Häuptlings würde mindestens einem dreifachen Zweck dienen: sie würde die gesellschaftliche Struktur und die Einheit des Stammes aufrechterhalten; sie würde die Autorität und die Ordnung der Gemeinschaft bewahren; sie würde den guten Willen und die Zusammenarbeit des Häuptlings im christlichen Erziehungsprogramm, sowie die ungehinderte Zuwendung der Menschen zum Evangelium sicherstellen. Wir wurden später Zeugen der Erfüllung dieser Erwartungen und der Weisheit dieses Vorgehens. Diese christliche Gemeinschaft macht ständig Fortschritte, ohne dem Druck der Gesellschaft oder des Stammes ausgesetzt zu sein. Aureliano Subajara ist in seinem Gebiet selbst der wichtigste Evangelist, Lehrer und Leiter der Gemeinde. Allmählich führt er seine Leute Schritt für Schritt dem Herrn und seiner Gemeinde zu. Man hofft, daß in der anderen Gemeinschaft dasselbe geschieht. So macht man sich die natürliche Struktur zunutze, um das Evangelium weiterzugeben und die Gemeinde zu bauen.

6. *Studiere wichtige Interessengebiete, außerdem Bereiche, in denen Spannungen bestehen, Enttäuschungen vorliegen und Unausgewogenheit herrscht, sowie bewußt wahrgenommene Bedürfnisse und offenbare oder verborgene Sehnsüchte, Wünsche und Verlangen.* Es ist notwendig, aktiv an dem Kummer und Schmerz, an den Sehnsüchten und dem Wogen ihres Herzens und ihrer Gedanken beteiligt zu sein. Sei ihnen ein 'Retter' auf einem Gebiet und/oder in einer Zeit besonderer Not, Spannung oder Angst.

Die Motiloni-Indianer, die im Grenzgebiet von Kolumbien und Venezuela beheimatet sind, waren für ihre Entschlossenheit bekannt, ihr Land gegen die Übergriffe von Außenstehenden zu schützen. Den Erdölgesellschaften ging es in diesem Gebiet schlecht — ungefähr siebzig Leute starben an den Giftpfeilen dieses Stammes. Ich erinnere mich noch, wie ich neben Dr. Jacobson stand und über die riesigen Urwaldflächen hinwegsah, die von diesem Stamm bewohnt waren. Als Dr. Jacobson mir von den schrecklichen Dingen, die er gesehen hatte, und den Erfahrungen der Erdölleute mit diesem Stamm berichtete, wurde ich davon überzeugt, daß man sich aus ihrem Gebiet wirklich heraushalten sollte. Ich besitze noch immer den eineinhalb Meter langen Pfeil, den Dr. Jacobson aus der Brust eines Eindringlings gezogen hatte, der dann während der Operation gestorben war.

Später nahm Bruce Olson, ein junger Mann aus Minneapolis, die Herausforderung an, diesen Stamm zu besänftigen und mit dem Evangelium zu erreichen. Seine abenteuerliche Geschichte ist in *The Sunday School Times* nachzulesen. (In Deutsch als Buch erschienen: „Ich schwör's bei diesem Kreuz, ich töte euch", TELOS-Ppb. 2017, Verlag der Liebenzeller Mission, 1977.) Er schloß mit einem Medizinmann und mit dem Häuptling des Stammes Freundschaft, indem er sie in einer Zeit der Krise 'rettete'. Einmal machte er es dem Medizinmann möglich, eine Augenkrankheit zu heilen, indem dieser die Augenarznei des Außenseiters anwandte. Das sicherte ihm die Freundschaft und das Wohlwollen des Medizinmannes, der ihn zu seinem Vergnügen hätte töten können.

Bei einer anderen Gelegenheit half er dem Häuptling, einige Kornsamen zu bekommen und sie etwas von der Niederlassung entfernt einzupflanzen. Das Korn warf später einen reichen Ertrag ab und stärkte die Autorität, die 'Weisheit' und die Position des Häuptlings. Für diese wie auch für andere Hilfe beanspruchte der Außenseiter keine Anerkennung. Der Eindringling war ein Freund geworden, dem man trauen kann, und so erhielt er unter der Führung des Häuptlings Schutz und Freiheit zugesprochen. Seine Botschaft fand bei einem Volk Gehör, das als unbezähmbar gegolten hatte. Heute besteht ein Friedensvertrag zwischen dem Häuptling und der kolumbianischen Regierung, das Gebiet ist sicher und ruhig und die Stammesgemeinschaft ist für das Evangelium offen. Jemand wurde, ohne Anerkennung dafür zu beanspruchen, ein 'Retter' und gewann so die Gunst und das Wohlwollen des Herrschaftssystems.

Der folgende Bericht schildert die Tätigkeit von David Bowtree, der vor ungefähr zweieinhalb Jahren die Öffnung einer geschlossenen mohammedanischen Gemeinschaft in Nordnigeria zu erzwingen trachtete.

> Anfangs hatten wir das Ziel, diesen Menschen das Evangelium in einer Art und Weise nahezubringen, daß sie es verstehen und annehmen können.
> Nachdem wir uns in der größten Stadt des Gebietes niedergelassen hatten, nahmen wir zum Emir und seinem Rat Kontakt auf, erläu-

terten den Zweck unseres Kommens und baten um Erlaubnis, die Dörfer dieses Gebietes besuchen zu dürfen.
Wir erhielten die Erlaubnis ohne weiteres, und wir hatten während der ganzen Zeit unseres Aufenthaltes in diesem Gebiet herzliche und hilfreiche Beziehungen — nicht nur zum Emir und seinen Untergebenen, sondern auch zu den verschiedenen Zweigen der lokalen Regierung, z. B. dem Landwirtschaftsministerium, dem Gesundheitsamt, der Erziehungsbehörde, usw.
Als wir in das Gebiet kamen, sprachen wir nur eine Verkehrssprache, lernten aber allmählich auch die Hauptstammessprache, da die Dorfbewohner meistens nur diese verstanden.
Bei unseren Besuchen in den Dörfern trachteten wir danach, das Evangelium für den ganzen Menschen darzubieten. Einer war allein mit Gesprächen und verschiedenen Unternehmungen beschäftigt, während die zwei anderen viel Zeit darauf verwandten, die offenkundigen Probleme und Schwierigkeiten der Leute zu untersuchen. Dies war nicht einfach. Erst am Ende des zweiten Jahres hatten wir allmählich das Gefühl, den Dingen auf den Grund zu kommen.
Indem wir den Menschen unseren Rat für ihre Landwirtschaft, ihre Häuser und ihr eigenes Leben anboten, lernten wir sie und sie uns allmählich kennen.
Einen Großteil unserer Zeit verbrachten wir damit, daß wir uns zu dem Dorfältesten und anderen Männern setzten, um über das Leben im Allgemeinen und über ihr eigenes Leben im Besonderen zu reden. Auf diese Weise bauten wir allmählich ein gegenseitiges Vertrauen auf, das für unsere Arbeit sehr wichtig war.
Bei diesen Besuchen in den Dörfern verbrachten wir die Zeit mit Gesprächen über die beste Methode, Möhrensamen in der prallen Sonne aufgehen zu lassen, zeigten einem Hausbesitzer, wie man Wanzen und Läuse tötet und unter Kontrolle hält, sprachen über Gott, über den Zustand des Menschen, seine Bedürfnisse und die Antwort Gottes. Wir machten keinen Unterschied zwischen dem geistlichen, geistigen und materiellen Bereich. Vorausgesetzt ist ein natürliches Ganzes, denn Gott kümmert sich um den ganzen Menschen. Unterhaltungen und Taten betrafen einen, zwei oder drei Bereiche, oder alle zusammen.
Als die zweieinhalb Jahre um waren, hatten wir ungefähr dreißig Dörfer besucht und Kontakte geknüpft. Fünf hatten ein wirkliches Interesse am Christentum gezeigt.
Unser Ziel ist nun die Aufstellung eines Programmes, das in jedem dieser fünf Dörfer während ungefähr eines Jahres durchgeführt werden soll und sich mit den Überzeugungen und dem Glauben der Christen, der Landwirtschaft sowie der Gesundheitspflege befaßt. Wir hoffen, daß auf diese Weise der Anspruch, daß man Christ werden soll, einem ganzen Dorf verdeutlicht wird und ganze Gruppen zu einem lebendigen Glauben an unseren Herrn kommen.[1]

Es erscheint uns tragisch, daß dieser schöne Anfang und die Öffnung, die sich zu ergeben schien, zumindest zeitweise dadurch unterbrochen wurde, daß die betreffende Missionsgesellschaft diesem Missionar ein anderes Arbeitsfeld zuwies.

7. *Bemühe dich um die größtmögliche kulturelle Anpassung, gesellschaftliche Identifikation und um religiöses Einfühlungsvermögen, ohne in die Falle der Erhaltung und Bewahrung heidnischer Gebräuche zu fallen.* Denke daran, daß ein Führer sich von seinen Leuten unterscheiden und ihnen voraus sein muß, daß aber keine nennenswerte Kluft zwischen ihnen entstehen darf. Kulturelle, gesellschaftliche und psychologische Distanz sind ungeheure Hindernisse für einen erfolgreichen Dienst. Auf der anderen Seite können kulturelle Anpassung, gesellschaftliche Identifikation und religiöses Einfühlungsvermögen sehr bedeutende Faktoren für die Bewegung von Menschen auf Jesus hin werden.

8. *Untersuche genau die Mentalität der Menschen.* Denke daran, daß ihre Psychologie für sie so real und in ihnen so dynamisch ist wie deine Psychologie für dich. Entscheidungen müssen, wenn sie echt und tiefgehend sein sollen, innerhalb des Rahmens ihrer Mentalität fallen. Gruppenbekehrungen und sorgsam abwägende Entscheidungen nach vielen Aussprachen können genauso persönlich und individuell sein wie impulsive Entscheidungen, und Gruppenerfahrungen können genauso echt wie individuelle Erfahrungen sein.

9. *Unternimm einen echten Versuch der Gruppenevangelisation durch die Durchdringung und Durchsetzung der Gruppe mit dem Evangelium, bevor du durch direkte Konfrontation evangelisierst.* Nimm dir für Gespräche und Unterhaltungen Zeit. Überfalle die Menschen nicht, um sie zu besiegen und gefangenzunehmen. Überzeuge durch eine 'Sättigung' mit dem Evangelium. So wird der Bekehrte wenigstens teilweise von der Gruppe verstanden. Bemühe dich darum, daß der Bekehrte in der Gruppe toleriert wird.

Pastor William Van Tol von der Vereinigten Sudanmission beschreibt sein Evangelisationsprogramm folgendermaßen:

Vor 1960 gab es im Gashaka-Distrikt in Nigeria kein christliches Zeugnis. In diesem Gebiet wohnen 39.000 Menschen; 25.000 gehören zu den Jibu, Ndoro und weiteren kleinen, animistischen Stämmen. Die Mehrheit des Überrestes sind die mohammedanischen Fulani in den Städten und bei den Herden. Die Fulani haben die politische Macht und unterdrücken die animistischen Stämme stark.

Der erste ortsansässige Missionar (1962–1966) arbeitete vor allem unter den mohammedanischen Fulani. Es bekehrte sich zwar niemand, aber es gelang ihm, eine tolerante Haltung zu erzeugen. Vier Leute des Ndoro-Stammes bekehrten sich.

Ich kam 1967 an und machte die Evangelisierung der 20.000 Jibu-Leute für die letzten beiden Jahre zu meiner Hauptsorge. Es gibt sieben größere Städte der Jibus; jede ist von vier bis zwanzig Dörfern umgeben. Wir haben die Absicht, in jede größere Stadt einen Evangelisten zu schicken, der die Verantwortung für dieselbe sowie für die Dörfer der Umgebung hat. Diese Evangelisten werden gerade auf der Bibelschule in Serti ausgebildet.

Zu ihrer Schulung gehört die Evangelisationsarbeit in den Dörfern um Serti unter meiner Leitung. Jedes Dorf wird einmal pro Woche von zwei oder drei Studenten besucht. Ich begleite eine Gruppe. Wir begannen im September 1968 und besuchten die Oberhäupter von sieben Dörfern. Wir sprachen von unserem Wunsch, ihnen die Geschichte von Gott zu erzählen. Alle waren bereit, uns mit ihren Dorfbewohnern zusammen anzuhören. Im März 1969 dehnten wir die Arbeit auf vierzehn Dörfer aus.

Ich bereitete eine Reihe von neun Botschaften vor, die die Heilsgeschichte von der Schöpfung bis zum Endgericht enthielten. Jede Botschaft wurde innerhalb von achtzehn Wochen zweimal gegeben. Es waren stets die Studenten, die in der Sprache der Jibu predigten, nachdem wir die Botschaft zuvor besprochen und studiert hatten. Wir übersetzten einen einfachen, passenden Bibelvers und brachten ihn den Leuten im Zusammenhang mit der Botschaft bei. Außerdem wurde ein einfaches Lied komponiert und vor jeder Botschaft gesungen.

Nach achtzehn Wochen verließen wir sie eine Woche lang und ermutigten sie, über das Gehörte weiter nachzudenken. Dann kehrten wir zurück und predigten eine zweite Reihe von fünfzehn Botschaften, die wieder bei der Schöpfung einsetzten.

An diesem Punkt ist es schwer, konkrete Ergebnisse zu fordern. Wir haben ihnen die Botschaft gebracht und sie vertieft; bis jetzt führten wir noch keine aggressive Konfrontation durch. Wir waren stets sorgsam darauf bedacht, daß die Dorfältesten anwesend waren. Die Geschichten wurden soweit wie möglich in Dialogform gebracht.

Anfangs kamen fast alle Männer, aber keine Frauen und Kinder. Ohne daß wir sie öffentlich dazu ermutigt hätten, hörten die Frauen und Kinder bald im Hintergrund zu. Die Anzahl der Männer nahm allmählich ab, bis sich um die achte Woche ein Kern von fünf bis zwanzig Interessierten herausschälte. Überall war das Dorfoberhaupt dabei. Nach vierzehn Wochen machten die Mohammedaner durch Drohungen und eine Einschüchterungstaktik unsere Anstrengungen zunichte. Es dauerte sechs Wochen, bis wir das Vertrauen der Dorfoberhäupter zurückgewonnen hatten. Die Kerngruppe kehrte allmählich wieder zurück. Jetzt stehen wir kurz vor dem Abschluß unserer zweiten Predigtreihe. Ich glaube, daß zwei oder drei Dörfer fast für eine Konfrontation bereit sind. Der Rest muß noch weiter vom Evangelium durchdrungen werden. Vor zwei Wochen fingen die Mohammedaner wieder mit ihren Drohungen an. Die Auswirkungen sind abzuwarten.[2]

10. *Isoliere nicht die Bekehrten von ihrem kulturellen Kontext und ihren gegenseitigen gesellschaftlichen Beziehungen unter dem Vorwand 'biblischer' Absonderung.* Schütze die Bekehrten innerhalb ihres kulturellen Milieus und ihrer gesellschaftlichen Beziehungen. Wenn sie wirksame Zeugen des Evangeliums werden sollen, müssen sie ein Mitglied der Gruppe bleiben. Taufe nicht voreilig. Warte, bete und arbeite, bis eine größere Gruppe bereit ist, dem Herrn in dieser Weise zu folgen. Sie können mindestens ein gewisses Gruppenleben und einen Gruppenzu-

sammenhalt bewahren, die die Grundlage der christlichen Gemeinschaft sowie einer Gemeinde bilden.

Diese Methoden gelten nicht nur für primitive Völker. Mit kleinen Abwandlungen können sie allgemeine Prinzipien in jeder Gesellschaft werden.

Primitive Völker oder Kulturen ohne schriftliche Überlieferung sind im Blick auf ihre Verhaltensweise nicht einzigartig. Bei ihnen liegen die Handlungsfaktoren offen zutage und erscheinen in einer übertriebenen (vielleicht normalen?) Form. In den differenzierteren, des Schreibens und Lesens kundigen Gesellschaften sind dieselben Faktoren eher verborgen und in den bewußten Abläufen auf ein Minimum gebracht worden. Sie wurden verdrängt und unterdrückt. Aber trotzdem sind sie vorhanden, immer noch dynamisch und nicht weniger wirksam und effektiv. Sie sind die unbewußten Kräfte, die mehr funktional als nach klaren und erkennbaren Mustern wirken. Sie beeinflussen die Gefühle, geben den Auffassungen eine ganz bestimmte Note. Ihre Dynamik ist wahrnehmbar, wenn auch schwer zu enthüllen und zu definieren. Deshalb werden sie von vielen Menschen unbeachtet gelassen. Trotzdem sind sie je nachdem Sprungbretter oder Steine des Anstoßes auf dem Weg zum Fortschritt.

Man tut gut daran, mit den psycho-sozio-kulturellen und religiösen Faktoren und ihren Folgen in jeder Gesellschaft zu rechnen. Auch wenn sie versteckt und verborgen sind, sind sie da, sind wirksam und dynamisch. Es ist klug, wenn auch nicht immer einfach, ihre Mitwirkung zu erreichen und ihre Kräfte nutzbar zu machen.

Es ist klug, wenn man in einer patriarchalischen Gesellschaft, in der der Vater die entscheidende Rolle spielt, wie zum Beispiel in Japan, China, Indien und anderen orientalischen Gesellschaften, den Mann als das Haupt der Familie respektiert, sein Vorgehen auf die Männer ausrichtet und sie als erste für die Unterstützung und den Fortschritt des Evangeliums zu gewinnen sucht. Es ist vielleicht schwierig, wirklich gerettete und ehrlich sich mühende Frauen davon abzuhalten, sich taufen zu lassen und der Gemeinde offiziell beizutreten, ehe ihre Männer für Jesus gewonnen wurden. Aber auf die Dauer wird sich dieser immerhin schwierige und mühsame Weg für die Gemeinde und die Frau lohnen. Die Mennoniten haben dies im Gebiet von Osaka, Japan, bewiesen. Ihre Gemeinden gedeihen und leiden keinen Mangel an Männern.

Für viele europäische und lateinamerikanische Länder trifft genau dasselbe zu. Es ist in einigen Gesellschaften unter der Würde des Ehemannes, seiner Frau zu folgen. Entweder er führt, oder er ist 'erledigt'. Es muß deshalb unser höchstes Bestreben sein, Familienväter zu gewinnen. Wir müssen in umfassender Weise die Männer missionieren, damit wir Familien gewinnen und starke Gemeinden bauen können.

Es ist im protestantischen Europa vielleicht nicht einfach, das Vertrauen und Wohlwollen von kirchlichen Behörden und Männern, die einen großen Einfluß haben, zu gewinnen, damit das Evangelium die Gesellschaft durchdringen kann. Aber was würde sich mehr lohnen? Die Kirche als System und Struktur bedeutet für den durchschnittlichen Europäer geistlich gesehen vielleicht wenig. Er besucht vielleicht kaum einen Gottesdienst. Aber das kirchliche System und die religiösen Institutionen sind ein Teil seines kulturellen Erbes, auf das er stolz ist und für das viele seiner Landsleute ihr Leben gelassen haben. Die Kathedralen und die kirchlichen Behörden, Systeme und Strukturen sind ein Teil seiner Kultur und damit ein Teil seines Wesens und seines Lebensstils mit seinen Empfindungen und Beziehungen. Man braucht nur an einem Sonntag die Westminster Abtei in London zu besuchen. Tausende von Menschen wird man dort antreffen. Und trotzdem besuchte der Autor einmal einen Gottesdienst in eben dieser Kathedrale, wo weniger als 150 Menschen anwesend waren.

Die Kirchen und Institutionen sind seinem Wertsystem vielleicht in einem höheren Grade und mit tieferen Bindungen und Gefühlen einverleibt, als ein Nichtchrist an seinem religiösen System und Lebensstil festhalten kann. Die Schlacht ist selten durch einen Frontalangriff oder dadurch zu gewinnen, daß man die bestehende Ordnung als hohl und bedeutungslos ignoriert, mag dies für den Außenstehenden auch möglich erscheinen. Geistlich ist für die Menschen vielleicht tatsächlich alles bedeutungslos, aber kulturell hat es doch eine Bedeutung. Wie sollen wir das Wohlwollen erlangen, ohne die Botschaft zu kompromittieren? Wie sollen wir evangelisieren, ohne ernste und unnötige Anstöße für die Gesellschaft — vor allem Spannungen in den Familienbeziehungen — zu erregen? Wie sollen wir uns Gehör verschaffen, ohne unnötigen Widerstand hervorzurufen und als Eindringling geächtet zu werden? Die Lösungen dieser Probleme sind nicht einfach. Wir müssen aber eine Lösung finden, wenn unser Dienst wirkungsvoll und unsere Anstrengungen bleibenden Wert haben sollen. Methoden können nachhaltige, entscheidende Auswirkungen haben.

Vielleicht haben wir hier den Grund, weshalb die meisten amerikanischen Missionare im protestantischen Europa nicht in der Lage waren, ihrer Tätigkeit eine sichere Grundlage zu verschaffen. Im großen und ganzen versuchten sie, sowohl das kirchliche System als auch die pietistischen Gruppen zu umgehen, die in vielen Gemeinden vorhanden sind. Sie begingen einen kulturellen und einen geistlichen Fehler in ihrem Verhalten. Wir müssen Mittel und Wege finden, diese Fehler zu korrigieren.

Jede Gesellschaft hat ihre Wertsysteme, ihre Empfindungen, ihre Wertschätzungen, ihr 'Rollensystem', ihre Struktur, ihre offenen und verborgenen Handlungsweisen, ihre Beziehungen, ihre organisatorischen und funktionalen Herrschaftssysteme, ihre Kommunikationskanäle, ihre Traditionen und ihre Sehnsüchte. Um unsere Botschaft effektiv und verständlich weitergeben zu können, müssen wir die kulturelle Anpassung, die gesellschaftliche Identifikation und das religiöse Einfühlungsvermögen kennen. Wir müssen im sozialen und psychologischen Milieu der Menschen wirken, denn ,,einem Fremden werden sie nicht folgen, sondern werden vor ihm fliehen, weil sie die Stimme der Fremden nicht kennen" (Joh. 10,5).

Kapitel 33

GEFAHREN UND VORTEILE DER GRUPPENEVANGELISATION

Die Gefahren der Gruppenevangelisation und der Gruppenbekehrungen dürfen weder übersehen noch zu sehr übertrieben werden. Sie sind vorhanden, und zwar in nicht geringem Maße. Aber immerhin ist jede Bekehrung vom Unglauben zum Glauben, von einer nichtchristlichen Religion zum Christentum und zu Jesus Christus ein Risiko. Wenn man die Gefahren, die diesen Dienst von allen Seiten umgeben, in Abrede stellt oder herabsetzt, erkennt man die Fälschungen und Nachahmungen Satans nicht. Wir müssen uns über die Arglist des menschlichen Herzens im klaren sein und die Unvollkommenheit unserer Fähigkeiten sehen, das Evangelium unseres Herrn Jesu Christi verständlich weiterzugeben. Diese Risiken vervielfachen sich natürlich bei Gruppenbekehrungen, das ist ganz selbstverständlich.

Wenn wir aber dem Heiligen Geist im Blick auf die Erleuchtung des Verstandes und die Belebung der Wahrheit durch die Anwendung der göttlichen Macht in dem Menschen vertrauen, der durch eine Individualpsychologie festgelegt ist, sollten wir ihm dann nicht auch im Blick auf den von der Gruppenpsychologie geformten Menschen vertrauen? Ist er nicht der größte und erfahrenste Psychologe? Die Gefahr nimmt in dem Maße zu und/oder ab, wie wir dem Heiligen Geist vertrauen, daß er sein souveränes und gnädiges Werk in dem Herzen eines jeden einzelnen vollendet.

Trotzdem sind Gefahren vorhanden. Es bestehen vor allem drei Gefahren, besonders dann, wenn vorschnell auf eine Entscheidung gedrängt wird.

1. *Es kann ein oberflächlicher Begriff von Bekehrung entstehen.* Aus zwei Gründen wird die Bekehrung von einer zweifachen Gefahr bedrängt, vor allem bei den Christen der ersten Generation:

Erstens ist man sich nicht genug darüber im klaren, daß die Bekehrung vom Heidentum zum Christentum schrittweise vor sich geht. Man wendet sich vom Götzendienst ab und dem lebendigen Gott zu. Dies ist die Bekehrung vom Polytheismus, Animismus und Spiritismus zum Monotheismus. Die Menschen verbrennen ihre Idole als Beweis für ihre Abkehr und als Anerkennung des einzig wahren und lebendigen Gottes. Dies ist ein ungeheurer, notwendiger Schritt vorwärts und ein großer Sieg Gottes.

Aber dies ist nicht die vollständige biblische Erfahrung des Gläubigwerdens. Diese Menschen müssen ihre Sünden im Urteil ihres neu gefundenen Gottes erkennen; so entsteht das Bedürfnis und das Verlangen nach einem Erlöser. Dann müssen sie zu der Anerkennung Jesu Christi als ihrem Erlöser und Herrn geführt werden. Erst nach dieser Erfahrung, nach diesem Komplex von Erfahrungen kann die Christianisierung ihres Lebens und Lebensstils wirklich erreicht werden. Es wird eine geraume Zeit in Anspruch nehmen, bis wir die Menschen zu einer Anerkennung Jesu als Herrn und Erlöser führen können. Es ist auch zu beachten, daß die verschiedenen Stufen über Bekehrungserfahrung nicht so deutlich sein werden, wie es hier wohl aussieht. In Wirklichkeit ist sie wohl eher ein verlängerter Prozeß als eine Erfahrung.

Eine solche komplexe Erfahrung – die Abkehr vom Götzendienst und die Zuwendung zum lebendigen Gott, die nachfolgende Erkenntnis von Sünde und Schuld und die Anerkennung Jesu Christi als Herr und Erlöser – scheint in der Erfahrung der Thessalonicher angedeutet zu sein, die Paulus beschreibt (1. Thess. 1,9.10). Paulus gebraucht dieselbe Beweisführung wie in Apostelgeschichte 17,22–31, wo er erst den ethischen Monotheismus der alttestamentlichen Offenbarung, danach die Erlösung in Jesus Christus verkündigt. Wir sollten uns diese Reihenfolge für unseren Dienst und für unser Verhalten in nichtchristlicher Umgebung merken.

Die Gefahr besteht nun darin, daß viele Menschen in ihrer Erfahrung zum Stillstand kommen. Sie wenden sich zwar vom Götzendienst ab und dem Monotheismus zu, lassen es aber an der Realisierung ihrer Sündhaftigkeit und ihrer moralischen Schuld fehlen und erkennen Jesus Christus nicht im Vertrauen als ihren Herrn und Retter an. Die Erfahrung ihrer Bekehrung bleibt unvollständig, nicht weil sie die Wahrheit ablehnen, sondern wegen der vernachlässigten Verkündigung des ganzen Heilsweges.

Der zweite Grund für die Oberflächlichkeit der Bekehrung ist die Tatsache, daß sie als äußerliche Loslösung von den alten Wegen und religiösen Praktiken und als Hinwendung zu einer äußerlichen Übereinstimmung mit dem 'christlichen Weg' und den neuen religiösen Praktiken verstanden wird. Sie wird zu einem Austausch von einem Sortiment religiöser Überzeugungen und Praktiken gegen ein anderes Sortiment von Überzeugungen und Praktiken, ohne die Realisierung einer bewußten, persönlichen Aneignung Jesu Christi als Erlöser und ohne Übergabe an ihn als Herrn. Es kann sogar sein, daß die Gruppe auf den einzelnen Druck ausübt, sich der neuen Lebensweise und der neuen Religion anzupassen. Im Lichte der Gruppenmentalität und des gemeinsamen Lebensstils der Gruppe ist dies verständlich. Es ist große Vorsicht geboten und Sorge dafür zu tragen, damit solche Gefahren in den Gruppenbewegungen und bei Gruppenbekehrungen vermieden werden.

Auch in unseren Ländern kann ein solcher Gruppenzwang entstehen, vor allem bei Kindern aus christlichen Elternhäusern und in stark evangelistisch ausgerichteten Sonntagsschulen und Gemeinden. Es kann sein, daß ein Mensch dem dauernden Druck im Elternhaus oder in der Sonntagsschule nachgibt und 'Christ' wird, ohne sich aus einem persönlichen Überführtsein von Sünde oder einem tiefen Verlangen nach Erlösung heraus bewußt zu entscheiden. Solche Gefahren werden natürlich in einer Gesellschaft mit einer starken Gruppenmentalität oder einer patriarchalischen Familienstruktur vermehrt, wo der Ehemann und Vater, ohne die Familie vorher groß zu fragen, alle grundlegenden Entscheidungen trifft — jeder akzeptiert seine Entscheidungen und seine Autorität als natürlich und richtig und unterwirft sich ihnen widerspruchslos.

Doch dürfen solche Handlungen, die den Eindruck erwecken, als würde Druck ausgeübt, als täuschende Absicht verstanden werden. Es ist fast unvermeidlich, daß in starken christlichen Elternhäusern, Gemeinschaften und Bewegungen Druck entsteht. Nicht unterrichtete Leute können kaum zwischen natürlichem Druck und geistgewirkter Überzeugung, zwischen größtenteils menschlichem Drängen und göttlichem Ziehen, zwischen Gruppenentscheidungen und persönlichen Bekehrungen unterscheiden. In vielen Gesellschaften gilt es als große Tugend, sich widerspruchslos der Entscheidung der Gruppe persönlich zu unterwerfen — manchmal ist dieser Anspruch sogar ein Teil ihrer Religion.

Wir brauchen viel Weisheit und ein echtes geistliches Unterscheidungsvermögen, um größere Gruppenbewegungen leiten zu können. Wir sollten uns jedoch nicht von der Angst, Fehler zu machen, abhalten lassen, das Risiko im Namen unseres Herrn und zu seiner Ehre auf uns zu nehmen. Wir müssen von der Überzeugung und dem festen Glauben beherrscht sein, daß viele Menschen in dieser Stadt, in dieser Gemeinschaft, ihm gehören.

2. *Gruppenevangelisation und Gruppenbekehrungen können die christlichen Kräfte der Zahl nach überfordern, weil sie vielleicht in geistlicher, sozialer und programmatischer Hinsicht schlecht vorbereitet sind.* Deshalb sind sie nicht in der Lage, mit der Situation entsprechend fertig zu werden. Sie versäumen, (a) die Menschen wirklich mit Jesus Christus, dem Herrn, bekanntzumachen, während sie sich von ihrer alten Religion und ihren früheren Praktiken abwenden; (b) sie zu der Erfahrung einer echten Wiedergeburt zu führen; (c) für ihr geistliches Wohlergehen Sorge zu tragen und (d) ihnen im Anfangsstadium und den ersten Erfahrungen ihres gerade gefundenen Glaubens und neuen Lebens zu helfen. Deshalb wird es Totgeburten sowie Menschen geben, die motiviert, aber vom Wort Gottes nicht genügend erleuchtet wurden, um den wahren Weg des Lebens zu finden. Andere verkümmern in ihren ersten Erfahrungen.

Dies scheint in Indonesien, verschiedenen Ländern Ostafrikas und in einigen Gebieten Nigerias und im Kongo der Fall zu sein.

Es ist dringend notwendig, daß wir Lehrer des Wortes Gottes bekommen — Lehrer, die in der Lage sind, 'Frühgeburten' und neugeborene 'Säuglinge' zu ernähren und sie in ihrem Glaubensleben weiterzuführen. Wir müssen bedenken, daß Menschen, die von einem heidnischen Hintergrund herkommen, sich in einem Netz von kulturellen Verwicklungen, üblen Gewohnheiten und Praktiken, Aberglauben und Angst befinden, das einen Neubeginn sehr erschwert. Es ist selten, daß die Sonne in einer einzigen großen Erfahrung hell und rein die Wolken des Heidentums durchbricht. Wir schließen diese Möglichkeit nicht aus. Aber im allgemeinen macht man eine solche Erfahrung nicht. Viel öfter ist die Erfahrung ähnlich einem allmählichen Sonnenaufgang, der den Nebel langsam zerteilt. Deshalb ist eine kontinuierliche Lehre und eine gründliche Unterrichtung von allergrößter Bedeutung, wenn ein gesundes Christenleben entstehen soll.

Ein gesundes Gemeindewachstum findet dann statt, wenn im Blick auf den Gottesdienstbesuch die folgenden Verhältnisse, soweit dies möglich und durchführbar ist, beachtet werden. Wenn die Versammlung aus 35 Prozent oder mehr erwachsenen Besuchern besteht, die keine Glieder der Gemeinde sind, ist es gut, von einer Betonung der Evangelisation auf eine starke Betonung der Lehre überzugehen. Die Lehre sollte den Menschen dazu helfen, Jesus als ihren Retter klar zu bezeugen und den Weg in die Gemeinde zu finden. Es sollten besondere Lektionen über die Erlösung gegeben werden. Man sollte die Notwendigkeit einer klaren Entscheidung betonen, ohne aber Entscheidungen herbeizwingen zu wollen.

Ort, Sinn und Wert der Lokalgemeinde in der Bibel sollten verständlich gemacht werden. Lektionen über die Taufe sollten in klarer biblischer Weise gegeben und auch in den Gottesdiensten verkündigt werden. Wenn es uns nicht gelingt, die Gesellschaft mit dem Evangelium und den sich daraus ergebenden moralischen Maßstäben zu durchdringen und gründlich zu durchsetzen, bringen wir die ganze Gemeinde in Gefahr und unterwerfen sie einem christlichen Heidentum oder heidnischem Christentum. Oberflächliche Evangelisation und/oder das Fehlen einer konsequenten Verkündigung der biblischen Prinzipien im Leben und Verhalten eines Christen führen zu einem oberflächlichen Christentum, zu einem christlichen Heidentum in der Gemeinde.

Wenn andererseits das Verhältnis der erwachsenen Gottesdienstbesucher, die keine Mitglieder sind, unter die 25-Prozentmarke fällt, sollte ein intensives und umfassendes Evangelisationsprogramm gestartet werden. Wenn man dieses Verhältnis außer acht läßt, ist die Gemeinde vielleicht gut unterrichtet, aber trotzdem stagnierend, nach innen gekehrt, unbeweglich, plump und selbstzufrieden. Beide Möglichkeiten sind gleich gefährlich und dem Herrn gleich zuwider, auch wenn uns der zweite Fall günstiger zu sein scheint. Eine Gemeinde, die nicht evangelisiert, hat aufgehört, eine wahre neutestamentliche Gemeinde zu sein. Sie gleicht wohl der Gemeinde von Ephesus (Offb. 2,1—7). Denken wir daran, daß der Herr seine Gemeinde zur Vorsicht ermahnt, damit ihr Leuchter nicht von seinem Platz entfernt wird.

Es wird immer eine Spannung bestehen zwischen quantitativem und qualitativem Wachstum, zwischen der Vertiefung des Gemeindelebens und der Ausweitung ihrer Grenzen. Diese Spannung ist gesund und dynamisch, sie ist von Gott gewollt und angeordnet. Eine gesunde Ausgewogenheit wird dafür sorgen, daß die Gemeinde weiter wächst und intakt bleibt.

3. *Gruppenevangelisation und Gruppenbekehrungen führen leicht zu einem unbiblischen Gemeindebegriff.* Sehr schnell stellt man sich unter der Gemeinde eine Angelegenheit der Allgemeinheit vor, die von den Empfindungen und Maßstäben der Öffentlichkeit regiert wird, anstatt sie als göttliche Einrichtung und als Versammlung der Gläubigen, die Jesus Christus als ihren Herrn angenommen haben, zu verstehen, die höhere und andere Maßstäbe hat als die Öffentlichkeit. Manchmal muß sie sich geradezu den Maßstäben und Handlungsweisen der Allgemeinheit widersetzen. Das Evangelium bedeutet das Gericht Gottes über den Menschen, über seine Geschichte, Kultur, Religion und über sein Volk.

Wenn die Öffentlichkeit vom Evangelium stark durchdrungen ist und die christlichen Lebens- und Verhaltensnormen mit Nachdruck gelehrt worden sind, können große Bewegungen die biblischen Normen der Gemeinde gefährden. Das Heidentum sucht sich vielleicht auf verschiedene Weisen zu behaupten und trachtet möglicherweise sogar danach, die Gemeinde zu beherrschen. Dies ist eine wirkliche Gefahr, die nicht herabgesetzt werden sollte.

Die Gefahr der Entstehung einer Volkskirche oder einer Stammeskirche ist vorhanden. Man sieht den Schaden, den diese anrichtet, in der europäischen Christenheit, wo 'Volk' und 'Kirche' praktisch synonyme Begriffe sind. Zugehörigkeit zur Gesellschaft ist mit der Mitgliedschaft in der Kirche fast identisch. Die Gemeinde hat aufgehört, eine Versammlung von Gläubigen zu sein, ein herausgerufenes Volk, ein Volk Gottes, ein Volk mit einem Auftrag Gottes.

Diese Gefahr kann vermieden werden:
a) durch eine sehr nachdrückliche Betonung der Errettung als Errettung von Sünde im Gegensatz zur Errettung in Sünde, der Art der neutestamentlichen Gemeinde, der wahren Jüngerschaft sowie der ethischen, biblischen Prinzipien des Christentums.

b) durch eine sorgfältige Klärung der Bedeutung der Taufe. Vor der ersten Taufe sollte eine längere Wartezeit anberaumt werden. Eine klare Unterrichtung über die Taufe ist unumgänglich. Diese Unterrichtung sollte öffentlich stattfinden, damit alle die Bedeutung der Taufe erkennen. Dann ist es auch wichtig, daß die Taufe selbst sowie die Aufnahme in die Gemeinde öffentlich stattfinden.
c) durch eine klare Verpflichtung der einzelnen Gemeindeglieder und die Übertragung von Verantwortung. Doch ist es nicht notwendig, ihnen besondere Vorrechte zu verleihen. Schon von Anfang an sollten im Leben der Gläubigen die Kosten der totalen Hingabe und der wahren Jüngerschaft sichtbar werden.

Auch wenn wir wissen, daß diese Gefahren vorhanden sind, sollten wir uns vor puritanischen, gesetzlichen Aufnahmebedingungen hüten. Die Gemeinde ist nicht nur für reife Christen da. Sie kann ein Kindergarten für Kinder im Glauben und ein Krankenhaus für geistlich Kranke sein. Die Gemeinde ist die Institution Gottes, die seinen Auftrag, zu Jüngern zu machen, ausführen und sie dann mobilisieren schulen und einsetzen soll.

Tausende von evangelikalen Gemeinden auf der ganzen Erde, vor allem in den Ländern mit noch jungen Kirchen, werden in ihrem Wachstum durch puritanische und gesetzliche Gewohnheiten und Aufnahmebedingungen belästigt und gestört, die weder von der Kultur, der Gesellschaft, dem Gewissen oder der Bibel her zu rechtfertigen sind. Sie mögen ein kultureller und theologischer 'Überrest' sein, sind aber kein praktizierter biblischer Realismus. Man sollte diese Dinge sorgfältig untersuchen und, wenn nötig, drastische Veränderungen herbeiführen, um die Dynamik Gottes zur Bekehrung von großen Menschenmengen freizusetzen und diese dann zur Auferbauung, Gemeinschaft und zum Dienst in die Gemeinde zu bringen.

VORTEILE

Gruppenevangelisation und Gruppenbekehrungen haben beeindruckende Vorteile, die ihre Gefahren bei weitem überwiegen.
1. *Gruppenevangelisation und Gruppenbekehrungen fördern eine größere persönliche Gesundheit, weil sie das Selbstbewußtsein unbeeinträchtigt lassen.* Geistliche Vitalität, mühelose Kommunikation und die Dynamik von Gruppen in Gemeinschaft und Dienst zerstreuen den Eindruck der Fremdartigkeit des Evangeliums und des Christentums und fördern das Gefühl der Geborgenheit in der Gemeinde.

2. *Sie leisten eine unschätzbare Hilfe in der Durchbrechung der nichtchristlichen Verhaltensweisen, Gewohnheiten, geistigen Vorstellungen und psychologischen Formen.* Nichtchristliche Gewohnheiten werden nach sorgfältiger Überlegung aufgegeben; die Trennung wird radikaler, konstanter und klarer. Sie kann sogar durch den Druck oder die Ansprüche der Gruppe verstärkt werden.
3. *Das Vorgehen der Gruppe läßt den einzelnen in dem Netz seiner Beziehungen; er kann und darf, ohne gesellschaftliche, kulturelle oder wirtschaftliche Ächtung oder physische Verfolgung zu fürchten, ein Leben als Christ führen.* Im Gegenteil, er erfährt nicht nur Unterstützung und Gemeinschaft, sondern er kann selbst auch solchen eine Hilfe sein, die ihn brauchen. Indem er seine Gaben einsetzt und wertvolle Möglichkeiten zum Dienst bekommt, wird er zum Segen, wie er auch von dem Segen der Gruppe empfängt. Dies fördert die persönliche geistliche Gesundheit sowie das Wachstum der Gruppe.
4. *Gruppenevangelisation und Gruppenbekehrungen erleichtern die gesellschaftliche, kulturelle und geistliche Hebung der Menschen.* Aufgrund der Tatsache, daß das Netz der Beziehungen nicht zerstört wurde, wurde das Erlebnis des Zusammenhangs nicht beeinträchtigt und das Gefühl der Zusammengehörigkeit und Einheit nicht aufgehoben. So ist immer noch eine Gruppenmotivation möglich. Diese kann dann zur Gruppenaktivität in der Umwandlung der Gesellschaft werden. Auch wenn der Antrieb zu Fortschritt und Veränderung von außerhalb kommen muß, wird die tatsächliche Hebung *mit* dem Volk, nicht *für* das Volk in Gang gesetzt. Der Fortschritt wird sehr erleichtert und wird auch sehr viel natürlicher sein.
5. *Gruppenevangelisation und Gruppenbekehrungen machen die Selbstverwaltung, Selbstversorgung und Selbstvermehrung nicht nur möglich, sondern schon vom Anfang der Bewegung an auch natürlich.* Gruppenbewegungen bringen alle Möglichkeiten und Muster mit sich, die für Funktion und Fortschritt der Gruppe benötigt werden. Verständnisvolle Leitung und Schulung innerhalb der Kultur wie innerhalb der Gruppe machen die Zurüstung des Gläubigen zu einer Möglichkeit und den Aufbau und die Wirksamkeit einer Gemeinde zu einer Wirklichkeit. Man sollte jedoch Sorge dafür tragen, daß die Struktur der Gemeinde in die Anlage der organisatorischen Herrschaftsstruktur der Menschen paßt und so wirklich 'einheimisch' ist.

SCHLUSSFOLGERUNG

Ich bin zutiefst davon überzeugt, daß die Gruppenevangelisation und Gruppenbekehrungen grundlegende Modelle der Bibel — sowohl des Alten wie auch des Neuen Testaments — sind und wieder zum Hauptangriff der Weltevangelisation und Weltmission werden müssen, wenn wir unseren Auftrag erfüllen und die rapide wachsende Weltbevölkerung evangelisieren wollen. Die Anwendung des Modells ist mit Rücksicht auf Kultur, Gesellschaft und Psychologie zu modifizieren. Sie wird auch durch zusätzliche Verfahrensweisen und Methoden zu ergänzen sein, wie zum Beispiel Gemeindeevangelisation, Evangelisationsbewegungen als nationale Kreuzzüge — wie Evangelism-in-Depth, New Life For All, Christ For All — und ähnliche Unternehmungen. Eine Rückkehr zu den fundamentalen Voraussetzungen der Gruppenevangelisation und der Gruppenbekehrungen würde eine radikalere Rückkehr zum Neuen Testament sein, als sie bis jetzt in irgendeiner Bewegung zum Ausdruck kam. Sie könnte zu unerhörten Siegen neutestamentlichen Ausmaßes führen.

FUSSNOTEN ZU TEIL III

Kapitel 25

[1] *Pentecost and Missions,* Harry R. Boer (Grand Rapids: Eerdmans Publishing Company, 1961), S. 165.
[2] ebd., S. 176.
[3] ebd.
[4] *Household Church,* H. L. Ellison (Exeter: Paternoster Press), S. 21, 22.

Kapitel 26

[1] „Church Growth Bulletin", Bd. IV, Nr. 6, Juli 1968, bei Charles Ross, S. 21, 22.

Kapitel 27

[1] Donald McGavran — Diese Definition wurde anläßlich eines Seminares über Gemeindewachstum vorgelegt, das in Winona Lake, Indiana, im September 1966 durchgeführt wurde. (Siehe auch *Church Growth in Mexico,* S. 133, vom selben Autor).
[2] *Dynamics of Church Growth,* J. Waskom Pickett (Nashville: Abingdon Press), S. 21.
[3] Max Warren, persönlicher Austausch.

Kapitel 28

[1] *Followers of the New Faith,* Emilio Willems (Nashville: Vanderbilt University Press), S. 53.
[2] *The Impact of Christianity on the Non-Christian World,* J. H. Bavinck (Grand Rapids: Eerdmans Publishing Company), S. 77.

Kapitel 32

[1] Persönlicher Briefwechsel.
[2] Persönlicher Briefwechsel.

ZUSAMMENFASSUNG

Wir begannen unsere Untersuchung mit einer Definition von Evangelisation und beschäftigten uns dann besonders mit der Totalevangelisation. Ich stellte zwei zeitgenössische, dynamische Bewegungen dieses Evangelisationstypus vor — Evangelism-in-Depth und New Life For All. Es besteht kein Zweifel, daß diese Bewegungen auf ihren jeweiligen Kontinenten, Lateinamerika und Afrika, eine ungeheure Auswirkung gehabt haben. Auch haben sie der heutigen Weltevangelisation unauslöschlich ihren Stempel aufgeprägt. Weder das Maß der Auswirkung noch der prägende Einfluß werden je vollständig ermessen werden können; vielleicht werden sie nicht einmal ohne weiteres anerkannt. Aber Gott kann durch die Menschen am besten wirken, die sich nicht darum kümmern, ob sie Anerkennung bekommen, sondern die nur einen Gedanken haben — die Sache Gottes zu fördern.

Wir dürfen erwarten, daß die zwei Mutterbewegungen und alle abgeleiteten Programme sich in den nächsten Jahren beträchtlichen Modifikationen unterziehen und große Bereicherung erfahren werden. Sie werden zweifellos bestrebt sein, zusätzliche dynamische Faktoren einzubeziehen, die in den letzten Jahren entdeckt worden sind, weitere Evangelisationsmodelle, wie die Familienevangelisation und Gruppenevangelisation aufnehmen, neue Konsequenzen aus Untersuchungen zum Gemeindewachstum ziehen und solche Lektionen in ihr Programm integrieren, wie es Pastor Malcolm R. Bradshaw in seinem Projekt in Südost-Asien bereits tut. Wir dürfen hoffen, daß sie durch ihre gegenseitige Beeinflussung immer tiefer in die Funktionen der Lokalgemeinden eindringen und korrespondierende Reaktionen erfahren.

Im Idealfall könnten sich die Bewegungen möglicherweise gegenseitig als Organisationen selbst überflüssig machen, indem sie selbst tiefer in den Organismus der Gemeinden eindringen. Dies ist aber nur der Idealfall. Man wird für interkonfessionelle Dienstagenturen auch im Rahmen der Gemeinden immer einen Platz haben und sie benötigen. Andererseits werden weiterhin riesige Gebiete Evangelisationsweisen jeglicher Art herausfordern. Wie man Evangelisten immer und überall benötigte, so werden auch Evangelisationsagenturen und Evangelisationsbewegungen benötigt.

Der Autor ist der festen Überzeugung, daß die evangelikalen Kräfte auf der Welt heute das Potential besitzen, diese Generation wie noch nie zuvor zu evangelisieren.

Wir brauchen

einen vom Heiligen Geist erleuchteten Blick für solche Möglichkeiten und eine *Strategie*, die — vielleicht auf kontinentaler Basis — die Welt umfaßt;

einen lebendigen Glauben, der sich im Zentrum von Gottes Willen und Plan weiß, von Gott alle verfügbaren Mittel beansprucht und von ihnen Besitz ergreift;

einen planmäßigen, flexiblen, mobilen, dynamischen Funktionalismus, der die dynamischen Faktoren *integriert*, welche die Verhaltensforschung, die Missionsgeschichte und Untersuchungen zum Gemeindewachstum und der Evangelisation in den letzten Jahren entdeckt haben, der das gesamte uns zur Verfügung stehende Wissen und alle verfügbaren Kräfte *mobilisiert*, sie in einem Plan *koordiniert* und sie auf die zentrale Absicht Gottes für unsere Zeit *konzentriert* — die Evangelisierung unserer Generation, nicht in den vor uns liegenden Tagen und Jahren, sondern in den Tagen der Gnade Gottes und in den Tagen noch nie dagewesener Möglichkeiten.

Die Welt ist tatsächlich ein offenes Erntefeld, begieriger denn je, das Evangelium Jesu Christi zu hören — viel begieriger, als die Gemeinde gewillt ist, es zu verkündigen! Viele Erfahrungen, die wir vor kurzem in verschiedenen Ländern Afrikas machten, erinnern uns an den Bericht von Lukas, wenn er schreibt: „Die Volksmenge drängte sich um ihn, um das Wort Gottes zu hören." Wir müssen wieder ganz neu die Worte des Apostels Paulus hören: „Siehe, jetzt ist die angenehme Zeit, siehe, jetzt ist der Tag des Heils."

Die oben angeführten Prinzipien können an einem Wunder unseres Herrn, der Speisung der Fünftausend, veranschaulicht werden. Die Jünger hatten einen *Blick* auf die Bedürfnisse der Menschenmenge und sprachen mit ihrem Meister darüber. Jesus hatte diese Not ohne Zweifel schon lange gesehen, bevor die Jünger sie ihm andeuteten. Er ordnete dann eine ehrliche *Bestandsaufnahme* aller verfügbaren Mittel an. Als er die notwendige Information erhalten hatte, entwarf er eine *Strategie*, die ganze Menge so zu versorgen, daß niemand zu viel und niemand zu wenig erhalten würde. Darauf *mobilisierte* unser Herr alle verfügbaren Reserven an Menschen und Mitteln — seine Jünger, die Brote und die Fische. Eine kleine Minderheit und dürftige Mittel! *Gebet* und die Umwandlung des berechnenden Glaubens in einen *Wunder erwartenden Glauben* vollbrachten zusammen mit demütigem, unverzüglichem und *koordiniertem Gehorsam* das sonst Unmögliche. Die Menge zog gesättigt weiter mit den Worten: „Dieser ist wahrhaftig der Prophet, der in die Welt kommen soll" (Joh. 6,14). Wer würde bestreiten, daß unser Herr seinen Ruhm und seine Macht noch einmal offenbaren kann und will, um den Menschen das Brot des Lebens zu geben? Die Größe unseres Gottes, die Not der Menschen und unsere Möglichkeiten durch den Heiligen Geist bleiben die Herausforderung unseres Glaubens.

In der TELOS-Paperbackreihe erscheinen folgende Titel

1002 Wilhelm Busch
Gottes Auserwählte
1004 Wilder Smith
Ist d. ein Gott d. Liebe?
1005 Fritz Hubmer
Im Horizont leuchtet ...
1008 Fritz Hubmer
Weltreich u. Gottesreich
1010 Erich Wilken
Auf den Spuren ...
1011 Otto Riecker
Herausforderung an ...
1012 Watchman Nee
Freiheit für den Geist
1013 Anny Wienbruch
Der Leibarzt des Zaren
1014 Watchman Nee
Zwölf Körbe voll, Bd. 1
1015 Fritz May
Die Drogengesellschaft
1016 Norbert Fehringer
Thema: Frömmigkeit
1017 Fritz May
Der verfälschte Jesus
1018 Ernst Modersohn
Die Frauen des A. T.
1019 Ernst Modersohn
Die Frauen des N. T.
1020 Paul Müller
Die unsichtbare Welt
1021 Ruth Frey
Arbeit unter Kindern
1022 Oswald Smith
Glühende Retterliebe
1023 Oswald Smith
Ausrüstung mit Kraft
1024 Erich Schnepel
Das Werk Jesu in uns ...
1026 Anny Wienbruch
Im Schatten der Zaren
1027 Watchman Nee
Zwölf Körbe voll, Bd. 2
1028 Watchman Nee
Zwölf Körbe voll, Bd. 3
1029 Werner Krause
Freuet euch allewege
1030 Hel. Good Brennemann
Und doch nicht verges.
1031 Anny Wienbruch
Unt. d. rot. Sonnensch.
1032 Helmut Ludwig
Die Welt horcht auf
1033 E. J. Christoffel
Aus der Werkstatt ...
1035 G. R. Brinke
Jenseitiges u. Zukünft.
1036 Elli Kühne
Da bewegte s. d. Stätte
1039 Alfred Christlieb
Ich freue mich ü. d. Wort
1041 Lon Woddrum
Liebe hofft immer alles
1042 Horst Marquardt
Die Sprache der Gräber
1043 Werner Krause
M. Brüder – d. Indianer
1045 Otto Riecker
Bildung u. Heiliger Geist
1046 Joyce Landorf
Seine beharrliche Liebe
1047 Helen Manning
D. Blutzeugen v. Sengtal
1048 Anny Wienbruch
Ein Leb. f. Gustav Adolf

1049 Werner Krause
Keinen Raum ...
1050 Georg R. Brinke
Die Symbolik d. Stiftsh.
1051 Alfred Kuen
Gem. n. Gottes Bauplan
1053 Jill Renich
Den Ehemann verstehen
1054 Alfred Christlieb
Ich suche, Herr ...
1055 Wilfried Reuter
... und bis ans Ende ...
1056 H. und G. Taylor
D. geistl. Geheimnis ...
1057 Ulrich Affeld
Unter der Treue Gottes
1058 John F. u. E. Walvoord
Harmagedon, Erdöl ...
1059 Heinrich Jochums
Was haben wir an Jesus
1060 Erich Beyreuther
Der junge Zinzendorf
1061 Herbert Masuch
Handbuch ...
1062 Anny Wienbruch
Die fröhliche Familie
1064 Anny Wienbruch
Das sonnige Haus
1065 Anny Wienbruch
Sie waren mir anvertraut
1068 Georg Urban
Carl Peter, Eine Rebe ...
1070 C. H. Spurgeon
Ratschläge für ...
1071 Elsbeth Walch
Tante Lydia w. schon ...
1072 Elsbeth Walch
Zum Glück gibt's ...
1073 Richard Kriese
Okkultismus
1074 Alfred Christlieb
Der Apostel Paulus
1075 H. E. Nissen
... und der Geist schrie
1076 Eduard Ostermann
Zukunft ohne Hoffnung?
1078 James M. Boice
Die letzte und die zukünftige Welt
1079 L. A. T. Van Dooren
Menschen fischen –
persönl. Engagement
1080 Anny Wienbruch
Ein König wird frei
1082 Watchman Nee
Der geistliche Christ I
1083 Watchman Nee
Der geistliche Christ II
1084 Watchman Nee
Der geistliche Christ III
1085 Alfred Christlieb
Vollmacht von oben
1086 Fritz May
Israel zw. Weltpolitik
und Messiaserwartung
1087 Kurt Scherer
Mit Streß leben
1088 G. Karssen
Mensch, Frau und Mutter in der Bibel
1092 Billy Graham
Engel – Gottes Geheimagenten

1095 F. F. Bruce
Die Glaubwürdigkeit
der Schriften des N. T.
1097 Heinrich Jochums
In Jesus haben wir alles
1098 Michael Bordeaux
... und die Ketten ...
1099 A. W. Tozer
Gott liebt keine ...
1100 Watchman Nee
In Hingabe leben
1101 Watchman Nee
Das Bekenntnis
1102 Watchman Nee
Das Zusammenkommen
1103 Watchman Nee
Christus unser Leben
1104 Watchman Nee
Zur Ehre Gottes leben
1105 Watchman Nee
Gemeinschaft der Liebe
1107 M. Griffiths
Mit beiden Beinen
auf der Erde
1109 Charles W. Colson
Watergate –
wie es noch keiner sah
1113 Tim Simmons
Ehe nach Gottes Plan
1116 Volkmann/Woyke
D. Anruf d. Evangeliums
1117 Robert R. Lightfoot
... aber meine Worte
werden nicht vergehen

In der TELOS-Paperbackreihe erscheinen folgende Titel

2001 Ludwig Hofacker
  Unter Gottes Schild
2002 Eugenia Price
  Mut zum Nachdenken
2003 June Miller
  Warum sinken, wenn
  du schwimmen kannst
2004 Elli Kühne
  Mit dem Mantel der Liebe
2005 D. A. T. Pierson
  Niemals enttäuscht
2006 Anny Wienbruch
  D. Jüngste d. fröhl. Familie
2007 Arno Pagel
  Sie wiesen auf Jesus
2008 Arno Pagel
  Sie führten zu Christus
2009 Arno Pagel
  Sie riefen zum Leben
2010 Don Richardson
  Friedens-Kind
2011 Bernard Palmer
  Rastlos in der Einsamkeit
2012 T. F. Bjorn
  Der Ruf des Lebens
2013 Otto Riecker
  ... mit 60 fing m. Leben an

TELOS-Wissenschaftl. Reihe
4003 Wilder Smith
  Gott: Sein oder Nichtsein?
4005 Wilder Smith
  Ursache und Behandlung
  der Drogenepidemie
4006 Otto Riecker
  Das evangelistische Wort
4008 Wilder Smith
  Grundlage
  zu einer neuen Biologie
4009 Whitcomb/Morris
  Die Sintflut
4010 Os Guiness
  Asche des Abendlandes
4011 John W. Montgomery
  Weltgeschichte wohin?
4012 Joseph Chambon
  Der franz. Protestantism.
4013 Francis Schaeffer
  Wie können w. d. leben?
4014 Evangelisation zur Zeit
  der ersten Christen

TELOS-Das erweckliche Wort
1900 Alan Redpath
  Sieghafter Dienst
1901 Alan Redpath
  Leben n. d. Herzen Gottes
1905 Alan Redpath
  Geistlicher Kampf
1906 Oswald Sanders
  Hundert Tage mit Jesus

TELOS-Geschenkbände
2101 Anny Wienbruch
  Das Geheimnis um Zar Alexander
2102 Johann A. Bengel
  Das Neue Testament
2103 Bibelpanorama
2104 Johannes E. Goßner
  Schatzkästchen
2105 John Bunyan
  Pilgerreise zur seligen Ewigkeit